中等职业教育课程改革"十四五"规划教材
中职会计专业课程改革系列教材

新税收基础

主　编○张娇娇　陈万生
副主编○胡映晖　邱爱华

立信会计出版社
LIXIN ACCOUNTING PUBLISHING HOUSE

图书在版编目(CIP)数据

新税收基础 / 张娇娇，陈万生主编. —上海：立
信会计出版社，2021.8(2023.4 重印)
ISBN 978 - 7 - 5429 - 6848 - 7

Ⅰ.①新… Ⅱ.①张… ②陈… Ⅲ.①税收管理-中
国-教材 Ⅳ.①F812.423

中国版本图书馆 CIP 数据核字(2021)第 153396 号

策划编辑　　王斯龙
责任编辑　　王斯龙
封面设计　　南房间

新税收基础

XINSHUISHOU JICHU

出版发行	立信会计出版社			
地　址	上海市中山西路 2230 号	邮政编码	200235	
电　话	(021)64411389	传　真	(021)64411325	
网　址	www.lixinaph.com	电子邮箱	lixinaph2019@126.com	
网上书店	http://lixin.jd.com	http://lxkjcbs.tmall.com		
经　销	各地新华书店			
印　刷	上海万卷印刷股份有限公司			
开　本	787 毫米×1092 毫米	1/16		
印　张	18.25			
字　数	433 千字			
版　次	2021 年 8 月第 1 版			
印　次	2023 年 4 月第 3 次			
书　号	ISBN 978 - 7 - 5429 - 6848 - 7/F			
定　价	45.00 元			

前　　言

　　税收是国家财政收入的重要组成部分,近年来,依法治国基本方略得到实施且党中央提出了"落实税收法定原则"的要求,这加快了我国税收立法的进程。截至2021年6月,我国18个税种中有12个税种通过了立法,同时税制改革正在如火如荼地进行,这使企业面临的税收环境发生了翻天覆地的变化。因此,让站在企业生产服务一线的"生力军"——财经类专业学生尽快熟悉新税收的内容,尽快掌握各种税款计算、缴纳和申报等内容是至关重要的。

　　税收基础课程是财经类专业的核心课程,为了适应新的教学要求,课程组编写了这本《新税收基础》。

　　本教材是针对财经类专业的教学现状而编写的,借鉴了前人优秀的研究成果,含有编写组成员在税收课程中的授课经验与总结等内容。本教材具有以下特色:

　　(1)与时俱进。本教材参考了截至2022年6月的相关法律法规,确保教材与实务内容的衔接。

　　(2)通俗易懂。本教材将部分知识点以表格的形式呈现,便于学习者记忆与总结。

　　(3)内容全面。本教材各章节顺序和内容结构的编排,参考了中国注册会计师协会编写的《税法》教材和税务师职业资格考试教材《税法Ⅰ》《税法Ⅱ》。本教材涵盖了税法基本原理、各税种的概述、税款计算、税款缴纳以及征收管理等内容。

　　(4)习题配套完善。本教材在重难点知识点后均配备相应的"小试牛刀"小练习,教师在授课时可以随时使用,减轻备课工作量。同时,每一小节后均有相应的"课堂小测",便于学生系统梳理本小节的知识脉络。

　　(5)教学资源丰富。本教材提供电子课件、配套的知识点式练习册,便于教师教学和学生学习使用。

　　本教材由东莞市电子科技学校的张娇娇、陈万生任主编,胡映晖、邱爱华任副主编,黄沪琳、夏昌平、罗灵华、梁金清以及东莞市技师学院的周昌水等人参编。编撰人员及分工如下:周昌水编写第一章;陈万生编写第二章;张娇娇编写第三章、第四章;胡映晖编写第五章;梁金清编写第六章;黄沪琳编写第七章、第八章;邱爱华编写第九章;罗灵华编写第十章;夏昌平编写第十一章、第十二章。全书由张娇娇审订、修改、定稿。

由于编写组水平有限、税收法律政策变化较快,教材内容难免有疏漏,恳请同行专家和读者批评指正,以便我们进一步修订及完善,我们不胜感激!

编　者

2022 年 7 月修订

目　　录

第一章 税收概述

本章学习导图

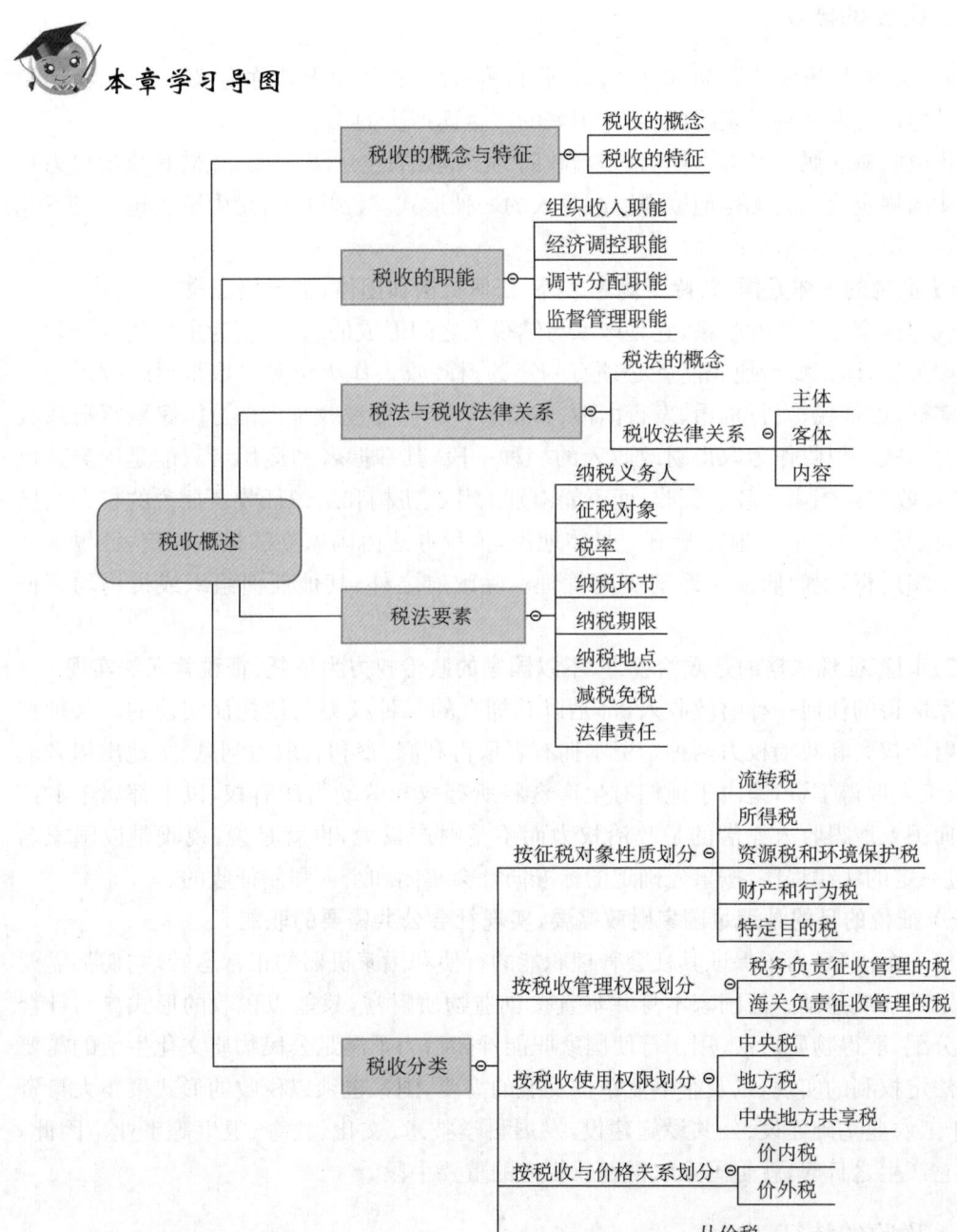

第一节　税收的概念与特征

一、税收的概念

税收,全称"国家税收",简称"税"。税收自古有之,在历史上被称为"赋税""租税""捐税",它是生产力发展到一定阶段,随着国家的产生而产生的。

现代税收概念属于经济学范畴,是指政府为了满足社会公共需要,凭借其政治权力且按照法律的规定,强制、无偿地取得财政收入的一种形式。税收的概念中至少包括以下几个共同点。

(一) 征税的主体是国家,除了国家之外,任何机构和团体,都无权征税

税收与国家有本质的联系,它是国家与纳税人之间形成的、以国家为主体的社会剩余产品分配关系,国家要行使职能就必须有一定的财政收入作为保障。取得财政收入的手段多种多样,如征税、发行货币、发行国债、收费、罚没等,而税收是大部分国家取得财政收入的主要形式。税收作为取得财政收入的一种手段,其掌握者和运用者只能是国家。也就是说,税收需由国家或政府征收,而不能由别的什么机构和组织征收。征税的权力只属于国家,包括中央政府和地方政府。具体地说,征税办法由国家立法机关制定,征税活动由政府组织进行,税收收入由政府支配管理。除政府之外,其他任何组织或机构均无征税权。

(二) 国家征税依据的是政治权力,不以国家的政治权力为依托,征税就无法实现

国家取得的任何一种财政收入,都是以其拥有的某种权力为依托而实现的。这种权力包括财产权力和政治权力两种。资本拥有者取得利润、食利者取得利息、土地出租者取得地租、工人取得工资,是由于他们有生产资料所有权和劳动力所有权,以上都属于财产权力。而国家取得收入凭借的是政治权力而不是财产权力,也就是说,税收是以国家名义,通过一定的法律程序,按事先确定的标准向社会集团和个人强制征收的。

(三) 征税的目的是满足国家财政需要,实现社会公共需要的职能

任何一个国家,为了保证其社会管理职能的行使和国家机器的正常运转,它们都需要具备一定的物质基础。而国家本身并不直接创造物质财富,只能以税收的形式参与社会产品的分配,取得物质财富,用于行使国家职能;同时,为了满足公民物质文化生活的需要和各项法定权利的实现,以及企事业单位发展的需要,国家也须以税收的形式聚集大量资金,用于工农业基础建设、公共设施建设,发展科学技术、文化、教育、卫生等事业。因此,税收从它产生之日起,就是国家取得财政收入的重要手段。

二、税收的特征

税收作为一种特定的分配形式,有其自身固有的形式特征,即强制性、无偿性和固定性,这三个特征是税收区别于其他财政收入的基本标志。

（一）强制性

强制性，是指税收是国家以社会管理者的身份，凭借政治权力，通过颁布法律或政令来强制征收的。负有纳税义务的社会集团和社会成员，都必须遵守国家强制性的税收法令；在国家税法规定的限度内，纳税人必须依法纳税，否则就要受到法律的制裁，这是税收具有法律地位的体现。税收的强制性特征体现在两个方面：一方面，税收分配关系的建立具有强制性，即税收的征收完全是凭借国家拥有的政治权力；另一方面，税收的征收过程具有强制性，即如果出现了税务违法行为，国家可以依法进行处罚。

（二）无偿性

无偿性，是指通过征税，社会集团和社会成员的一部分收入转归国家所有，国家不向纳税人支付任何报酬。税收的这种无偿性是与国家凭借政治权力进行收入分配相联系的。无偿性体现在两个方面：一方面是指政府获得税收收入后无需向纳税人直接支付任何报酬；另一方面是指政府征得的税收收入不再直接返还给纳税人。税收无偿性是税收的本质体现，它反映的是一种社会产品所有权、支配权的单方面转移关系，而不是等价交换关系。税收的无偿性是税收收入区别于其他财政收入的重要特征。

（三）固定性

固定性，是指税收是按照国家法令规定的标准征收的，即纳税人、课税对象、税目、税率、计税依据和期限等，都是税收法令预先规定了的。其有一个比较稳定的试用期，是一种固定的连续收入。对于税收预先规定的标准，征税和纳税双方都必须共同遵守，征纳双方都不得违背或私自改变税收标准及其他有关规定。

税收的"三性"特征是相互联系的统一体，其中税收的无偿性是核心，强制性是保证，固定性是上述两者的必然结果。

 课堂小测

【单选题】

1. 国家征税后不需要直接付给纳税人任何报酬，也不再直接返还给纳税人，这体现了税收的（　　）。

A. 固定性　　　　　　B. 无偿性　　　　　　C. 强制性　　　　　　D. 自愿性

2. 税收"三性"中，（　　）是核心，（　　）是保证。

A. 强制性，无偿性　　　　　　　　　B. 无偿性，强制性

C. 固定性，强制性　　　　　　　　　D. 强制性，固定性

第二节　税　收　的　职　能

一、组织收入职能

组织财政收入是税收的基本职能。税收具有强制性、无偿性、固定性的特点，筹集的

财政收入稳定可靠。税收的这种特点,使其成为世界各国政府组织财政收入的基本形式。目前,我国税收收入占国家财政收入的 90% 以上。

二、经济调控职能

经济决定税收,税收反作用于经济。这既反映了经济是税收的来源,又体现了税收对经济的调控作用。政府可通过增税、减免税等手段来影响社会各组成部分的经济利益,进而引导企业、个人的经济行为,对资源配置和社会经济的发展产生影响,从而达到调控经济运行的目的。政府运用税收手段,既可以调节宏观经济总量,又可以调整经济结构。

三、调节分配职能

总体来说,税收作为国家参与国民收入分配最主要、规范的形式,能够规范政府、企业和个人之间的分配关系。不同的税种在分配领域发挥着不同的作用。例如,个人所得税实行超额累进税率,具有高收入者适用高税率、低收入者适用低税率或不征税的特点,有助于调节个人收入分配,促进社会公平。又如,消费税对特定的消费品征税,能达到调节收入分配和引导消费的目的。

四、监督管理职能

税收涉及社会生产、流通、分配、消费各个领域,能够综合反映国家经济运行的质量和效率。政府既可以通过税收收入的增减及税源的变化,及时掌握宏观经济的发展变化趋势;又可以在税收征管活动中了解微观经济状况,发现并纠正纳税人在生产经营及财务管理中存在的问题,从而促进国民经济的持续健康发展。

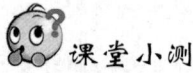 课堂小测

【多选题】

1. 税收的职能包括( )。

A. 组织收入职能　　　　　　　　　B. 经济调控职能

C. 调节分配职能　　　　　　　　　D. 监督管理职能

2. 税收涉及经济活动中的各个领域,具体领域包括( )。

A. 社会生产　　　B. 流通　　　　C. 分配　　　　D. 消费

第三节　税法与税收法律关系

一、税法的概念

税法即税收法律制度,是国家制定的用以调整国家与纳税人之间在纳税方面的权利及义务关系的法律规范的总称,是国家法律的重要组成部分。它是以宪法为依据,调整国

家与纳税人在征纳税上的权利与义务关系;维护社会经济秩序和纳税秩序;保障国家利益和纳税人合法权益的法律规范。它还是国家税务机关及一切纳税单位和个人依法征税、依法纳税的行为规则,目的是保障国家利益和纳税人的合法权益,维护正常的税收秩序,保证国家的财政收入。

税法一般都由若干要素组成,主要有总则、纳税义务人、征税对象、税目、税率、纳税环节、纳税期限、纳税地点、减免税、罚则、附则等。总则主要包括立法依据、立法目的、适用原则等。附则一般都含有与该法紧密相关的内容,如该法的解释权、生效时间等。

税法体系中按税法的功能作用、权限划分、法律级次的不同,可分为不同类型的税法。

(一) 按照税法的职能作用划分

按照职能作用不同,税法可分为税收实体法和税收程序法。税收实体法主要是指确定税种立法,具体规定各税种的征收对象、征收范围、税目、税率、纳税地点等。税收程序法是指税务管理方面的法律,主要包括税收管理法、纳税程序法、发票管理法、税务机关组织法、税务争议处理法等。

(二) 按照主权国家行使的税收管辖权划分

按照主权国家行使的税收管辖权不同,税法可分为国内税法、国际税法、外国税法等。

(三) 按照税收立法权限或者法律效力划分

按照税收的立法权限或者法律效力不同,税法可以划分为税收法律、税收行政法规、税收规章和税收规范性文件等。

二、税收法律关系

税收法律关系是税法所确认和调整的国家与纳税人、国家与国家以及各级政府间在税收分配过程中形成的权利与义务关系。国家征税与纳税人纳税在形式上表现为利益分配的关系,但经过法律明确其双方的权利与义务后,这种关系实质上已上升为一种特定的法律关系。了解税收法律关系,对于理解国家税法的本质、依法纳税、依法征税都具有重要的意义。

税收法律关系体现为国家征税与纳税人纳税的利益分配关系。税收法律关系与其他法律关系一样,也是由主体、客体和内容三个方面构成。

(一) 税收法律关系的主体

税收法律关系的主体是指税收法律关系中享有权利和承担义务的当事人。在我国税收法律关系中,主体一方是代表国家履行征税职责的国家税务机关,包括国家各级税务机关和海关;另一方是履行纳税义务的人,包括法人、自然人和其他组织。关于这种权利主体的确定,我国采取"属地兼属人"原则,即在华的外国企业、组织、外籍人、无国籍人等凡在中国境内有所得来源的,都是我国税收法律关系的主体。

(二) 税收法律关系的客体

税收法律关系的客体是指主体的权利、义务所共同指向的对象,也就是征税对象。例如,所得税法律关系客体就是生产经营所得和其他所得;财产税法律关系客体就是财产;流转税法律关系客体就是货物或劳务收入。

（三）税收法律关系的内容

税收法律关系的内容是指主体所享受的权利和应承担的义务。这是税收法律关系中最实质的东西,也是税收法律关系的灵魂。它规定权利主体可以有什么行为,不可以有什么行为;若违反了这些规定,须承担相应的法律责任。

税务机关的权利主要表现在依法进行征税、税务检查以及对违章者进行处罚;其义务主要是向纳税人宣传、提供咨询服务、解读税法,及时把征收的税款解缴国库,依法受理纳税人对税收争议的申诉等。

纳税义务人的权力主要有多缴税款申请退还权、延期纳税权、依法申请减免税权、申请复议和提起诉讼权等。其义务主要是按税法规定办理税务登记、进行纳税申报、接受税务检查、依法缴纳税款等。

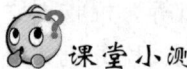 **课堂小测**

【单选题】

1. 下列各项中,属于税收法律关系客体的是（　　）。

A. 纳税人 　　　　B. 税率 　　　　C. 征税对象 　　　　D. 纳税义务

2. 在税收法律关系中,享有权利和承担义务的当事人是（　　）。

A. 税收法律关系的主体 　　　　　　B. 税收法律关系的客体

C. 税收法律关系的内容 　　　　　　D. 税收法律关系的标的

第四节　税法要素

税法要素是指各单行税法共同具有的基本要素。税法体系中,既有实体法,又有程序法。税法要素一般包括纳税人、征税对象、税目、税率、纳税环节、纳税期限、纳税地点、减税免税、法律责任等。

一、纳税义务人

纳税义务人或纳税人又叫纳税主体,是税法规定的直接负有纳税义务的单位或个人。规范任何一个税种,首先要解决的是国家对谁征税的问题。例如,我国个人所得税法、增值税、消费税以及印花税等暂行条例的第一条,规定的都是该税种的纳税义务人。

纳税人有两种基本形式:自然人和法人。自然人和法人是两个相对称的法律概念。自然人是基于自然规律而出生的、有民事权利和义务的主体,包括本国公民,也包括外国人和无国籍人。法人是基于法律规定具有民事权利能力和民事行为能力,具有独立的财产和经费,依法独立享有民事权利和承担民事义务的社会组织。我国的法人主要有营利法人、非营利法人和特别法人三种。

与纳税人相关的另一个概念是扣缴义务人。扣缴义务人是税法规定的,在其经营活动中负有代扣税款并向国库缴纳义务的单位。扣缴义务人必须按照税法规定代扣税款,并在规定期限缴入国库。

二、征税对象

征税对象又叫课税对象、征税客体，是指税法规定的对什么征税。它是征纳税双方权利义务共同指向的客体或标的物，又是一种税区别于另一种税的重要标志。例如，消费税的征税对象是《中华人民共和国消费税暂行条例》所列举的应税消费品；房产税的征税对象是房屋等。

同时，征税对象也决定了各个不同税种的名称，例如，消费税、土地增值税、个人所得税等。这些税种因征税对象不同、性质不同，税种名称也就不同。

与征税对象相关的概念主要有税基、税目和税源。

(一) 税基(计税依据)

税基又叫计税依据，是据以计算征税对象应纳税款的直接数量依据。它解决对征税对象课税的计算问题，是对课税对象的量的规定。计税依据的数额同税额成正比例，计税依据的数额越多，应纳税额就越多。不同税种有不同的计税依据，例如，企业所得税的计税依据是企业的应纳税所得额；增值税的计税依据是货物、应税劳务及应税行为的增值额。

计税依据在表现形态上有两种：价值形态和实物形态。

(1) 价值形态。价值形态是指以征税对象的价值作为计税依据，也就是常说的从价计征。例如，我国企业所得税以应纳税所得额的多少为计税依据；消费税中的大部分应税消费品以销售数量和单位销售价格的乘积为计税依据。

(2) 实物形态。实物形态是指按照课税对象的自然计量单位(面积、重量等)计算，称为从量计征。例如，消费税中的黄酒、啤酒以吨数为计税依据，汽油、柴油以升数为计税依据。

(二) 税目

税目是课税客体具体划分的项目，是税法中规定的应当征税的具体物品、行业或项目，是征税对象的具体化。它规定了一个税种的课税范围，反映了课税的广度。由于同一个税目通常适用同一税率，因此，它是适用税率的重要依据。

并非所有税种都需规定税目，有些税种不分课税对象的具体项目，如企业所得税。有些税种具体课税对象比较复杂，需要规定税目，如消费税设置烟、酒等 15 个税目。凡列入税目的即为应税项目，未列入税目的不属于应税项目。

(三) 税源

税源即税收的最终来源。从理论上讲，税源与课税对象虽有密切联系，但不是同一概念。征税对象是指对什么东西征税，而税源则是指税收的价值源泉，两者是有明显区别的。有的税种税源与课税对象一致，如个人所得税的课税对象和税源都是个人所得。但也有不一致的情况，例如，增值税的课税对象是应税的货物或劳务，而税源则是包含在销售额中的纯收入；房产税的课税对象是房产，税源则是房产收益或房产所有人的收入。税源不一定就是征税对象。

三、税率

税率是指应征税额与计税金额（或数量单位）之间的比例，是计算税额尺度，也是衡量税负轻重与否的重要标志。我国现行的税率主要有以下几种。

（一）比例税率

比例税率是指对同一征税对象，不分数额大小，规定相同的征收比例。例如，我国的增值税、城市维护建设税、企业所得税等采用的是比例税率。比例税率在采用中又可分为三种具体形式：单一比例税率、差别比例税率、幅度比例税率。

（1）单一比例税率，是指对同一征税对象的所有纳税人都采用同一比例税率。

（2）差别比例税率，是指对同一征税对象的不同纳税人采用不同的比例征税。我国现行税法又分别按产品、行业和地区的不同将差别比例税率划分为以下三种类型：

产品差别比例税率：即按产品大类或品种分别设计不同税率，如消费税、关税等。

行业差别比例税率：即按应税产品或经营项目所归属的行业设计税率，如增值税等。

地区差别比例税率：即按不同的地区分别规定的税率，如城市维护建设税等。

（3）幅度比例税率，是指对同一征税对象，税法只规定最低税率和最高税率，各地区在该幅度内确定具体的使用税率。

比例税率具有计算简单，税负透明度高，有利于保证财政收入、纳税人公平竞争，不妨碍商品流转额或非商品营业额扩大等优点，符合税收效率原则。但比例税率不能针对不同的收入水平实施不同的税收负担，在调节纳税人的收入水平方面难以体现税收的公平原则。

（二）累进税率

累进税率是指随着征税对象数量增大而随之提高的税率，即按征税对象数额大小划分为若干等级，不同等级的课税数额分别适用不同的税率。征税对象金额越大，适用税率越高；征税对象金额越小，适用税率越低。累进税率充分体现政府对纳税人收入多的多征、收入少的少征、无收入的不征的税收特点，从而有效地调节纳税人的收入，正确处理税收负担的公平问题。

根据计算方法和依据的不同，累进税率分为：全额累进税率、全率累进税率、超额累进税率、超率累进税率。

（1）全额累进税率。即把征税对象的数额划分为若干等级，对每个等级分别规定相应的税率，在征税对象金额提高一个级距时，对征税对象的全部金额都按高一级的税率征税。某三级全额累进税率表如表 1-1 所示。

表 1-1　　　　　　　　　　　　某三级全额累进税率表

级数	全月应纳税所得额（元）	税率
1	5 000（含）以下	10%
2	5 001～20 000（含）	20%
3	20 001（含）以上	30%

运用全额累进税率的关键是查找每一纳税人应税收入在税率表中所属的级次,找到收入级次,其对应的税率便是该纳税人所适用的税率,全部税基乘以适用税率即为应缴税额。例如,某纳税人某月应纳税所得额为 20 000 元,按表 1-1 所列的税率,该纳税人适用第二级税率,其应纳税额为 4 000 元(20 000×20%)。

全额累进税率计算方法简便、容易理解,但税收负担不合理,特别是征税对象金额在级距临界点附近时,税负呈跳跃式递增。例如,某纳税人月应纳税所得额为 20 001 元,按表 1-1 所列的税率,该纳税人适用第三级税率,其应纳税额为 6 000.3 元(20 001×30%)。应纳税所得额仅增加 1 元,随之应纳税额增加 2 000.3 元。由于全额累进税率导致税收负担不合理,因此,目前我国的税收法律制度中已不采用这种税率。

(2)超额累进税率。超额累进税率指把征税对象按数额的大小分成若干等级,每一等级规定一个税率,税率依次提高。但每一纳税人的征税对象按照所属等级可同时适用几个税率并分别计算,将计算结果相加后得出相应的应纳税款。某三级超额累进税率表如表 1-2 所示。

表 1-2　　　　　　　　　　　　某三级超额累进税率表

级数	全月应纳税所得额(元)	税率	速算扣除数
1	5 000(含)以下	10%	0
2	5 001~20 000(含)	20%	500
3	20 001 以上	30%	2 500

如某人某月应纳税所得额为 6 000 元,采用表 1-2 所列的税率,其应纳税额可以分步计算:

第一级的 5 000 元(5 000-0)适用 10% 的税率,应纳税额为 500 元(5 000×10%);第二级的 1 000 元(6 000-5 000)适用 20% 的税率,应纳税额为 200 元(1 000×20%);其该月应纳税额为 700 元(500+200)。

目前我国个人所得税采用的就是超额累进税率。

在级数较多的情况下,分级计算然后相加的方法比较繁琐。为了简化计算,也可以采用速算法。速算法的原理是基于全额累进计算方法,将超额累进计算的方法转化为超额累进的方法。对于同样的课税对象数量,按全额累进方法计算出的税额比按超额累进方法计算出的税额多,即有重复计算的部分,这个多征的常数叫速算扣除数。其用公式表示为

速算扣除数 = 按全额累进方法计算的税额 - 按超额累进计算的税额

公式移项得:

按超额累进计算的税额 = 按全额累进方法计算的税额 - 速算扣除数

接上例,某人某月应纳税所得额为 6 000 元,按全额累进方法计算的税额为 1 200 元(6 000×20%);按超额累进计算的税额为 700 元(500+200),速算扣除数为 500 元(1 200-700)。

　　6 000 元可以理解为由 5 000 元和 1 000 元构成,其中 5 000 元适用第一级次中 10% 的税率,1 000 元适用第二级次中 20% 的税率。倘若直接用 6 000 元乘以 20% 的税率,就会造成其中的原适用 10% 税率的 5 000 元部分重复计税,重复计税的部分为 500 元 [5 000×(20%−10%)],因此需要扣减,这个多征的数被称为速算扣除数。因此,我们只需要预先将每一级次的速算扣除数计算出来,则可简化计算。如果用简化的计算方法,则 6 000 元应纳税所得额为 700 元(6 000×20%−500)。

　　(3) 超率累进税率。超率累进税率即以生产对象数额的相对率划分若干级距,分别规定相应的差别税率。相对率每超过一个级距的,对超过的部分就按高一级的税率计算征税。目前我国税收体系中土地增值税采用的就是超率累进税率。

(三) 定额税率

　　定额税率是指按征税对象确定的计算单位,直接规定一个固定的税额。一般适用于从量计征的税种,如部分消费税(黄酒、啤酒、成品油)、城镇土地使用税、车船税、部分资源税(除原油、煤炭、天然气外)。黄酒的消费税税率为 240 元/吨,就是典型的定额税率。

 小试牛刀

【单选题】

1. 下列各项中,只采用比例税率征收的是(　　)。

A. 增值税 　　　　　　　　　　　　 B. 消费税

C. 城镇土地使用税 　　　　　　　　 D. 城市维护建设税

2. 某人某月工资收入为 7 568 元。根据表 1-1 和表 1-2,按全额累进税率和超额累进税率计算,应纳税额分别为(　　)元。

A. 1 013.6,756.8 　　　　　　　　　 B. 1 513.6,1 013.6

C. 1 270.4,1 530.4 　　　　　　　　 D. 1 530.4,1 270.4

四、纳税环节

　　纳税环节主要指征税对象在从生产到消费的流转过程中应当缴纳税款的环节。例如,流转税在生产和流通环节纳税、所得税在分配环节纳税等。纳税环节有广义和狭义之分。

　　广义的纳税环节指全部课税对象在再生产中的分布情况。例如,资源税分布在资源生产环节,商品税分布在生产或流通环节,所得税分布在分配环节等。

　　狭义的纳税环节特指应税商品在流转过程中应纳税的环节。商品从生产到消费要经历诸多流转环节,各环节都存在销售额,都可能成为纳税环节。但考虑到税收对经济的影响、财政收入的需要以及税收征管的能力等因素,国家常常对在商品流转过程中的所征税种规定不同的纳税环节。按照某种税征税环节的多少,可以将税种划分为一次课征制或多次课征制。

　　合理选择纳税环节,对加强税收征管,有效控制税源,保证国家财政收入的及时、稳

定、可靠,方便纳税人生产经营活动和财务核算,灵活机动地发挥税收调节经济的作用,具有十分重要的理论和实践意义。

五、纳税期限

纳税期限,是指纳税人的纳税义务发生后应依法缴纳税款的期限。它是税收强制性、固定性在时间上的体现。任何纳税人都必须如期纳税,否则就是违反税法,将受到法律制裁。纳税期限又可以分为纳税义务发生时间、纳税期限和缴库期限。

纳税义务发生时间,是指应税行为发生的时间。例如,增值税条例规定以预收货款方式销售货物的,其纳税义务发生时间为货物发出的那天。

纳税期限,是指纳税人每次发生纳税义务后,不可能马上去缴纳税款,税法规定了每种税的纳税期限,即每隔固定时间汇总一次纳税义务的时间。例如,增值税条例规定,增值税的具体纳税期限分别为 1 日、3 日、5 日、10 日、15 日、1 个月或者 1 个季度。纳税人的具体纳税期限,由主管税务机关根据纳税人应纳税额的大小核定;不能按照固定期限纳税的,可以按次纳税。按次纳税的税种有车辆购置税、契税、印花税等。

缴库期限,即税法规定的纳税期满后,纳税人将应纳税款缴入国库的期限。例如,增值税暂行条例规定,纳税人以 1 个月或者 1 个季度为 1 个纳税期的,自期满之日起 15 日内申报纳税;以 1 日、3 日、5 日、10 日或者 15 日为 1 个纳税期的,自期满之日起 5 日内预缴税款,并于次月 1 日起 15 日内申报纳税并结清上月应纳税款。

六、纳税地点

纳税地点,是指纳税人申报缴纳税收的地方。我国纳税地点一般以属地原则界定,一般情况下纳税地点为纳税机构所在地,也可能在经济活动发生地、财产所在地、报关地等。

七、减税免税

减税免税主要是对某些纳税人和征税对象减少征税或者免予征税。减税是从应征税款中减征部分税款,免税是免征全部税款。减税、免税直接通过减少国家收入、增加纳税人的经济利益发挥其对经济的调节作用,是刺激生产经营的特殊手段。因此,它只适用于特定条件下的调节,须严格控制。减税、免税的主要形式有税基式减免、税率式减免、税额式减免。

(一) 税基式减免

税基式减免,是指以直接缩小计税依据的方式实现减税免税,具体包括起征点、免征额等。其中起征点是税法规定的征税对象开始征税的数额起点,征税对象数额未达到起征点的不征税;达到或超过起征点的,就其全部数额征税。免征额是税法规定的征税对象全部数额中免于征税的数额,如果个人所得税免征额为 5 000 元,那意味着不到 5 000 元的不征税,超过 5 000 元的部分才征税。

(二) 税率式减免

税率式减免,是指以直接减低税率的方式实现减税免税。例如,对粮食等农产品增值税按低税率(9%)计征,对部分鼓励出口的产品以零税率计征等。

(三) 税额式减免

税额式减免,是指以直接减少应纳税额的方式实现减税免税,具体包括全部免征、减半征收、核定减免率以及另定减征额等。例如,从事农、林、牧、渔业项目的所得免征企业所得税;企业购置并实际使用《环境保护专用设备企业所得税优惠目录》《节能节水专用设备企业所得税优惠目录》和《安全生产专用设备企业所得税优惠目录》规定的环境保护、节能节水、安全生产等方面的专用设备,该专用设备的投资额的10%可以从企业当年的应纳税额中抵免,当年抵免不足的,可在以后5个纳税年度内结转抵免等。

八、法律责任

法律责任是指违反国家税法规定的行为人应承担的具有强制性的法律上的责任。纳税人和税务人员若违反了税法规定,则须依法承担法律责任。

税法构成要素一览表,如表1-3所示。

表 1-3　　　　　　　　　税法构成要素一览表

序号	构成要素	主要内容	相关解析
1	纳税义务人	指税法规定直接负有纳税义务的单位或个人	纳税义务人包括法人和自然人
2	征税对象	指税法规定的对什么征税,是征纳双方权利义务共同指向的客体或标的物	是区分不同税种的重要标志,如所得税征税对象为应税所得额;增值税征税对象为流转过程中产生的增值额
3	税率	指对征税对象的征收比例或征收程度	体现了征税的深度,是衡量税负轻重的重要标志
4	纳税环节	指征税对象在从生产到消费的流转过程中应当缴纳税款的环节	—
5	纳税期限	指纳税人的纳税义务发生后应依法缴纳税款的期限	分为纳税义务发生时间、纳税期限和缴库期限
6	纳税地点	指纳税人根据税法规定向税务机关申报纳税的具体地点	主要是机构所在地、经济活动发生地、财产所在地或者报关地等
7	减税免税	指税法对某些纳税人和征税对象减少征税或者免予征税	包括税基式减免、税率式减免、税额式减免
8	法律责任	指对违反国家税法规定的行为人采取的处罚措施	纳税人和税务人员违反税法规定都须承担法律责任

 课堂小测

【单选题】

1. 下列关于纳税环节和纳税期限的表述中,错误的是(　　　)。

A. 纳税环节主要指税法规定的征税对象在从生产到消费的流转过程中应当缴纳税款的环节

B. 纳税期限是指纳税人的纳税义务发生后应依法缴纳税款的期限

C. 纳税期限包括纳税义务发生时间和纳税期限

D. 规定纳税期限是为了保证国家财政收入的及时实现,是税收强制性和固定性的体现

2. 通过直接缩小计税依据的方式实现减免税的是( )。

A. 法定式减免　　　B. 税率式减免　　　C. 税额式减免　　　D. 税基式减免

3. 体现征税广度的是( )。

A. 纳税义务人　　　B. 税率　　　　　　C. 计税依据　　　　D. 税目

4. 下列税法要素中,可以作为区别不同税种的重要标志的是( )。

A. 纳税环节　　　　B. 税目　　　　　　C. 税率　　　　　　D. 征税对象

【多选题】

1. 我国现行税法中采用的累进税率包括( )。

A. 全额累进税率　　　　　　　　　　B. 超额累进税率

C. 超率累进税率　　　　　　　　　　D. 超倍累进税率

2. 下列各项中,属于税法要素的有( )。

A. 税率　　　　　　B. 征税对象　　　　C. 纳税义务人　　　D. 税收优惠

第五节　税收分类

税收分类是政府按一定标准对各种税收进行的分类,一个国家的税收体系通常是由许多不同的税种构成的。每个税种都具有自身的特点和功能,但用某一个特定的标准去衡量,有些税种就具有共同的性质、特点和相近的功能,从而区别于其他税收自成一"类"。

一、按征税对象的性质划分

按征税对象的性质,税收可分为流转税、所得税、资源税和环境保护税、财产和行为税、特定目的税五类,共计18个税种。

(一)流转税

流转税又称流转课税、流通税,指以纳税人商品生产、流通环节的流转额或者数量,非商品交易的营业额为征税对象的一类税收。这类税种与商品生产、流通,商品价格、营业额紧密相连。

流转税是我国现行税制中最大的一类税收,是主体税种、财政收入的主要来源,也是国家进行宏观调控的重要手段。它主要适用的税种有增值税、消费税、关税。

流转税的特点是征税范围较为广泛,一般不受生产、经营成本和费用变化的影响,具有间接税的性质,计算征收较为简便易行。

(二)所得税

所得税是政府对纳税人在一定期间获取的应纳税所得额课征的一类税。通常以应纳

税所得额为计税依据,即纳税人(通常一年)的合法所得,减去成本费用和法定允许扣除的其他各项支出后的余额,如利润、劳务报酬、财产租赁所得等。

所得税实行"多得多征,少得少征,无所得不征"的原则。中国现行所得税主要有企业所得税、个人所得税和土地增值税。所得税的特点是:所得税属于直接税,可以直接调节纳税人收入,发挥公平税负、调整分配关系的作用。

(三)资源税和环境保护税

中国现行对资源课征的有三个税种:资源税、城镇土地使用税和环境保护税。其主要作用是调节因自然资源差异而形成的级差收入。

资源税的特点是:税负高低与资源级差收益水平关系密切,征税范围的选择比较灵活。

(四)财产和行为税

(1)财产税。财产税是以纳税人所有或属其支配的财产为课税对象的一类税收。财产税的课税对象一般可分为不动产和动产两大类。

中国现行税制中属财产税的有房产税、契税、车船税等。财产税的特点是税收负担与财产价值、数量关系密切,能体现量能负担、调节财富、合理分配的原则。

(2)行为税。行为税是国家为了对某些特定行为进行限制或开辟某些财源而课征的一类税收。行为税收入零星分散,一般是地方政府筹集地方财政资金的一种手段。

中国现行税制中属于行为税的有印花税。行为税的特点是:征纳行为的发生具有偶然性、较强的时效性,有的还会因时制宜或因地制宜。

(五)特定目的税

特定目的税是国家为达到某种特定目的而设立的税种,是为了调节特定对象和行为而征收的税种。

中国现行税法中属于特定目的税的有城市维护建设税、车辆购置税、耕地占用税、船舶吨税和烟叶税。

二、按税收管理权限和使用权限划分

(一)按税收管理权限划分

目前,我国的税收分别由税务、海关等负责征收管理。

税务系统(即国家税务总局系统)负责征收和管理的税种有:增值税、消费税、车辆购置税、企业所得税、个人所得税、资源税、城镇土地使用税、耕地占用税、土地增值税、房产税、车船税、印花税、契税、城市维护建设税、环境保护税和烟叶税,共16个税种。

海关系统负责征收和管理的项目有关税、船舶吨税,同时负责代征进出口环节的增值税和消费税。

(二)按税收使用权限划分

我国实行分税制财政管理体制,按照管理和使用权限划分,我国的税收收入可以分为中央税、地方税、中央地方共享税。

(1)中央税。中央税是指由国家中央立法机关立法,规定税收管理权和收入支配权属于中央政府的税收,又称国家税。中央税是中央政府的固定收入。

当前归属中央的税种主要有：消费税（含进口环节海关代征的部分）、关税、车辆购置税、海关代征的进口环节增值税。

（2）地方税。地方税是中央税的对称，由一国地方政府征收、管理和支配。地方税属于地方固定财政收入，是由地方管理和使用的税种。

当前归属地方税的税种有：城镇土地使用税、耕地占用税、土地增值税、房产税、车船税、契税、环境保护税和烟叶税等。

（3）中央地方共享税。中央、地方共享税是指立法和管理都归中央，但其收入由中央、地方分享的税种。当前归属中央和地方共享的税种主要有以下几种。①增值税（不含进口环节由海关代征的部分）：中央政府分享50%，地方政府分享50%。②企业所得税：中国铁路总公司（原铁道部）、各银行总行及海洋石油企业缴纳的部分归中央政府，其余部分中央与地方政府按6∶4的比例分享。③个人所得税：中央政府分享60%，地方政府分享40%。④资源税（海洋石油企业的归中央、其余的归地方）、证券交易印花税等。⑤国税与地税，是指国家税务局系统和地方税务局系统，一般是指税务机关，而不是税种。国税主要负责征收中央税、中央与地方共享税；地税主要负责征收地方税。

2018年6月15日上午，全国各省（自治区、直辖市）级以及计划单列市国税局、地税局合并且统一挂牌，标志着国税地税征管体制改革迈出关键一步。这是自1994年分税制改革后，我国国地税征管体制改革的历史性时刻。

三、按税收与价格的关系划分

按税收与价格的关系，税收可以分为价内税和价外税。凡是税金构成价格的组成部分，作为课税对象——价格的组成因素的税种，都为价内税。除增值税外，其他税种均为价内税，其价格由成本、利润和税金组成。价外税，是指凡是税金作为价格之外附加的税。其代表税种为增值税，其价格由成本和利润组成。

价内税由销售方承担税款，销售方取得的货款就是其销售款，而税款由销售方来承担并从中扣除。因此，税款等于销售款乘以税率。

价外税由购买方承担税款，销售方取得的货款包括销售款和税款两部分。由于税款等于销售款乘以税率，而这里的销售款等于货款（即含税价格）减去税款，即不含税价格，因此，税款计算公式演变为：

$$税款 = [货款 \div (1 + 税率)] \times 税率$$

四、按计税标准划分

按计税标准，税收可分为从价税和从量税。

从价税是指以征税对象的价格或金额为计税依据，按照一定比例计征的税收，又称从价计征。目前，世界各国实行的大部分税种都属于从价税，我国现行税制中的增值税、房产税等税种也属于从价税。

从量税是按照商品的重量、数量、容量、长度和面积等计量单位为标准计征的税收。部分关税、资源税、消费税、车船税实行从量税。

五、按税负是否转嫁划分

按税负是否转嫁划分,税收可分为直接税和间接税。

直接税是指税收由纳税人直接负担、通常不能转嫁他人的税种,如企业所得税、个人所得税等。间接税是指纳税人可以将税负全部或部分转嫁,由他人负担的税收,如增值税、消费税等。

 课堂小测

【单选题】

1. 按税负是否转嫁分类,税收可分为(   )。

A. 从价税和从量税　　　　　　　B. 一般税和目的税

C. 定率税和定额税　　　　　　　D. 直接税和间接税

2. 按照计税依据分类,税收可分为(   )。

A. 从价税和从量税　　　　　　　B. 实物税和货币税

C. 定率税和定额税　　　　　　　D. 直接税和间接税

【多选题】

1. 下列税种中,属于中央与地方共享税的有(   )。

A. 增值税　　　　B. 个人所得税　　　　C. 消费税　　　　D. 关税

2. 增值税属于(   )。

A. 价内税　　　　B. 价外税　　　　C. 从价税　　　　D. 从量税

3. 下列各项中,由海关征收的税种有(   )。

A. 关税　　　　　　　　　　　　B. 船舶吨税

C. 进口环节增值税和消费税　　　　D. 车船税

4. 下列税种中,属于财产税类的有(   )。

A. 房产税　　　　B. 契税　　　　C. 车船税　　　　D. 个人所得税

第二章 增值税

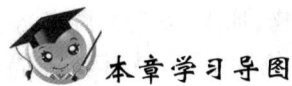

本章学习导图

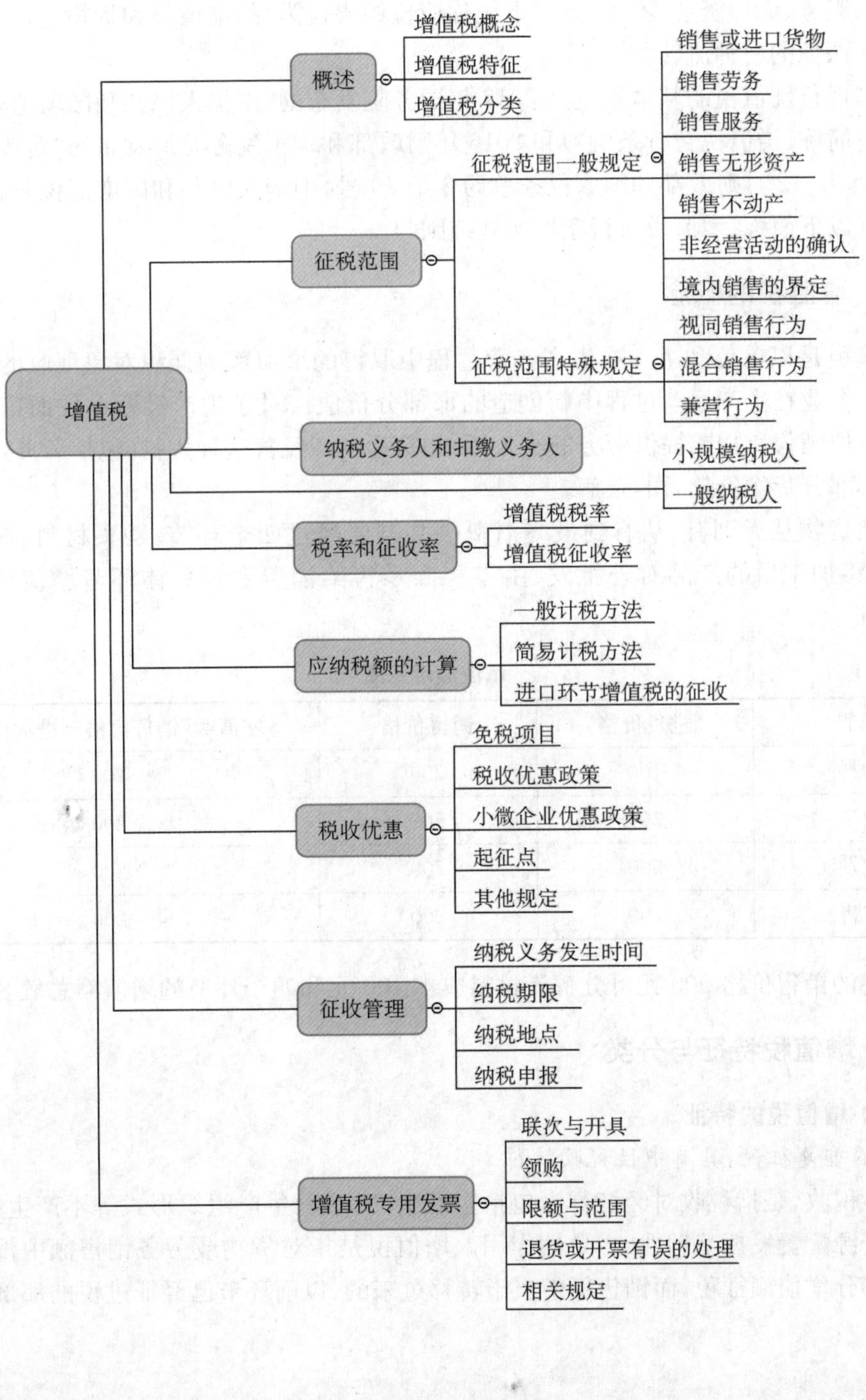

```
                                        增值税概念
                            概述 ○─── 增值税特征
                                        增值税分类
                                                            销售或进口货物
                                                            销售劳务
                                                            销售服务
                                            征税范围一般规定 ○─ 销售无形资产
                                                            销售不动产
                            征税范围 ○──                     非经营活动的确认
                                                            境内销售的界定
                                                            视同销售行为
                                            征税范围特殊规定 ─ 混合销售行为
                                                            兼营行为

                            纳税义务人和扣缴义务人
                                                            小规模纳税人
  增值税                                                     一般纳税人
                                        增值税税率
                            税率和征收率 ○─ 增值税征收率

                                        一般计税方法
                            应纳税额的计算 ○─ 简易计税方法
                                        进口环节增值税的征收

                                        免税项目
                                        税收优惠政策
                            税收优惠 ○─── 小微企业优惠政策
                                        起征点
                                        其他规定

                                        纳税义务发生时间
                            征收管理 ○─── 纳税期限
                                        纳税地点
                                        纳税申报

                                        联次与开具
                                        领购
                            增值税专用发票 ○─ 限额与范围
                                        退货或开票有误的处理
                                        相关规定
```

第一节　增 值 税 概 述

　　增值税是以商品和劳务在流转过程中所产生的增值额作为征税对象而征收的一种流转税。按照我国增值税法的规定,增值税是对在我国境内销售货物、加工、修理修配劳务(以下简称劳务)、销售服务、无形资产、不动产以及进口货物的单位和个人,就其销售货物、劳务、服务、无形资产、不动产(以下统称应税销售行为)的增值额和货物进口金额为计税依据而课征的一种流转税。

　　我国现行增值税的基本规范是 2017 年国务院发布的《中华人民共和国增值税暂行条例》(以下简称《增值税暂行条例》)和 2016 年财政部和国家税务总局发布的"营改增通知"以及 2008 年 12 月财政部和国家税务总局令第 50 号《中华人民共和国增值税暂行条例实施细则》(以下简称《增值税暂行条例实施细则》)。

一、增值税的概念

　　增值税是以单位和个人在生产经营过程中取得的增值额为课税对象征收的一种税。增值额是企业在生产经营过程中新创造的那部分价值。对于生产经营单位而言,增值额是指该单位销售货物或提供劳务的收入额,扣除为生产经营这种货物(包括劳务,下同)而外购的那部分货物价款后的余额。

　　某项货物从无到有、从有到最终消费端共需要经过四个环节:购买材料、对材料进行加工、将加工后的产品对外批发、由零售商零售给消费者。具体环节增值额图解如表 2-1 所示。

表 2-1　　　　　　　　　　　　　　增值额示意图

环节	进货价格	销售价格	增值额(销售价格-进货价格)
购料	100	300	200
加工	300	500	200
批发	500	700	200
零售	700	900	200

　　最终的销售价格 900 元可分解为材料成本 100 元和四个环节的增值额总额 800 元。

二、增值税特征与分类

(一)增值税的特征

1. 不重复征税,具有中性税收特征

　　中性税收,是指税收对经济行为包括企业生产决策、生产组织形式等不产生影响,由市场对资源配置发挥基础性、主导性作用。增值税是指对货物或劳务销售额中没有征过税的那部分增值额征税,而销售额中属于转移过来的、以前环节已经征过税的那部分销售额则不被征税。

2.逐环节征税,逐环节扣税,最终消费者是全部税款的承担者

增值税实行逐环节征税、逐环节扣税制度。作为纳税人,各环节的经营者只是把从买方收取的税款抵扣自己支付给卖方的税款后所剩的余额缴给政府,而经营者本身实际上并没有承担增值税税款。随着各环节交易活动的进行,经营者在出售货物时也出售了该货物所承担的增值税税款,直到货物卖给最终消费者。这时,货物在以前环节已纳的税款连同本环节的税款也一并转嫁给了最终消费者。可见,增值税税负具有逐环节向前推移的特点,作为纳税人的生产经营者并不是增值税的真正负担者,只有最终消费者才是全部税款的负担者。具体如表2-2所示。

表2-2　　　　　　　　　　　　增值税扣税原理图解

生产商	价款 100元	税款 13元	批发商	价款 200元	税款 26元	零售商	价款 300元	税款 39元	消费者
	批发商缴税 26－13＝13(元)					零售商缴税 39－26＝13(元)			

如表2-2所示,增值税的征税过程环环相扣,消费者最终承担了全部税款。

3.税基广阔,具有征收的普遍性和连续性

无论是从横向来看还是从纵向来看,增值税都有广阔的税基。从生产经营的横向关系看,无论工业、商业还是劳务服务活动,只要有增值收入就需要纳税;从生产经营的纵向关系看,每一货物无论经过多少生产经营环节,都要按各道环节上发生的增值额逐次征税。

(二) 增值税的分类

按对外购固定资产处理方式的不同,增值税可划分为生产型增值税、收入型增值税和消费型增值税。

(1) 生产型增值税是以销售收入减去所购中间产品价值的余额为课税对象,不允许纳税人在计算增值税时扣除外购固定资产的价值及其折旧。

(2) 收入型增值税是以销售收入减去所购中间产品价值的余额为课税对象,同时对外购固定资产价值只允许扣除当期计入产品价值的折旧费部分。

(3) 消费型增值税是以销售收入减去所购中间产品价值的余额为课税对象,同时对外购固定资产价值允许一次全部扣除。

自2009年1月1日起,我国在所有地区实施消费型增值税,允许纳税抵扣固定资产的进项税额,增值税实现了由生产型向消费型的转换。

 **课堂小测**

【单选题】

1. 按对(　　　)处理方式的不同,增值税可划分为生产型增值税、收入型增值税和消

费型增值税。

A. 外购无形资产　　　　　　　　B. 外购固定资产

C. 外购存货　　　　　　　　　　D. 外购工程物资

2. 目前,我国的增值税类型是(　　　)。

A. 生产型增值税　　　　　　　　B. 收入型增值税

C. 消费型增值税　　　　　　　　D. 积累型增值税

第二节　增值税征税范围与纳税义务人

一、征税范围

增值税的征税范围包括在中华人民共和国境内发生应税销售行为以及进口货物等。增值税征税范围可以分为一般规定和特殊规定。

(一) 征税范围的一般规定

1. 销售或者进口货物

货物是指有形动产,包括电力、热力和气体。销售货物是指有偿转让货物的所有权。这里所指的有偿不仅包括从购买方获得的货币,还包括取得的货物或其他经济利益。

2. 销售劳务

劳务是指纳税人提供的加工、修理修配劳务。单位或者个体工商户聘用的员工为本单位或者雇主提供的加工、修理修配劳务不包括在内。加工是指受托加工货物,由委托方提供原料及主要材料,受托方依照委托方的要求制造货物并收取加工费的业务;修理修配是指受托方对已受损害的货物进行修复,使其恢复原状和功能的业务。

3. 销售服务

销售服务,是指提供的交通运输服务、邮政服务、电信服务、建筑服务、金融服务、现代服务及生活服务。

1) 交通运输服务

交通运输服务,是指使用运输工具将货物或旅客送至目的地,使其空间位置得到转移的业务活动。其包括陆路运输服务、水路运输服务、航空运输服务和管道运输服务。

(1) 陆路运输服务,是指通过陆路(地上或者地下)运送货物或者旅客的运输业务活动,包括铁路运输服务和其他陆路运输服务。铁路运输服务,是指通过铁路运送货物或者旅客的运输业务活动;其他陆路运输服务,是指铁路运输以外的陆路运输业务活动,包括公路运输、缆车运输、索道运输、地铁运输、城市轻轨运输等。

出租车公司向使用本公司自有出租车的出租车司机收取的管理费用,按照"陆路运输服务"缴纳增值税。

(2) 水路运输服务,是指通过江、河、湖、川等天然、人工水道或者海洋航道运送货物或者旅客的运输业务活动。水路运输的程租、期租业务,属于水路运输服务。程租业务,是指运输企业为租船人完成某一特定航次的运输任务并收取租赁费的业务;期租业务,是指运输企业将配备有操作人员的船舶承租给他人使用一定时间,在承租期内听候承租方调遣,不论是否经营,均按天向承租方收取租赁费,发生的固定费用均由船东负担的业务。

(3)航空运输服务,是指通过空中航线运送货物或者旅客的运输业务活动。航空运输的湿租业务属于航空运输服务。湿租业务是指航空运输企业将配备有机组人员的飞机承租给他人使用一定时间,承租期内听候承租方调遣,不论是否经营,均按一定标准向承租方收取租赁费,发生的固定费用均由承租方承担的业务。航天运输服务按照航空运输服务缴纳增值税。航天运输服务,是指利用火箭等载体将卫星、空间探测器等空间飞行器发射到空间轨道的业务活动。

(4)管道运输服务,是指通过管道设施输送气体、液体、固体物质的运输业务活动。无运输工具承运业务,是指经营者以承运人身份与托运人签订运输服务合同,收取运费并承担承运人责任,然后委托实际承运人完成运输服务的经营活动。无运输工具承运业务,按照"交通运输服务"缴纳增值税。

自2018年1月1日起,纳税人已售票但客户逾期未消费取得的运输逾期票证收入,按照"交通运输服务"缴纳增值税。

2)邮政服务

邮政服务,是指中国邮政集团公司及其所属邮政企业提供邮件寄递、邮政汇兑和机要通信等邮政基本服务的业务活动,包括邮政普遍服务、邮政特殊服务和其他邮政服务。

(1)邮政普遍服务,是指函件、包裹等邮件寄递,以及邮票发行、报刊发行和邮政汇兑等业务活动。

(2)邮政特殊服务,是指义务兵平常信函、机要通信、盲人读物和革命烈士遗物的寄递等业务活动。

(3)其他邮政服务,是指邮册等邮品销售、邮政代理等业务活动。

3)电信服务

电信服务,是指利用有线、无线的电磁系统或者光电系统等各种通信网络资源,提供语音通话服务,传送、发射、接收或者应用图像、短信等电子数据和信息的业务活动,包括基础电信服务和增值电信服务。

(1)基础电信服务,是指利用固网、移动网、卫星、互联网提供语音通话服务的业务活动,以及出租或者出售宽带、波长等网络元素的业务活动。

(2)增值电信服务,是指利用固网、移动网、卫星、互联网、有线电视网络,提供短信和彩信服务、电子数据和信息的传输及应用服务、互联网接入服务等业务活动。

卫星电视信号落地转接服务,按照"增值电信服务"缴纳增值税。

4)建筑服务

建筑服务,是指各类建筑物、构筑物及其附属设施的建造、修缮、装饰,线路、管道、设备、设施等的安装以及其他工程作业的业务活动,包括工程服务、安装服务、修缮服务、装饰服务和其他建筑服务。

（1）工程服务，是指新建、改建各种建筑物、构筑物的工程作业，包括与建筑物相连的各种设备或者支柱、操作平台的安装或者装设工程作业，以及各种窑炉和金属结构工程作业。

（2）安装服务，是指生产设备、动力设备、起重设备、运输设备、传动设备、医疗实验设备等设备、设施的装配、安置工程作业，包括与被安装设备相连的工作台、梯子、栏杆的装饰工程作业，以及被安装设备的绝缘、防腐、保温、油漆等工程作业。

固定电话、有线电视、宽带、水、电、燃气、暖气等经营者向用户收取的安装费、初装费、开户费、扩容费以及类似收费，按照"安装服务"缴纳增值税。

（3）修缮服务，是指对建筑物、构筑物进行修补、加固、养护、改善，使之恢复原来的使用价值或者延长其使用期限的工程作业。

（4）装饰服务，是指对建筑物、构筑物进行修饰装修，使之美观或者具有特定用途的工程作业。物业服务企业为业主提供的装修服务，按照"建筑服务"缴纳增值税。

（5）其他建筑服务，是指上列工程作业之外的各种工程作业服务，如钻井（打井）、拆除建筑物或者构筑物、平整土地、绿化园林、疏浚（不包括航道疏浚）、平移建筑物、搭脚手架、爆破、矿山穿孔、表面附着物（包括岩层、土层、沙层等）剥离和清理等工程作业。纳税人将建筑施工设备出租给他人使用并配备操作人员的，按照"建筑服务"缴纳增值税。

5）金融服务

金融服务，是指经营金融保险的业务活动，包括贷款服务、直接收费金融服务、保险服务和金融商品转让。

（1）贷款服务，是指将资金贷与他人使用而取得利息收入的业务活动。各种占用、拆借资金取得的收入，包括金融商品持有期间（含到期）的利息（保本收益、报酬、资金占用费、补偿金等）收入、信用卡透支的利息收入、买入返售金融商品的利息收入、融资融券收取的利息收入，以及融资性售后回租、押汇、罚息、票据贴现、转贷等业务取得的利息及利息性质的收入，按照"贷款服务"缴纳增值税。

保本收益、报酬、资金占用费、补偿金，是指合同中明确承诺到期本金可全部收回的投资收益。金融商品持有期间（含到期）取得的非保本的上述收益，不属于利息或利息性质的收入，对此不征收增值税。

融资性售后回租，是指承租方以融资为目的，将资产出售给从事融资性售后回租业务的企业后，从事融资性售后回租业务的企业将该资产出租给承租方的业务活动。

以货币资金投资收取的固定利润或者保底利润，按照"贷款服务"缴纳增值税。

（2）直接收费金融服务，是指为货币资金融通及其他金融业务提供相关服务并且收取费用的业务活动，包括提供货币兑换、账户管理、电子银行、信用卡、信用证、财务担保、资产管理、信托管理、基金管理、金融交易场所（平台）管理、资金结算、资金清算、金融支付等服务。

（3）保险服务，是指投保人根据合同约定，向保险人支付保险费，保险人对于合同约定的可能发生的事故因其发生所造成的财产损失承担赔偿保险金责任，或者当被保险人死亡、伤残、疾病或者达到合同约定的年龄、期限等条件时承担给付保险金责任的商业保险行为,包括人身保险服务和财产保险服务。

(4)金融商品转让,是指转让外汇、有价证券、非货物期货和其他金融商品所有权的业务活动。

6)现代服务

现代服务,是指围绕制造业、文化产业、现代物流产业等提供技术性、知识性服务的业务活动,包括研发和技术服务、信息技术服务、文化创意服务、物流辅助服务、租赁服务、鉴证咨询服务、广播影视服务、商务辅助服务和其他现代服务。

(1)研发和技术服务,包括研发服务、合同能源管理服务、工程勘察勘探服务、专业技术服务。研发服务,是指就新技术、新产品、新工艺或者新材料及其系统进行研究与试验开发的业务活动;合同能源管理服务,是指节能服务公司与用能单位以契约形式约定节能目标,节能服务公司提供必要的服务,用能单位以节能效果支付节能服务公司投入及其合理报酬的业务活动;工程勘察勘探服务,是指在采矿、工程施工前后,对地形、地质构造、地下资源蕴藏情况进行实地调查的业务活动;专业技术服务,是指气象服务、地震服务、海洋服务、测绘服务、城市规划、环境与生态监测服务等专项技术服务。

(2)信息技术服务,是指利用计算机、通信网络等技术对信息进行生产、收集、处理、加工、存储、运输、检索和利用,并提供信息服务的业务活动,包括软件服务、电路设计及测试服务、信息系统服务、业务流程管理服务和信息系统增值服务。

(3)文化创意服务,包括设计服务、知识产权服务、广告服务和会议展览服务。设计服务,是指把计划、规划、设想以文字、语言、图画、声音等形式传递出来的业务活动;知识产权服务,是指处理知识产权事务的业务活动,包括对专利、商标、著作权、软件、集成电路布图设计的登记、鉴定、评估、认证、检索服务;广告服务,是指以图书、报纸、杂志、广播、电视、电影、幻灯、路牌、招贴、橱窗、霓虹灯、灯箱、互联网等形式为客户的商品、经营服务项目、文体节目、通告、声明等委托事项进行宣传和提供相关服务的业务活动;会议展览服务,是指为商品流通、促销、展示、经贸洽谈、民间交流、企业沟通、国际往来等举办或者组织安排的各类展览和会议的业务活动。

宾馆、旅馆、旅社、度假村和其他经营性住宿场所提供会议场地及配套服务的活动,按照"会议展览服务"缴纳增值税。

(4)物流辅助服务,包括航空服务、港口码头服务、货运客运场站服务、打捞救助服务、装卸搬运服务、仓储服务和收派服务。航空服务包括航空地面服务和通用航空服务;港口码头服务,是指港务船舶调度、船舶通讯、航道管理、航道疏浚等服务;货运客运场站服务,是指货运客运场站提供货物配载、运输组织、中转换乘、车辆调度等服务;打捞救助服务,是指提供船舶人员救助、船舶财产救助、水上救助和沉船沉物打捞服务等业务活动;装卸搬运服务,是指使用装卸搬运工具或者人力、畜力将货物在运输工具间、装卸现场间或者运输工具与装卸现场间进行装卸和搬运的业务活动;仓储服务,是指利用仓库、货场或者其他场所代客贮放、保管货物的业务活动;收派服务,是指接受寄件人委托,在承诺的时限内完成收件、分拣、派送服务的业务活动。

(5) 租赁服务,包括融资租赁服务和经营租赁服务。融资租赁服务,是指出租人根据承租人所要求的条件购入有形动产或者不动产,再将其租赁给承租人的服务。合同期内租赁物所有权属于出租人,承租人只拥有使用权,合同期满付清租金后,承租人有权按照残值购入租赁物。融资租赁服务具有融资性质和所有权转移的特点。

融资性售后回租不按照本税目缴纳增值税,应按照"金融服务"缴纳增值税。

经营租赁服务,是指在约定时间内将有形动产或不动产转让他人使用,且租赁物所有权不变更的业务活动。水路运输的光租业务、航空运输的干租业务,属于经营租赁。光租业务,是指运输企业将船舶在约定的时间内出租给他人使用,不配备操作人员,不承担运输过程中发生的各项费用,只收取固定租赁费的业务活动;干租业务,是指航空运输企业将飞机在约定的时间内出租给他人使用,不配备机组人员,不承担运输过程中发生的各项费用,只收取固定租赁费的业务活动。

将建筑物、构筑物等不动产或者飞机、车辆等有形动产的广告位出租给其他单位或者个人用于发布广告,按照"经营租赁服务"缴纳增值税。车辆停放、道路通行服务(包括过路费、过桥费、过闸费等)等,按照"不动产经营租赁服务"缴纳增值税。

(6) 鉴证咨询服务,包括认证服务、鉴证服务和咨询服务。认证服务,是指具有专业资质的单位利用检测、检验、计量等技术,证明产品、服务、管理体系符合相关技术规范的业务活动。鉴证服务,是指具有专业资质的单位受托对相关事项进行鉴证,发表具有证明力的意见的业务活动,包括会计鉴证、税务鉴证、法律鉴证、职能技能鉴定、工程造价鉴证、工程监理、资产评估、环境评估等。咨询服务,是指提供信息、建议、策划、顾问等服务的活动,包括金融、软件、技术、财务、税收、法律、内部管理业务运作、流程管理、健康等方面的咨询。

翻译服务和市场调查服务,按照"咨询服务"缴纳增值税。

(7) 广播影视服务,包括广播影视节目(作品)的制作服务、发行服务和播映(含放映,下同)服务。广播影视节目(作品)制作服务,是指进行专题(特别节目)、专栏、综艺、体育、动画片、广播剧、电视剧、电影等广播影视节目和作品制作的服务;广播影视节目(作品)发行服务,是指以分账、买断、委托等方式,向影院、电台、电视台、网站等单位和个人发行广播影视节目(作品)以及对转让体育赛事等活动的报道及播映的业务活动;广播影视节目(作品)播映服务,是指在影院、剧院、录像厅及其他场所播映广播影视节目(作品),以及通过电台、电视台、卫星通信、互联网、有线电视等无线或者有线装置播映广播影视节目(作品)的业务活动。

(8) 商务辅助服务,包括企业管理服务、经济代理服务、人力资源服务、安全保护服务。企业管理服务,是指提供总部管理、投资与资产管理、市场管理、物业管理、日常综合管理等服务的业务活动。经纪代理服务,是指各类经纪、中介、代理服务。人力资源服务,是指提供公共就业、劳务派遣、人才委托招聘、劳动力外包等服务的业务活动。安全保护服务,是指提供保护人身安全和财产安全,维护社会治安等的业务活动。

纳税人提供武装守护押运服务,按照"安全保护服务"缴纳增值税。

(9) 其他现代服务,是指除研发和技术服务、信息技术服务、文化创意服务、物流辅助服务、租赁服务、鉴证咨询服务、广播影视服务和商务辅助服务以外的现代服务。例如,纳税人为客户办理退票服务,纳税人对安装运行后的电梯提供的维护保养服务。

7)生活服务

生活服务,是指为满足城乡居民日常生活需求提供的各类服务活动,包括文化体育服务、教育医疗服务、旅游娱乐服务、餐饮住宿服务、居民日常服务和其他生活服务。

(1)文化体育服务包括文化服务和体育服务。文化服务,是指为满足社会公众文化生活需求提供的各类服务活动。例如,文艺创作、文艺表演、文化比赛、图书馆的图书和资料借阅,档案馆的档案管理,文物及非物质遗产保护,组织举办宗教活动、科技活动、文化活动,提供游览场所。体育服务,是指组织举办体育比赛、体育表演、体育活动,以及提供体育训练、体育指导、体育管理的业务活动。

纳税人在游览场所经营索道、摆渡车、电瓶车、游船等取得的收入,按照"文化体育服务"缴纳增值税。

(2)教育医疗服务,包括教育服务和医疗服务。教育服务,是指提供学历教育服务、非学历教育服务、教育辅助服务的业务活动;医疗服务,是指提供医学检查、诊断、治疗、康复、预防、保健、接生、计划生育、防疫服务等方面的服务,以及与这些服务有关的提供药品、医用材料器具、救护车、病房住宿和伙食的业务。

(3)旅游娱乐服务,包括旅游服务和娱乐服务。旅游服务,是指根据旅游者的要求,组织安排交通、游览、住宿、餐饮、购物、文娱商务等服务的业务活动;娱乐服务,是指为娱乐活动同时提供场所和服务的业务。

(4)餐饮住宿服务,包括餐饮服务和住宿服务。餐饮服务,是指通过同时提供饮食和饮食场所的方式为消费者提供饮食消费服务的业务活动。纳税人现场制作食品并直接销售给消费者,按照"餐饮服务"缴纳增值税。住宿服务,是指提供住宿场所及配套服务等的活动,包括宾馆、旅馆、旅社、度假村和其他经营性住宿场所提供的住宿服务。

(5)居民日常服务,主要指为满足居民个人及家庭日常生活需求提供的服务,包括市容市政管理、家政、婚庆、养老、殡葬、照料和护理、救助救济、美容美发、按摩、桑拿、氧吧、足疗、沐浴、洗染、摄影扩印等服务。

(6)其他生活服务,是指除文化创意服务、教育医疗服务、旅游娱乐服务、餐饮住宿服务和居民日常服务外的生活服务,如纳税人提供的植物养护服务。

4. 销售无形资产

销售无形资产是指转让无形资产所有权或者使用权的业务活动。无形资产,是指不具有实物形态,但能带来经济利益的资产,包括技术、商标、著作权、自然资源使用权和其他权益性的无形资产。技术包括专利技术和非专利技术;自然资源使用权包括土地使用权、海域使用权、探矿权、采矿权、取水权和其他自然资源使用权;其他权益性无形资产包括基础设施资产经营权、公共事业特许权、配额、经营权(包括特许经营权、连锁经营权、其他经营权)、经销权、分销权、代理权、会员权、席位权、网络游戏虚拟道具、域名、名称权、肖像权、冠名权、转会费等。

5. 销售不动产

销售不动产是指转让不动产所有权的业务活动。不动产,是指不能移动或者移动后会引起性质、形状改变的财产,包括建筑物、构筑物等。建筑物包括住宅、商业营业用房、办公楼等可供居住、工作或者进行其他活动的建造物。构筑物包括道路、桥梁、隧道、水坝等建造物。

转让建筑物有限产权或者永久使用权的,转让在建的建筑物或者构筑物所有权的,以及在转让建筑物或者构筑物时一并转让其所占土地的使用权的,按照"销售不动产"缴纳增值税。增值税征税范围如表 2-3 所示。

表 2-3 增值税征税范围一览表

情形	主要内容	
销售和进口货物	货物,是指有形动产,包括电力、热力和气体在内	
销售劳务	劳务,是指纳税人提供的加工、修理修配劳务	
销售服务	交通运输服务	陆路运输、水路运输、航空运输、管道运输服务
	邮政服务	邮政普遍服务、邮政特殊服务和其他邮政服务
	电信服务	基础电信服务和增值电信服务
	建筑服务	工程、安装、修缮、装饰等服务
	金融服务	贷款服务、直接收费金融服务、保险服务以及金融商品转让服务
	现代服务	研发和技术服务、信息技术服务、文化创意服务、物流辅助服务、租赁服务、鉴证咨询服务、广播影视服务、商务辅助服务和其他现代服务
	生活服务	文化体育、教育医疗、旅游娱乐、餐饮住宿、居民日常等服务
销售无形资产	包括技术、商标、著作权、自然资源使用权和其他权益性无形资产	
销售不动产	包括建筑物、构筑物等	

 小试牛刀

【单选题】

1. 下列不属于现代服务中的"文化创意服务"的是( )。

A. 设计服务 　　　　　　　　　B. 知识产权服务

C. 信息系统服务 　　　　　　　D. 广告服务

2. 根据增值税法律制度的规定,融资性售后回租,按照( )纳税。

A. 销售无形资产 　　　　　　　B. 金融服务——贷款服务

C. 现代服务——租赁服务 　　　D. 金融服务——保险服务

3. 下列行为中,应按照"销售不动产"税目缴纳增值税的是( )。

A. 将建筑物广告位出租给其他单位用于发布广告

B. 销售底商（建筑物底层商铺）

C. 转让高速公路经营权

D. 转让国有土地使用权

4. 下列各项中，应按照"销售服务——建筑服务"税目计缴增值税的是（　　）。

A. 平整土地　　　　　B. 出售住宅　　　　　C. 出租办公楼　　　　　D. 转让土地使用权

【多选题】

1. 下列选项中，按照"交通运输服务"征收增值税的有（　　）。

A. 航天运输服务　　　　　　　　　B. 无运输工具承运业务

C. 车辆停放服务　　　　　　　　　D. 道路通行服务

2. 下列选项中，按照"物流辅助服务"缴纳增值税的有（　　）。

A. 港口码头服务　　　　　　　　　B. 打捞救助服务

C. 货运代理服务　　　　　　　　　D. 代理报关服务

3. 下列选项中，按照"交通运输服务"计缴增值税的有（　　）。

A. 程租　　　　　　B. 期租　　　　　　C. 湿租　　　　　　D. 道路通行服务

6. 非经营活动的确认

销售服务、无形资产或者不动产，是指有偿提供服务、有偿转让无形资产或者不动产，但属于下列非经营活动的情形除外。

（1）由行政单位收取，且满足以下条件的政府性基金或者行政事业性收费。①由国务院或者财政部批准设立的政府性基金，由国务院或者省级人民政府及其财政、价格主管部门批准设立的行政性事业性收费。②收取时开具省级以上（含省级）财政部门监（印）制的财政票据。③所受款项全额上缴财政。

（2）单位或者个体工商户聘用的员工为本单位或者雇主提供"取得工资"的服务。

（3）单位或者个体工商户为聘用的员工提供服务。

（4）财政部和国家税务总局规定的其他情形。

7. 境内销售的界定

（1）境内销售货物，是指货物的起运地或者所在地在境内。

（2）境内销售服务、无形资产或者不动产，是指：①服务（租赁不动产除外）或者无形资产（自然资源使用权除外）的销售方或者购买方在境内；②所销售或者租赁的不动产在境内；③所销售自然资源使用权的自然资源在境内；④财政部和国家税务总局规定的其他情形。

（3）不属于在境内销售服务或无形资产的有：①境外单位或者个人向境内单位或者个人销售完全在境外发生的服务。②境外单位或者个人向境内单位或者个人销售完全在境外使用的无形资产。③境外单位或者个人向境内单位或者个人销售完全在境外使用的有形动产。④财政部和国家税务总局规定的其他情形。

（二）征税范围的特殊规定

除了上述的一般规定以外，政府还对经济实务中某些特殊项目或者行为是否属于增值税征税范围，作出了具体界定。

1. 视同销售行为

（1）视同销售货物的行为有：①将货物交付其他单位或者个人代销；②销售代销货物；③设有两个以上机构并实行统一核算的纳税人，将货物从一个机构移送其他机构用于销售，但相关机构设在同一县（市）的除外；④将自产、委托加工的货物用于集体福利或个人消费；⑤将自产、委托加工或购进的货物作为投资，提供给其他单位或个体工商户；⑥将自产、委托加工或购进的货物分配给股东或投资者；⑦将自产、委托加工或购进的货物无偿赠送给其他单位或者个人。

（2）视同销售服务、无形资产或者不动产的行为有：①单位或者个体工商户向其他单位、个人无偿提供服务，但用于公益事业或者以社会公众为服务对象的除外；②单位或者个人向其他单位、个人无偿转让无形资产或者不动产，但用于公益事业或者以社会公众为服务对象的除外；③财政部和国家税务总局规定的其他情形。

2. 混合销售和兼营行为

（1）混合销售，是指一项涉及货物和服务的销售行为。混合销售行为成立的标准有两点：一是其销售行为必须是一项；二是该项行为必须涉及货物销售和应税行为。例如，工厂销售自产货物，同时提供送货上门服务就是一项混合销售行为，因其涉及了销售货物以及交通运输服务。

从事货物的生产、批发或者零售的单位和个体工商户的混合销售行为，按照"销售货物"缴纳增值税；其他单位和个体工商户的混合销售行为，按照"销售服务"缴纳增值税。

（2）兼营行为，是指纳税人的经营范围既包括销售货物和加工修理修配劳务，又包括销售服务、无形资产或者不动产。纳税人销售货物、加工修理修配劳务、服务、无形资产或者不动产适用不同税率或者征收率的，应当对其分别核算适用不同税率或者征收率的销售额；未分别核算销售额的，可按照以下方法对其核算适用税率或者征收率：

兼有不同税率的销售货物、加工修理修配劳务、服务、无形资产或者不动产，从高适用税率。

兼有不同征收率的销售货物、加工修理修配劳务、服务、无形资产或者不动产，从高适用征收率。

兼有不同税率和征收率的销售货物、加工修理修配劳务、服务、无形资产或者不动产，从高适用税率。

混合销售与兼营行为属于两个不同的税收概念，税务处理上的规定也不同。混合销售的纳税主要原则是按"经营主业"划分，分别按照"销售货物""销售服务"等不同应税交易征收增值税。兼营行为的纳税原则是分别核算并按照适用税率征收增值税；对兼营行为不分别核算的，从高适用税率征收增值税。

【例2-1】　下列关于增值税混合销售行为的叙述中，正确的是（　　　）。

A. 计算机生产企业销售计算机并负责安装调试，属于增值税混合销售行为

B. 从事货物的生产、批发或者零售的单位和个体工商户的混合销售行为，按照"销售服务"缴纳增值税

C. 其他单位和个体工商户的混合销售行为，按照"销售货物"缴纳增值税

D. 某药店销售药品，还向其他患者提供医疗服务，属于增值税混合销售行为

【解析】 正确答案 A。B 选项，从事货物的生产、批发或者零售的单位和个体工商户的混合销售行为，按照"销售货物"缴纳增值税；C 选项，其他单位和个体工商户的混合销售行为，按照"销售服务"缴纳增值税；D 选项，销售药品与提供医疗服务不在一项销售行为中，属于兼营行为而不是混合销售。

二、纳税义务人和扣缴义务人

(一) 纳税义务人

在中华人民共和国境内(以下简称境内)销售货物、劳务、服务、无形资产、不动产的单位和个人，为增值税纳税人。纳税人应当按照国家统一的会计制度进行增值税会计核算。单位，是指企业、行政单位、事业单位、军事单位、社会团体及其他单位。个人，是指个体工商户和其他个人。

单位以承包、承租、挂靠方式经营，承包人、承租人、挂靠人(以下统称承包人)以发包人、出租人、被挂靠人(以下统称发包人)名义对外经营并由发包人承担相关法律责任的，以发包人为纳税人。否则，以承包人为纳税人。

在承包、承租、挂靠经营方式的情况下，区分以下两种情况以界定纳税人：

(1) 同时满足以下两个条件的，以发包人为纳税人：①以发包人名义对外经营；②由发包人承担相关法律责任。

(2) 不同时满足上述两个条件的，以承包人为纳税人。

应当注意的是资管产品运营过程中发生的增值税应税销售行为，以资管产品管理人为增值税纳税人。

(二) 扣缴义务人

中华人民共和国境外(以下简称境外)的单位或者个人在境内销售劳务，在境内未设有经营机构的，以其境内代理人为扣缴义务人；在境内没有代理人的，以购买方为扣缴义务人。

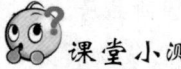 课堂小测

【单选题】

1. 下列各项中，应按照"现代服务"税目计缴增值税的是( )。

A. 经营租赁服务 　　　　　　　　B. 融资性售后回租

C. 保险服务 　　　　　　　　　　D. 文化体育服务

2. 下列各项中，应按照"销售服务——生活服务"税目计缴增值税的是( )。

A. 文化创意服务 　　　　　　　　B. 车辆停放服务

C. 广播影视服务 　　　　　　　　D. 旅游娱乐服务

3. 下列行为中，不属于销售无形资产的是( )。

A. 转让专利权 　　　　　　　　　B. 转让建筑永久使用权

C. 转让网络虚拟道具 　　　　　　D. 转让采矿权

4. 根据增值税法律制度的规定,下列行为中,属于视同销售货物行为的是(　　)。

A. 乙超市将外购的牙刷作为集体福利发给员工

B. 甲商贸公司将外购的白酒用于交际应酬

C. 丁服装厂将外购的纽扣用于生产服装

D. 丙玩具厂将自产的玩具无偿赠送给福利院

5. 根据增值税法律制度的规定,下列行为中,不属于视同销售货物征收增值税的是(　　)。

A. 将外购货物分配给投资者

B. 将外购货物用于集体福利

C. 将外购货物无偿赠送他人

D. 将外购货物作为投资提供给个体工商户

6. 企业的下列行为,属于增值税兼营行为的是(　　)。

A. 建筑公司为承建的某项工程提供建筑材料以及安装业务

B. 照相馆在提供照相业务的同时销售相框

C. 饭店开设客房、餐厅从事服务业务,并附设商场销售货物

D. 饭店提供餐饮服务的同时销售酒水饮料

7. 根据增值税法律制度的规定,下列应税行为中,应按照"交通运输服务"缴纳增值税的是(　　)。

A. 管道运输服务　　　　　　　　B. 货运客运场站服务

C. 装卸搬运服务　　　　　　　　D. 收派服务

8. 下列各项中,应按照"金融服务——贷款服务"税目计缴增值税的是(　　)。

A. 融资性售后回租　　　　　　　B. 账户管理服务

C. 金融支付服务　　　　　　　　D. 资金结算服务

【多选题】

1. 下列各项中,按照"销售货物"征收增值税的有(　　)。

A. 销售电力　　　B. 销售热力　　　C. 销售天然气　　　D. 销售商品房

2. 根据增值税法律制度的规定,企业发生的下列行为中,属于视同销售货物行为的有(　　)。

A. 将自产的货物分配给投资者

B. 将货物交付他人代销

C. 将委托加工收回的货物用于集体福利

D. 将购进的货物用于个人消费

3. 根据增值税法律制度的规定,下列说法正确的有(　　)。

A. 资管产品运营过程中发生的增值税应税销售行为,以资管产品管理人为增值税纳税人

B. 单位以承包方式经营的,承包人以发包人名义对外经营并由发包人承担相关法律责任的,以承包人为纳税人

C. 境外单位在境内未设有经营机构的，以其境内代理人为扣缴义务人，在境内没有代理人的，以购买方为扣缴义务人

D. 单位以承包方式经营的，承包人以发包人名义对外经营但是由承包人承担相关法律责任的，以承包人为纳税人

第三节　一般纳税人和小规模纳税人的认定及管理

根据《增值税暂行条例》及其实施细则的规定，以纳税人的会计核算是否健全以及年应税销售额作为标准，将增值税纳税人分为一般纳税人和小规模纳税人。

一、小规模纳税人的登记

（一）小规模纳税人的登记条件

小规模纳税人，是指年应征增值税销售额（年应税销售额，下同）在规定标准以下，并且会计核算不健全，不能按规定报送有关税务资料的增值税纳税人。年应税销售额，是指纳税人在连续不超过 12 个月或 4 个季度的经营期内累计应征增值税销售额，包括纳税申报销售额、稽查查补销售额、纳税评估调整销售额。

小规模纳税人的具体认定标准为年应税销售额 500 万元及以下。

会计核算健全、能够提供准确的税务资料的，可以向税务机关申请登记为一般纳税人的，不再作为小规模纳税人。会计核算健全，是指能够按照国家统一的会计制度规定设置账簿，根据合法、有效凭证核算。

小规模纳税人实行简易征税办法，并且一般不使用增值税专用发票。根据国家税务总局《关于增值税发票管理等有关事项的公告》规定，增值税小规模纳税人（其他个人除外）发生增值税应税行为，需要开具增值税专用发票的，可以使用增值税发票管理系统自行开具。选择自行开具增值税专用发票的小规模纳税人，税务机关不再为其代开增值税专用发票。

（二）特殊规定

年应税销售额超过小规模纳税人标准的其他个人，按小规模纳税人纳税；年应税销售额超过规定标准但不经常发生应税行为的单位和个体工商户，以及非企业性单位、不经常发生应税行为的企业，可选择按照小规模纳税人纳税。

兼有销售货物、提供加工修理修配劳务以及应税服务，且不经常发生应税行为的单位和个体工商户可选择按小规模纳税人纳税。

二、一般纳税人的登记

（一）一般纳税人的登记条件

一般纳税人，是指年应征增值税销售额超过财政部、国家税务总局规定的小规模纳税人标准的增值税纳税人，除另有规定外，纳税人应当向主管税务机关办理一般纳税人登记。

年应税销售额未超过规定标准的,会计核算健全,能够提供准确税务资料的纳税人,可以向主管税务机关办理一般纳税人登记。

纳税人登记为一般纳税人后,不得转为小规模纳税人,国家税务总局另有规定的除外。

(二)不得办理一般纳税人登记的情况

(1)按照政策规定,选择按照小规模纳税人纳税。

(2)年应税销售额超过规定标准的其他个人。

(三)办理一般纳税人登记的程序

(1)纳税人向主管税务机关填报《增值税一般纳税人登记表》,如实填写固定生产经营场所等信息,并提供税务登记证件。

(2)纳税人填报内容与税务登记信息一致的,主管税务机关当场登记。

(3)纳税人填报内容与税务登记信息不一致,或者不符合填列要求的,税务机关应当场告知纳税人需要修正的内容。

自一般纳税人生效之日起,纳税人按照增值税一般计税方法计算应纳税额,并可以按照规定领用增值税专用发票,财政部、国家税务总局另有规定的除外。

 课堂小测

【单选题】

1. 小规模纳税人划分标准中的年应征增值税销售额不包括(   )。

A. 纳税申报销售额   B. 稽查查补销售额

C. 纳税评估调整销售额   D. 代为收取的政府性基金

2. 增值税小规模纳税人标准为年应征增值税销售额(   )万元及以下。

A. 100   B. 200   C. 300   D. 500

第四节   税率与征收率

一、增值税税率

根据《关于深化增值税改革有关政策的公告》的规定,自 2019 年 4 月 1 日起,增值税一般纳税人发生增值税应税销售行为或者进口货物,税率分别调整为 13%、9%、6% 和零税率,具体适用情况如下。

(一)适用 13%税率的情形

纳税人销售货物、劳务、有形动产租赁服务或者进口货物,除下列第(二)项、第(四)项、第(五)项另有规定外,税率为 13%。

(二)适用 9%税率的情形

纳税人销售交通运输、邮政、基础电信、建筑、不动产租赁服务,销售不动产,转让土地使用权,销售或者进口以下货物:①粮食等农产品、食用植物油、食用盐;②自来水、暖气、冷气、热水、煤气、石油液化气、天然气、二甲醚、沼气、居民用煤炭制品;③图书、报纸、杂志、音像制品、电子出版物;④饲料、化肥、农药、农机、农膜;⑤国务院规定的其他货物。

(三) 适用 6%税率的情形

纳税人销售服务、无形资产,除第(一)项、第(二)项、第(五)项另有规定外,税率为 6%。

(四) 纳税人出口货物,税率为零;但是,国务院另有规定的除外。

(五) 适用跨境销售服务、无形资产零税率的情形

中华人民共和国境内(以下称境内)的单位和个人销售的下列服务和无形资产,适用增值税零税率。

(1) 国际运输服务。

(2) 航天运输服务。

(3) 向境外单位提供的完全在境外消费的下列服务:①研发服务;②合同能源管理服务;③设计服务;④广播影视节目(作品)的制作和发行服务;⑤软件服务;⑥电路设计及测试服务;⑦信息系统服务;⑧业务流程管理服务;⑨离岸服务外包业务;⑩转让技术。

(4) 国务院规定的其他服务。

二、增值税征收率

增值税征收率,是指对特定的货物或特定的纳税人销售的货物、应税劳务在某一生产流通环节应纳税额与销售额的比率。目前,我国增值税征收率为 3% 和 5% 两档形式。增值税征收率适用于两种情况,一是小规模纳税人;二是一般纳税人发生应税销售行为且按规定可以选择简易计税方法计税。

(一) 征收率的一般规定

(1) 小规模纳税人以及一般纳税人选择简易办法计税的,征收率为 3%。另有规定的除外,具体为:①一般纳税人销售自己使用过的、属于《增值税暂行条例》第十条规定不得抵扣且未抵扣进项税额的固定资产,按简易办法依 3% 征收率减按 2% 征收增值税。②小规模纳税人(除其他个人,下同)销售自己使用过的固定资产,减按 2% 征收率征收增值税。③纳税人销售旧货,按照简易办法依照 3% 征收率减按 2% 征收增值税。

旧货,是指进入二次流通的、具有部分使用价值的货物(含汽车、旧摩托车和旧游艇),但不包括自己使用过的物品。

上述纳税人销售自己使用过的固定资产、物品和旧货宜按照简易办法依 3% 征收率减按 2% 征收增值税的,可按下列公式计算销售额和应纳税额:

$$销售额 = 含税销售额 \div (1 + 3\%)$$
$$应纳税额 = 销售额 \times 2\%$$

(2) 提供物业管理服务的纳税人,向服务接受方收取自来水水费,扣除其对外支付的自来水水费后的余额为销售额,按照简易办法依 3% 的征收率计算缴纳增值税。

（3）小规模纳税人提供劳务派遣服务,可以按照"营改增通知"的有关规定,以取得的全部价款和价外费用为销售额,按照简易办法依 3% 的征收率计算缴纳增值税;也可以选择差额纳税,以取得的全部价款和价外费用,扣除代用工单位支付给劳务派遣员工的工资、福利和为其办理社会保险及住房公积金后的余额为销售额,按照简易办法依 5% 的征收率计算缴纳增值税。

选择差额纳税的纳税人,向用工单位收取用于支付给劳务派遣员工工资、福利和为其办理社会保险及住房公积金的费用,不得开具增值税专用发票,可以开具普通发票。

（4）一般纳税人发生财政部和国家税务总局规定的特定应税销售行为,可按简易方法依照 3% 计算缴纳增值税,以简易方法计算缴纳增值税后,36 个月内不得变更。其具体适用范围为:①县级及县级以下小型水力发电单位生产的电力;②自产建筑用和生产建筑材料所用的砂、土、石料;③以自己采掘的砂、土、石料或其他矿物连续生产的砖、瓦、石灰(不含粘土实心砖、瓦);④自己用微生物、微生物代谢产物、动物毒素、人或动物的血液或组织制成的生物制品;⑤自来水公司销售自来水;⑥自产的商品混凝土(仅限于以水泥为原料生产的水泥混凝土);⑦寄售商店代销寄售物品(包括居民个人寄售的物品在内);⑧典当业销售死当物品;⑨公共交通运输服务、电影放映服务(2019 年 1 月 1 日至 2023 年 12 月 31 日)、仓储服务、装卸搬运服务、收派服务和文化体育服务(含纳税人在游览场所经营索道、摆渡车、电瓶车、游船等取得的收入);⑩以清包工方式提供的建筑服务、为甲供工程提供的建筑服务以及为建筑工程老项目提供的建筑服务;⑪动漫企业为开发动漫产品提供的动漫脚本编撰、背景设计、动画设计、音效合成、字幕制作等,以及在境内转让动漫版权。

（二）征收率的特殊规定

（1）小规模纳税人转让其取得的不动产,按照 5% 的征收率征收增值税。

（2）一般纳税人转让和出租其 2016 年 4 月 30 日前取得的不动产,选择简易计税办法计税的,按照 5% 的征收率征收增值税。

（3）小规模纳税人出租其取的不动产(不含个人出租住房),按照 5% 的征收率征收增值税。

（4）房地产开发企业(一般纳税人)销售自行开发的房地产老项目,选择简易计税办法计税的,按照 5% 的征收率征收增值税。

（5）房地产开发企业(小规模纳税人)销售自行开发的房地产老项目,按照 5% 的征收率征收增值税。

（6）纳税人提供劳务派遣服务,选择差额纳税,按照 5% 的征收率征收增值税。

增值税税率及其适用范围如表 2-4 所示。

表 2-4　　　　　　　　　　　税率及其适用范围一览表

税率	适用范围
13%	纳税人销售货物、劳务、有形动产租赁服务或者进口货物(适用 9%、6% 和零税率的情形除外)

(续表)

税率	适用范围
9%	纳税人销售交通运输、邮政、基础电信、建筑、不动产租赁服务,销售不动产,转让土地使用权,销售或者进口特定货物
6%	纳税人销售服务、无形资产(适用9%、13%和零税率的情形除外)
零税率	国际运输服务、航天运输服务、向境外单位提供的完全在境外消费的特定服务
3%	除另有规定外,小规模纳税人以及一般纳税人选择简易办法计税
3%减按2%	① 一般纳税人销售自己使用过的不得抵扣且未抵扣进项税额的固定资产 ② 小规模纳税人(除其他个人)销售自己使用过的固定资产 ③ 纳税人销售旧货
5%	① 小规模纳税人转让其取得的不动产 ② 一般纳税人转让和出租其2016年4月30日前取得的不动产 ③ 小规模纳税人出租其取的不动产(不含个人出租住房) ④ 房地产开发企业(一般纳税人)销售自行开发的房地产老项目选择简易计税 ⑤ 房地产开发企业(小规模纳税人)销售自行开发的房地产老项目 ⑥ 纳税人提供劳务派遣服务,选择差额纳税

 课堂小测

【单选题】

1. 下列关于增值税税率的表述中,不正确的是( )。

A. 煤炭适用9%的税率　　　　　　B. 图书适用9%的税率

C. 淀粉适用13%的税率　　　　　　D. 农机配件适用13%的税率

2. 下列各项增值税服务中,增值税税率为13%的是( )。

A. 邮政服务　　　　　　　　　　　B. 交通运输服务

C. 有形动产租赁服务　　　　　　　D. 增值电信服务

3. 下列项目中,适用增值税零税率的是( )。

A. 国际运输服务

B. 在境外提供的广播影视节目的播映服务

C. 工程项目在境外的建筑服务

D. 存储地点在境外的仓储服务

4. 关于小规模纳税人销售自己使用过的固定资产计征增值税适用征收率,下列表述正确的是( )。

A. 减按2%的征收率征收　　　　　　B. 按3%的征收率征收

C. 按4%的征收率减半征收　　　　　D. 按6%的征收率减半征收

【多选题】

1. 下列各项中,适用9%增值税税率的有( )。

A. 粮食　　　　　B. 农产品　　　　　C. 图书　　　　　D. 汽车

2. 下列各项中，按6%征收增值税的有（   ）。

A. 研发和技术服务　　　　　　　　B. 有形动产租赁

C. 增值电信服务　　　　　　　　　　D. 基础电信服务

3. 下列各项中，适用6%增值税税率的有（   ）。

A. 交通运输业　　B. 租赁有形动产　　C. 研发和技术　　D. 信息技术

4. 根据增值税法律制度的规定，一般纳税人销售的下列货物中，适用9%增值税税率的有（   ）。

A. 图书　　　　　　B. 粮食　　　　　　C. 天然气　　　　　　D. 暖气

5. 下列应税服务适用6%增值税税率的有（   ）。

A. 研发服务　　　　　　　　　　　　B. 装卸搬运服务

C. 运输服务　　　　　　　　　　　　D. 有形动产租赁服务

第五节　一般计税方法应纳税额的计算

增值税的计税方法，包括一般计税方法、简易计税方法和扣缴计税方法。我国采用的一般计税方法是间接计算法，增值税一般纳税人发生应税销售行为的应纳税额，除适用简易征税办法外，均应该等于当期销项税额抵扣当期进项税额后的余额。其计算公式是：

$$应纳增值税税额 = 当期销项税额 - 当期进项税额$$

从一般计税方法计算公式可以发现，增值税一般纳税人当期应纳税额的多少，取决于当期销项税额和当期进项税额这两个因素。

一、销项税额的确认和计算

销项税额，是指纳税人发生应税销售行为时，按照销售额与适用税率计算并向购买方收取的增值税税额。销项税额的计算公式为：

$$销项税额 = 销售额 \times 适用税率$$

销项税额的计算取决于销售额和适用税率两个因素。在适用税率既定的前提下，销项税额的大小主要取决于销售额的大小。主要可以一般销售方式、特殊销售方式、差额征税方式、视同销售方式、含税销售额的方式确定销售额。

（一）一般销售方式下销售额的确定

销售额，是指纳税人发生应税销售行为并向购买方收取的全部价款和价外费用，不包括收取的销项税额。

价外费用，包括价外向购买方收取的手续费、补贴、基金、集资费、返还利润、奖励金、违约金、滞纳金、延期付款利息、赔偿金、代收款项、代垫款项、包装费、包装物租金、储备费、优质费、运输装卸费以及其他各种性质的价外收费。但下列项目不包括在内：

（1）受托加工应征消费税的消费品所代收代缴的消费税。

（2）同时符合以下条件，代为收取的政府性基金或者行政事业性收费：①由国务院或者财政部批准设立的政府性基金，由国务院或者省级人民政府及其财政、价格主管部门批准设立的行政事业性收费；②收取时开具省级以上财政部门印制的财政票据；③所收款项全额上缴财政。

（3）以委托方名义开具发票，代委托方收取的款项。

（4）销售货物的同时代办保险等并向购买方收取保险费，以及向购买方收取的代购买方缴纳的车辆购置税、车辆牌照费。

根据国家税务总局规定，纳税人向购买方收取的价外费用和包装物押金，应视为含税收入，在并入销售额征税时，应将其换算为不含税收入再并入销售额征税。

（二）特殊销售方式下销售额的确定

（1）折扣方式销售。折扣销售，是指销售方在销售货物、提供应税劳务、销售服务、无形资产或者不动产时，因购买方需求量大等原因，而给予的价格方面优惠的一种销售方式。纳税人以折扣销售方式销售货物，如果销售额和折扣额在同一张发票上分别注明，可以按折扣后的销售额征收增值税；如果将折扣额另开发票，不论其在财务上如何处理，均不得从销售额中减除折扣额。销售额和折扣额在同一张发票上分别注明是仅指销售额和折扣额在同一张发票上的"金额"栏分别注明。

【例2-2】　A洗衣机生产企业是增值税一般纳税人，202×年8月向某商场销售1 000台A型洗衣机，出厂不含增值税的单价为3 500元/台。由于商场采购量大，生产企业给予其9%的商业折扣，并将销售额和折扣额在同一张发票的金额栏分别注明。已知增值税税率为13%。

要求：请计算该项业务销项税额。

【解析】　该业务销售额＝3 500×1 000×（1－9%）＝3 185 000（元）

　　　　　　该业务销项税额＝3 185 000×13%＝414 050（元）

（2）以旧换新方式销售。以旧换新销售，是指纳税人在销售过程中，折价收回同类旧货物，并以折价款部分冲减货物价款的一种销售方式。税法规定，纳税人采取以旧换新方式销售货物的（金银首饰除外），应按新货物的同期销售价格确定销售额。

（3）还本销售方式销售。还本销售，是指销货方将货物出售之后，按约定的时间，一次或分次将购货款部分或全部退还给购货方，退还的货款即为还本支出的一种销售方式。这种方式实际上是一种筹资行为，是以货物换取资金的使用价值、到期还本不付息的方法。纳税人采取还本销售货物的，不得从销售额中减除还本支出。

如甲企业以还本销售方式销售A产品100件，合同售价为1 800元/件，市场上同类商品售价为1 500元/件，合同约定5年后全额一次性还本。该方式下合同售价与市场售价之间的差额，即为当下销售所获资金180 000元在5年内的使用利息。

（4）以物易物方式销售。以物易物是一种较为特殊的购销活动，是指购销双方不是以货币结算，而是以同等价款的应税销售行为相互结算，实现应税销售行为购销的一种销售方式。以物易物双方都应作购销处理，以各自发出的应税销售行为作为核算销售并计算销项税额，以各自收到的货物按规定核算购货额并计算进项税额。在以物易物活动中，企业应分别开具合法的票据,如收到的货物、劳务、服务、无形资产、不动产不能取得相应的增值税专用发票或其他合法票据的,不能抵扣进项税额。

(5) 直销方式销售。直销企业先将货物销售给直销员,直销员再将货物销售给消费者的,直销企业的销售额为其向直销员收取全部价款和价外费用。直销员将货物销售给消费者时,应按照现行规定缴纳增值税。

直销企业通过直销员向消费者销售货物,直接向消费者收取货款,直销企业的销售额为其向消费者收取的全部价款和价外费用。

(6) 包装物押金的税务处理。包装物是指纳税人包装本单位货物的各种物品。纳税人销售货物时另收取包装物押金,目的是促使购货方及早退回包装物以便周转使用。根据规定,纳税人为销售货物而出租出借包装物收取的押金,单独记账核算且时间在1年以内、未过期的,不并入销售额征税,但对因逾期未收回包装物不再退还的押金,应按包装货物的适用税率计算销项税额。具体规定如下:①"逾期",是指按合同约定实际逾期或以1年为期限,对收取1年以上的押金(无论是否退还)均并入销售额征税;②包装物押金是含税收入,在并入销售额征税时,需要先将押金换算为不含税收入,再计算应纳增值税款;③包装物押金不同于包装物租金,包装物租金属于价外费用,在销售货物时随同货款一并计算增值税款;④对销售除啤酒、黄酒以外的其他酒类产品收取的包装物押金(无论是否返还以及会计上如何核算),均应并入当期销售额征收增值税。具体处理如表2-5所示。

表2-5　　　　　　　　　　包装物押金增值税处理一览表

货物类型	税务处理
酒类(啤酒、黄酒除外)	无论是否返还以及单独核算,收取即计入销售额计征增值税
其他类(含啤酒、黄酒)	同时满足以下条件:①单独记账核算;②未逾期且时间在1年以内。 不征增值税,否则并入销售额计征增值税

(7) 贷款服务的销售额。以提供贷款服务取得的全部利息及利息性质的收入为销售额。

(8) 直接收费金融服务的销售额。直接收费金融服务以提供直接收费金融服务收取的手续费、佣金、酬金、管理费服务费、经手费、开户费、过户费、结算费、转托管费等各类费用为销售额。

(三) 差额征税方式下销售额的确定

(1) 金融商品转让的销售额。金融商品转让,卖出价扣除买入价后的余额为销售额。

转让金融商品出现的正负差,盈亏相抵后的余额为销售额。若相抵后出现负差,可结转下一纳税期与下期转让金融商品销售额互抵;若年末仍出现负差的,不得转入下一会计年度。

金融商品转让,不得开具增值税专用发票。

【例2-3】　某企业以金融商品进行短期投资,假定202×年10月期初金融商品收入为848万元,成本为742万元;11月金融商品转让收入371万元,金融商品成本为424万元;12月份金融商品转让收入为720.8万元,金融成本为636万元。

要求:计算该企业10月、11月及12月份各应纳的增值税税额。

【解析】 10月份应纳的增值税=(848-742)÷(1+6%)×6%=6(万元)

11月份收入为371万元,成本为424万元,盈亏相抵后为负数,本月不需交纳增值税,并且差额53万元可结转下一纳税期与下期转让金融商品销售额相抵。

12月份应纳的增值税=(720.8-636-53)÷(1+6%)×6%=1.8(万元)

(2)经纪代理服务的销售额。经纪代理服务以取得的全部价款和价外费用,扣除向委托方收取并代为支付的政府性基金或者行政事业性收费后的余额为销售额。

(3)航空运输企业的销售额。航空运输企业的销售额不包括代收的机场建设费和代售其他航空运输企业客票而代收转付的价款。

(4)纳税人中的一般纳税人提供客运场站服务,以其取得的全部价款和价外费用,扣除支付给承运方运费后的余额为销售额。

【例2-4】 某客运场站为增值税一般纳税人,为客运公司提供客源组织、售票、检票、发车、运费结算等服务。202×年8月,该企业向旅客收取车票款项410 000元(含税,下同),应向客运公司(承运方)支付304 000元。

要求:计算客运场站8月份应税销售额。

【解析】 客运场站当期应税销售额=(410 000-304 000)÷(1+6%)=100 000(元)

(5)试点纳税人提供旅游服务,可以选择以取得的全部价款和价外费用,扣除向旅游服务购买方收取并支付给其他单位或者个人的住宿费、餐饮费、交通费、签证费、门票费和支付给其他接团旅游企业的旅游费用后的余额为销售额。

(6)纳税人提供建筑服务适用简易计税方法的,以取得的全部价款和价外费用扣除支付的分包款后的余额为销售额。分包款是指支付给分包方的全部价款和价外费用。

(四)视同销售方式下销售额的确定

纳税人发生应税销售行为的情形,价格明显偏低且无正当理由的,或者视同发生应税销售行为而无销售额的,由主管税务机关按照下列顺序核定销售额:

(1)按照纳税人最近时期发生同类应税销售行为的平均价格确定

(2)按照其他纳税人最近时期发生同类应税销售行为的平均价格确定。

(3)按照组成计税价格确定。组成计税价格的公式为:

$$组成计税价格 = 成本×(1+成本利润率)$$

征收增值税的货物,同时又征收消费税的,其组成计税价格中应包含消费税税额。其计算公式为:

$$组成计税价格 = 成本×(1+成本利润率)+消费税税额$$

或:

$$组成计税价格 = 成本×(1+成本利润率)÷(1-消费税税率)$$

成本利润率由国家税务总局确定。

(五)含税销售额的换算

我国现行增值税实行价外税,纳税人收取的价款不应包含增值税款,价款和税款在增值税专用发票上分别注明。如果发生销售和增值税额合并收取的情况,就必须将含税销售额换算成不含税销售额,以此作为增值税的计税依据。换算公式如下:

$$不含税销售额 = 含税销售额 \div (1 + 税率)$$

小试牛刀

【单选题】

1. 某商物采取以旧换新方式销售电视机,每台零售价(含税价)339 元,本月售出电视机 150 台;旧电视机折价 226 元,共收回 150 台旧电视。该业务应确认的销售额为(   )元。

   A. 45 000   B. 50 850   C. 16 950   D. 15 000

2. 某啤酒厂(增值税一般纳税人),202×年 1 月销售啤酒 800 万元(已开具增值税专用发票),当期发出包装物收取押金 226 万元,当期逾期未归还包装物押金为 56.5 万元。则该厂当月应确认的应税销售额为(   )万元。

   A. 850   B. 1 050   C. 1 000   D. 800

【多选题】

下列关于增值税的计税销售额规定中,说法正确的有(   )。

A. 以物易物方式销售货物,由多交付货物的一方以价差计算缴纳增值税

B. 以旧换新方式销售货物,以实际收取的不含增值税的价款计算缴纳增值税(金银首饰除外)

C. 还本销售方式销售货物,以实际销售额计算缴纳增值税

D. 销售折扣方式销售货物,不得从计税销售额中扣减折扣额

二、进项税额的确认和计算

进项税额,是指纳税人购进货物、劳务、服务、无形资产、不动产支付或者负担的增值税额。

进项税额与销项税额是相互对应的两个概念。在购销业务中,对于销货方而言,在收回货款时收回销项税额;对于购货方而言,在支付货款时支付进项税额。也就是说,销货方收取的销项税额就是购货方支付的进项税额。

(一)准予从销项税额中抵扣的进项税额

准予从销项税额中抵扣进项税额的,有以下几种:

(1)从销售方取得的增值税专用发票(含《机动车销售统一发票》,下同)上注明的增值税额。

(2)从海关取得的海关进口增值税专用缴款书上注明的增值税额。

(3)自境外单位或者个人购进劳务、服务、无形资产或者境内的不动产,从税务机关或者扣缴义务人取得的代扣代缴税款的完税凭证上注明的增值税额。

(4)纳税人购进农产品,按下列规定抵扣进项税额:①纳税人购进农产品,取得增值税专用发票或海关进口增值税专用缴款书的,以增值税专用发票或海关进口增值税专用

缴款书上注明的增值税额为进项税额。②从按照简易计税方法依3%征收率计算缴纳增值税的小规模纳税人取得增值税专用发票的,以增值税专用发票上注明的金额和9%的扣除率计算进项税额。③取得(开具)农产品销售发票或收购发票的,以农产品销售发票或收购发票上注明的农产品买价和9%的扣除率计算进项税额。④纳税人购进用于生产销售或委托加工13%税率货物的农产品,按照10%的扣除率计算进项税额。购进农产品进项税额的计算公式如下:

$$进项税额 = 买价 \times 扣除率$$

(5)国内旅客运输服务进项税额的抵扣规定。"国内旅客运输服务",限于与本单位签订了劳动合同的员工,以及本单位作为用工单位接受的劳务派遣员工发生的国内旅客运输服务。

纳税人允许抵扣的国内旅客运输服务进项税额,是指纳税人2019年4月1日及以后实际发生,并取得合法有效增值税扣税凭证注明的或依据其计算的增值税税额。以增值税专用发票或增值税电子普通发票为增值税扣税凭证的,为2019年4月1日及以后开具的增值税专用发票或增值税电子普通发票。

购进国内旅客运输服务的纳税人未取得增值税专用发票的,按照以下规定确定进项税额:

取得注明旅客身份信息的航空运输电子客票行程单的,进项税额计算公式如下:

$$航空旅客运输进项税额 = (票价 + 燃油附加费) \div (1 + 9\%) \times 9\%$$

取得注明旅客身份信息的铁路车票的,进项税额计算公式如下:

$$铁路旅客运输进项税额 = 票面金额 \div (1 + 9\%) \times 9\%$$

取得注明旅客身份信息的公路、水路等其他客票的,进项税额计算公式如下:

$$公路、水路等其他旅客运输进项税额 = 票面金额 \div (1 + 3\%) \times 3\%$$

(二) 不得从销项税额中抵扣的进项税额

纳税人购进货物、劳务、服务、无形资产、不动产,取得的增值税扣税凭证不符合法律、行政法规或者国务院税务主管部门有关规定的,其进项税额不得从销项税额中抵扣。增值税扣税凭证,是指增值税专用发票、海关进口增值税专用缴款书、农产品收购发票、农产品销售发票、从税务机关或者境内代理人取得的解缴税款的税收缴款凭证及增值税法律法规允许抵扣的其他扣税凭证。

按《增值税暂行条例》和"营改增通知"及其他相关政策规定,下列项目的进项税额不得从销项税额中抵扣:

(1)用于简易计税方法计税项目、免征增值税项目、集体福利或者个人消费的购进货物、劳务、服务、无形资产和不动产。如某企业(增值税一般纳税人)购入一批材料用于本企业职工食堂建设,取得增值税专用发票,则该企业不得抵扣该增值税进项税额。

其中涉及的固定资产、无形资产、不动产,仅指专用于上述项目的固定资产、无形资产(不包括其他权益性无形资产)、不动产。但是发生兼用于上述不允许抵扣项目情况的,该进项税额准予全部抵扣。

例如,某企业(增值税一般纳税人)购入一台大型锅炉用于车间生产经营,公司厂区与家属区相邻,锅炉同时用于部分家属区供暖。由于该大型锅炉(固定资产)既用于生产经营,又用于集体福利,属于兼用允许抵扣和不允许抵扣项目的情况,因此进项税额准予全额抵扣。

(2)非正常损失的购进货物,以及相关劳务和交通运输服务。

(3)非正常损失的在产品、产成品所耗用的购进货物(不包括固定资产)、劳务和交通运输服务。

(4)非正常损失的不动产,以及该不动产所耗用的购进货物、设计服务和建筑服务。

(5)非正常损失的不动产在建工程所耗用的购进货物、设计服务和建筑服务。非正常损失,是指因管理不善造成的货物被盗、丢失、霉烂变质,以及因违反法律法规造成货物或者不动产被依法没收、销毁、拆除的情形。

(6)购进的贷款服务、餐饮服务、居民日常服务和娱乐服务。

(7)财政部和国家税务总局规定的其他情形。

 **小试牛刀**

【单选题】

1. 甲企业(增值税一般纳税人)为生产面粉的食品厂,202×年10月向农民收购一批小麦用于生产面粉。农产品的收购发票上注明收购价款为100万元,则当月该面粉厂可以抵扣的进项税额是(   )万元。

A. 3   B. 5   C. 9   D. 12

2. 甲企业(增值税一般纳税人)202×年7月1日租入一栋房屋,租期为6个月,一次性支付租金并取得增值税专用发票,增值税专用发票注明的金额为100万元、税额为9万元。甲企业以该房屋的一半用作生产车间,另一半用作职工食堂。则当月甲企业可以抵扣的进项税额是(   )万元。

A. 9   B. 5.4   C. 4.5   D. 3.6

三、应纳税额的计算

在确定了销项税额和进项税额后,根据基本计算公式,就可以得出实际应纳税额。基本计算公式如下。

$$应纳增值税税额 = 当期销项税额 - 当期进项税额$$

在计算应纳税额时,企业需要确定应纳税额的时间,具体规定如下:

(1)销项税额的时间界定。增值税纳税人应税销售行为发生后,计算销项税额的时间,关系到当期销项税额的大小。销项税额的确定时间总体原则是:销项税额的确定不得滞后。

(2)进项税额抵扣时限的界定。增值税一般纳税人取得2017年1月1日及以后开具的增值税专用发票、海关进口增值税专用缴款书、机动车销售统一发票、收费公路通行费增值税电子普通发票,取消认证确认、稽核比对、申报抵扣的期限。纳税人在进行增值税纳税申报时,应当通过本省(自治区直辖市和计划单列市)增值税发票综合服务平台对上述扣税凭证信息的用途进行确认。

【例2-5】 某生产企业为增值税一般纳税人,其生产的货物适用13%增值税税率,202×年8月该企业的有关生产经营业务如下:

(1)销售甲产品给某大商场,开具了增值税专用发票,取得不含税销售额80万元的同时也取得销售甲产品的送货运输费5.65万元(含增值税价格,与销售货物不能分别核算)。

(2)销售乙产品,开具了增值税普通发票,取得含税销售额22.6万元。

(3)将自产的一批应税新产品用于本企业集体福利项目,成本价为20万元,该新产品无同类产品市场销售价格,国家税务总局确定该产品的成本利润率为10%。

(4)购进货物取得增值税专用发票,上面注明的货款金额60万元、税额7.8万元;另外支付购货的运输费用6万元,取得运输公司开具的增值税专用发票,上面注明的税额0.54万元。

(5)当月租入商用楼房一层,取得对方开具的增值税专用发票上注明的税额为5.22万元。该楼房的1/3用于工会的集体福利项目,其余为企业管理部门使用。

要求:

(1)计算销售甲产品的销项税额。

(2)计算销售乙产品的销项税额。

(3)计算自产自用新产品的销项税额。

(4)计算当月允许抵扣进项税额的合计数。

(5)计算该企业8月应缴纳的增值税税额。

【解析】

(1)销售甲产品的销项税额=80×13%+5.65÷(1+13%)×13%=11.05(万元)

(2)销售乙产品的销项税额=22.6÷(1+13%)×13%=2.6(万元)

(3)自产自用新产品的销项税额=20×(1+10%)×13%=2.86(万元)

(4)当月允许抵扣的进项税额=7.8+0.54+5.22=13.56(万元)

(5)该企业8月份应缴纳的增值税税额=11.05+2.6+2.86-13.56=2.95(万元)

 课堂小测

【单选题】

1. 增值税纳税人的销售额中的价外费用不包括(　　)。

A. 包装物押金　　　B. 手续费　　　　C. 违约金　　　　D. 包装物租金

2. 某服装厂将自产的服装作为福利发给本厂职工,该批产品制造成本是10万元,利润率为10%,当月同类产品的平均售价为18万元,计征增值税的销售额为(　　)万元。

A. 10　　　　　B. 10.9　　　　　C. 11　　　　　D. 18

【多选题】

1. 下列进项税额,准予从销项税额中抵扣的有(　　)。

A. 购买汽车从4S店取得的税控机动车销售统一发票上注明的增值税额

B. 进口化妆品从海关取得的海关进口增值税专用缴款书上注明的增值税额

C. 收购农产品,按照农产品收购发票上注明的农产品买价和 9% 的扣除率计算的进项税额

D. 购进的贷款服务

2. 下列进项税额,不得从销项税额中抵扣的有( )。

A. 用于个人消费的购进货物的进项税额

B. 用于免税项目的购进劳务的进项税额

C. 发生非正常损失的在产品所用的原料的进项税额

D. 购进的国内旅客运输服务取得符合规定的航空电子客票行程单

【计算题】

1. 甲食品厂为增值税一般纳税人,2020 年 10 月发生以下业务:

(1) 从农民手中购进大米用于生产雪饼,支付价款 10 万元,取得农产品销售发票。

(2) 销售零食取得不含税销售额 70 万元,增值税专用发票注明税额为 91 000 元。

(3) 乙企业向甲食品厂购买了 100 万元(不含税)货物,甲食品厂给予乙企业 10% 的折扣,销售额和折扣额在同一张发票且折扣额在备注栏标明。

(4) 甲食品厂销售自己使用过的生产设备,取得含税销售额 25 750 元,该设备为 2008 年 5 月购入。

已知:甲食品厂销售食品适用增值税税率为 13%,纳税人取得的专票已通过认证。一般纳税人销售自己使用过的不得抵扣且未抵扣进项税额的固定资产,按简易办法依 3% 征收率减按 2% 征收增值税。

要求:

(1) 计算购进大米可抵扣进项税额。

(2) 计算销售零食的销项税额。

(3) 计算甲食品厂向乙企业销售货物的销项税额。

(4) 计算销售自己使用过的生产设备的销项税额。

(5) 计算甲食品厂 10 月份增值税应纳税额。

第六节　简易计税方法应纳税额的计算

一、应纳税额的计算

纳税人发生应税销售行为适用简易办法的,应该按照销售额和征收率计算应纳增值税税额,并且不得抵扣进项税额。其应纳税额的计算公式是:

$$应纳税额 = 销售额(不含增值税) \times 征收率$$

小规模纳税人一律采用简易计税方法计税,但是一般纳税人发生财政部和国家税务总局规定的特定应税行为,可以选择简易办法,具体情形见本章第三节。

二、含税销售额的计算

按简易办法计税的销售额不包括其应纳的增值税税额,纳税人采用销售额和应纳增值税税额合并定价方法的,按照下列公式计算销售额:

$$销售额 = 含税销售额 \div (1 + 征收率)$$

【例2-6】 某餐馆为增值税小规模纳税人,202×年6月取得含增值税的餐饮收入总额为12.36万元。

要求:计算该餐馆6月应缴纳的增值税税额。

【解析】 (1) 6月取得的不含税销售额=12.36÷(1+3%)=12(万元)

(2) 6月应缴纳增值税税额=12×3%=0.36(万元)

纳税人适用简易办法计税的,因销售折让、中止或者退回而退还给购买方的销售额,应当从当期销售额中扣减。扣减当期销售额后仍有余额造成多缴的税款,可以从以后的应纳税额中扣减。

【例2-7】 某小规模纳税人经营某项应税服务,适用3%的征收率。202×年5月发生一笔销售额为12万元的业务并就此缴纳了增值税。6月该业务由于合理原因发生退款。6月该企业应税服务的销售额为15万元(销售额均不含税)。

要求:计算6月份该企业应缴纳的增值税税额。

【解析】 6月最终的计税销售额=150 000-120 000=30 000(元)

6月缴纳的增值税=30 000×3%=900(元)

课堂小测

【计算题】

1. 某从事商品零售的小规模纳税人,202×年1月份销售商品取得含税收入103 000元。

要求:计算当月该企业应缴纳的增值税税额。

2. 某建材商店为小规模纳税人,5月份销售给大型建材城公司建材一批,共取得含税收入154 500元;当月购进货物时取得的增值税专用发票上注明价款为16 000元。

要求:计算该建材商店当月应缴纳的增值税税额。

3. 某汽修厂为增值税小规模纳税人,12月取得的修理收入为133 900元;处置使用过的举升机一台,取得收入5 150元。

要求:计算汽修厂当月应缴纳的增值税税额。

第七节　进口环节增值税的征收

一、进口环节增值税的征收范围及纳税人

(一) 进口环节增值税的征收范围

根据《增值税暂行条例》的规定,申报进入中华人民共和国海关境内的货物,均应缴纳

增值税。

确定一项货物是否属于进口货物,就看其是否有报关手续。不论是国外产制、我国出口转销国内的货物,还是进口者自行采购、国外捐赠的货物,或是进口者自用、用作贸易等,除另有规定外,均应按照规定缴纳进口环节的增值税。

(二)进口环节增值税的纳税人

进口货物的收货人(承受人)或办理报关手续的单位和个人,为进口货物增值税的纳税义务人。

按照货物征收关税和进口环节增值税、消费税,购买跨境电子商务零售进口商品的个人为纳税义务人。电子商务企业、电子商务交易平台企业或物流企业可作为代收代缴义务人。

二、进口环节增值税的适用税率

进口货物增值税税率与增值税一般纳税人在国内销售同类货物的税率相同。即纳税人进口货物,无论是一般纳税人还是小规模纳税人,均应按照相同的规定税率计算应纳税额,不允许抵扣发生在境外的任何税金。

三、进口环节增值税应纳税额的计算

纳税人(含一般纳税人和小规模纳税人),按照组成计税价格和规定的税率计算应纳税额。进口货物计算增值税的组成计税价格和应纳税额的计算公式如下:

$$应纳税额 = 组成计税价格 \times 税率$$

组成计税价格的构成有两种情况:

(1)如果进口货物不征收消费税,则上述公式中组成计税价格的计算公式为:

$$组成计税价格 = 关税完税价格 + 关税$$

(2)如果进口货物征收消费税,则上述公式中组成计税价格的计算公式为:

$$组成计税价格 = 关税完税价格 + 关税 + 消费税$$

根据《海关法》和《进出口关税条例》的规定,一般贸易下进口货物的关税完税价格以海关审定的成交价格为基础的到岸价格作为完税价格。成交价格,是指一般贸易项下进口货物的买方为购买该项货物向卖方实际支付或应当支付的价格;到岸价格,包括货价,加上货物运抵我国关境内输入地点起卸前的包装费、运费、保险费和其他劳务费等费用构成的一种价格。

跨境电子商务零售进口商品的进口环节增值税、消费税取消免征税额,暂按法定应纳税额的70%征收。完税价格超过5 000元单次交易限值但低于26 000元年度交易限值,且订单下仅一件商品时,可以自跨境电商零售渠道进口。按照货物税率全额征收关税和进口环节增值税、消费税,交易额计入年度交易总额,但年度交易总额超过年度交易限值的,应按一般贸易管理。

四、进口环节增值税的管理

进口货物的增值税除另有规定外由海关代征。个人携带或者邮寄入境自用物品的增值税,连同关税一并计征。具体办法由国务院关税税则委员会会同有关部门制定。

进口货物增值税纳税义务发生时间为报关进口的当天,其纳税地点应当由进口人或其代理人向报关地海关申报纳税,其纳税期限应当自海关填发海关进口增值税专用缴款书之日起 15 日内缴纳税款。

跨境电子商务零售进口商品自海关放行之日起 30 日内退货的,可申请退税,并相应调整个人年度交易总额。

【例 2-8】 某外贸公司为增值税一般纳税人,202×年 9 月从国外进口一批普通商品,海关核定的关税完税价格为 200 万元。已知进口关税税率为 10%,增值税税率为 13%。

要求:计算该公司进口环节应纳增值税税额。

【解析】 根据增值税法律制度的规定,进口货物应纳增值税税额,按照组成计税价格和规定税率计算。

(1)进口环节应纳关税税额=200×10%=20(万元)

(2)进口环节应纳增值税税额=(200+20)×13%=28.6(万元)

【例 2-9】 某公司为增值税一般纳税人,202×年 10 月从国外进口一批高档化妆品,海关核定的关税完税价格为 300 万元,已纳关税 40 万元。已知消费税税率为 15%,增值税税率为 13%。

要求:计算该公司进口环节应纳增值税税额。

【解析】 根据增值税法律制度的规定,进口货物如果缴纳消费税,则计算增值税应纳税额时,组成的计税价格含有消费税税款。

(1)进口环节应纳消费税税额=(300+40)÷(1-15%)×15%=60(万元)

(2)组成计税价格=300+40+60=400(万元)

(3)进口环节应纳增值税税额=400×13%=52(万元)

 课堂小测

【计算题】

1. 202×年 10 月甲公司进口一批小汽车,海关审定的关税完税价格为 100 万元,缴纳关税 20 万元,已知小汽车消费税税率为 25%。

要求:计算甲公司当月进口小汽车应缴纳的增值税税额。

2. 某商场 202×年 10 月进口货物一批。该货物在国外的买价 40 万元,另该批货物运抵我国海关前发生的包装费、运输费、保险费等共计 20 万元。货物报关后,商场按规定缴纳了进口环节的增值税并取得了海关开具的完税凭证(进口关税税率 15%,增值税税率 13%)。

要求:计算该商场当月进口货物应缴纳的增值税税额。

第八节　　税 收 优 惠

一、《增值税暂行条例》规定的免税项目

(1) 农业生产者销售的自产农产品。

(2) 避孕药品和用具。

(3) 古旧图书。古旧图书,是指向社会收购的古书和旧书。

(4) 直接用于科学研究、科学试验和教学的进口仪器、设备。

(5) 外国政府、国际组织无偿援助的进口物资和设备。

(6) 由残疾人的组织直接进口供残疾人专用的物品。

(7) 销售自己使用过的物品。自己使用过的物品,是指其他个人自己使用过的物品。

二、"营改增通知"及有关部门规定的税收优惠政策

(一) 增值税免税项目

1. 公益性质免税项目

(1) 托儿所、幼儿园提供的保育和教育服务,包括公办和民办的托儿所、幼儿园、学前班、幼儿班、保育院、幼儿院。

(2) 养老机构提供的养老服务。

(3) 残疾人福利机构提供的育养服务。

(4) 婚姻介绍服务。

(5) 殡葬服务。

(6) 医疗机构提供的医疗服务。

2. 教育相关免税项目

(1) 从事学历教育的学校提供的教育服务。

(2) 政府主办的从事学历教育的高等、中等和初等学校(不含下属单位),举办进修班、培训班取得的全部收入归该学校所有。

(3) 政府主办的职业学校,为在校学生提供实习场所、由学校出资自办、由学校负责经营管理、经营收入归学校所有的企业,从事《销售服务、无形资产、不动产注释》中"现代服务"(不含融资租赁服务、广告服务和其他现代服务)、"生活服务"(不含文化体育服务、其他生活服务和桑拿、氧吧)业务活动取得的收入。

(4) 境外教育机构与境内从事学历教育的学校开展中外合作办学,提供学历教育服务取得的收入免征增值税。

3. 支持弱势免税项目

(1) 学生勤工俭学提供的服务。

(2) 残疾人本人为社会提供的服务。

（3）个人转让著作权。

（4）个人销售自建自用住房。

4．文化体育免税项目

（1）纪念馆、博物馆、文化馆、文物保护单位管理机构、美术馆、展览馆、书画院、图书馆在自己的场所提供文化体育服务取得的第一道门票收入。

（2）寺院、宫观、清真寺和教堂举办文化、宗教活动而取得的门票收入。

（3）福利彩票、体育彩票的发行收入。

5．农业生产免税项目

（1）农业机耕、排灌、病虫害防治、植物保护、农牧保险以及相关技术培训业务，家禽、牲畜、水生动物的配种和疾病防治。

（2）将土地使用权转让给农业生产者用于农业生产。

6．金融保险免税项目

（1）符合规定的利息收入：①国家助学贷款；②国债、地方政府债；③人民银行对金融机构的贷款；④住房公积金管理中心用住房公积金在指定的委托银行发放的个人住房贷款；⑤外汇管理部门在从事国家外汇储备经营过程中，委托金融机构发放的外汇贷款。

（2）被撤销金融机构以货物、不动产、无形资产、有价证券、票据等财产清偿债务。

（3）保险公司开办的一年以上人身保险产品取得的保费收入。

（4）下列金融商品转让收入：①合格境外投资者委托境内公司在我国从事证券买卖业务；②香港市场投资者（包括单位和个人）通过沪港通和深港通买卖上海证券交易所和深圳证券交易所上市 A 股，内地投资者（包括单位和个人）通过沪港通买卖香港联交所上市股票；③个人从事金融商品转让业务；④证券投资基金管理人运用基金买卖股票、债券。

（5）金融同业往来利息收入。

（6）对运用社保基金投资的社保基金会、社保基金投资管理人，提供贷款服务取得的全部利息及利息性质的收入和金融商品转让收入，免征增值税。

7．军队相关免税项目

（1）军队空余房产租赁收入。

（2）随军家属就业。

（3）军队转业干部就业。

8．家政服务免税项目

（1）家政服务企业由员工制家政服务员提供家政服务取得的收入。

（2）2019 年 6 月 1 日至 2025 年 12 月 31 日提供社区养老、抚育、家政服务取得的收入。

9．双创环保免税项目

（1）纳税人提供技术转让、技术开发和与之相关的技术咨询、技术服务。

（2）自 2019 年 1 月 1 日至 2021 年 12 月 31 日，对国家级、省级科技企业孵化器、大学科技园和国家备案众创空间向在孵对象提供孵化服务取得的收入，免征增值税。

（3）同时符合下列条件的合同能源管理服务：①节能服务公司实施合同能源管理项目的相关技术，应当符合国家质量监督检验检疫总局和国家标准化管理委员会发布的《合同能源管理技术通则》（GB/T 24915—2010）规定的技术要求。②节能服务公司与用能企业签订节能效益分享型合同，其合同格式和内容，符合《中华人民共和国合同法》和《合同能源管理技术通则》（GB/T 24915—2010）等规定。

10. 其他免税项目

（1）行政单位之外的其他单位收取的符合"营改增通知"第十条规定条件的政府性基金和行政事业性收费。

（2）纳税人提供的直接或者间接国际货物运输代理服务。

（3）台湾航运公司、航空公司从事海峡两岸海上直航、空中直航业务在大陆取得的运输收入。

（4）纳税人取得的财政补贴收入，与其销售货物、劳务、服务、无形资产、不动产的收入或者数量直接挂钩的，应按规定计算缴纳增值税。纳税人取得的其他情形的财政补贴收入，不属于增值税应税收入，不征收增值税。

（5）土地所有者出让土地使用权，土地使用者将土地使用权归还给土地所有者。

（二）增值税即征即退

增值税即征即退，是指对按税法规定缴纳的税款，由税务机关在征税时部分或全部退还纳税人的一种税收优惠，税法规定即征即退项目有：①增值税一般纳税人销售其自行开发生产的软件产品，按 13% 税率征收增值税后，对其增值税实际税负超过 3% 的部分实行增值税即征即退政策。②一般纳税人提供管道运输服务，对其增值税实际税负超过 3% 的部分实行增值税即征即退政策。③经人民银行、银监会或者商务部批准，从事融资租赁业务的试点纳税人中的一般纳税人，提供有形动产融资租赁服务和有形动产融资性售后回租服务，对其增值税实际税负超过 3% 的部分实行增值税即征即退政策。

（三）扣减增值税规定

1. 退役士兵创业就业

（1）对自主就业退役士兵从事个体经营的，在 3 年（36 个月，下同）内按每户每年 12 000 元为限额依次扣减其当年实际应缴纳的增值税、城市维护建设税、教育费附加、地方教育附加和个人所得税。限额标准最高可上浮 20%，各省、自治区、直辖市人民政府可根据本地区实际情况在此幅度内确定具体限额标准，并报财政部和国家税务总局备案。

（2）企业招用自主就业退役士兵，与其签订 1 年以上劳动合同并依法缴纳社会保险费的，自签订劳动合同并缴纳社会保险当月起，在 3 年内按实际招用人数予以定额依次扣减增值税、城市维护建设税、教育费附加、地方教育附加和企业所得税优惠。定额标准为每人每年 6 000 元，最高可上浮 50%，各省、自治区、直辖市人民政府可根据本地区实际情况在此幅度内确定具体定额标准。

2. 重点群体创业就业

建档立卡贫困人口、持《就业创业证》（注明"自主创业税收政策"或"毕业年度内自主创业税收政策"）或《就业失业登记证》（注明"自主创业税收政策"）的人员，从事个体经营的，自办理个体工商户登记当月起，在 3 年（36 个月，下同）内按每户每年 12 000 元为限额依次扣减其当年实际应缴纳的增值税、城市维护建设税、教育费附加、地方教育附加和个人所得税。限额标准最高可上浮20%,各省、自治区、直辖市人民政府可根据本地区实际情况在此幅度内确定具体限额标准。

以上扣减增值税税收优惠政策执行期限为2019年1月1日至2021年12月31日。

(四)个人销售自购住房的征免增值税处理

(1)个人将购买不足2年的住房对外销售的,按照5%的征收率全额缴纳增值税;个人将购买2年以上(含2年)的住房对外销售的,免征增值税。上述政策适用于北京市、上海市、广州市和深圳市之外的其他地区。

(2)个人将购买2年以上(含2年)的非普通住房对外销售的,以销售收入减去购买住房价款后的差额,按照5%的征收率缴纳增值税;个人将购买2年以上(含2年)的普通住房对外销售的,免征增值税。上述政策仅适用于北京市、上海市、广州市和深圳市具体如表2-6所示。

表2-6 个人销售自购住房增值税政策一览表

项目	北上广深		其他地区
未满2年	全额依5%征收增值税		
满2年以上	普通住房	免征增值税	免征增值税
	非普通住房	差额依5%征收	

(五)财政部、国家税务总局规定的其他部分征免税项目

(1)资源综合利用产品和劳务增值税免税政策。纳税人销售自产的综合利用产品和提供资源综合利用劳务,可享受增值税即征即退政策。

(2)免征蔬菜流通环节增值税。

(3)粕类产品免征增值税。豆粕属于征收增值税的饲料产品,除豆粕以外的其他粕类饲料产品,均免征增值税。

(4)制种行业免征增值税。制种企业在下列生产经营模式下生产销售种子,属于农业生产者销售自产农业产品,应根据《增值税暂行条例》有关规定免征增值税。①制种企业利用自有土地或承租土地,雇用农户或工人进行种子繁育,再经烘干、脱粒、风筛等深加工后销售种子;②制种企业提供亲本种子,委托农户繁育并从农户手中收回,再经烘干、脱粒、风筛等深加工后销售种子。

(5)有机肥产品免征增值税。自2008年6月1日起,纳税人生产销售和批发、零售有机肥产品免征增值税。

三、小微企业优惠政策

小微企业是指从事国家非限制和禁止行业,且同时符合年度应纳税所得额不超过300万元、从业人数不超过300人、资产总额不超过5 000万元三个条件的企业。

自2023年1月1日至2023年12月31日,小规模纳税人发生增值税应税销售行为,合计月销售额未超过 10 万元(以 1 个季度为一纳税期的,季度销售额未超过 30 万元,下同)的,免征增值税。

小规模纳税人发生增值税应税销售行为,虽然合计月销售额超过 10 万元,但扣除本期发生的销售不动产的销售额后未超过 10 万元的,其销售货物、劳务、服务、无形资产取得的销售额免征增值税。

适用增值税差额征税政策的小规模纳税人,以差额后的销售额确定是否可以享受上述规定的免征增值税政策。

自 2023 年 1 月 1 日至 2023 年 12 月 31 日,增值税小规模纳税人适用 3% 征收率的应税销售收入,减按 1% 征收率征收增值税;适用 3% 预征率的预缴增值税项目,减按 1% 预征率预缴增值税。

四、增值税起征点的规定

《增值税暂行条例》规定,纳税人销售额未达到国务院财政、税务主管部门规定的增值税起征点的,免征增值税;达到起征点的,依照本条例规定全额计算缴纳增值税。增值税起征点仅适用于个人,包括个体工商户和其他个人,但不适用于已登记认定为一般纳税人的个体工商户。

增值税起征点幅度如下:①按期纳税的,为月销售额 5 000～20 000 元(含本数);②按次纳税的,为每次(日)销售额 300～500 元(含本数)。

起征点的调整由财政部和国家税务总局规定。省、自治区、直辖市财政厅(局)和国家税务局应当在规定的幅度内,根据实际情况确定本地区适用的起征点,并报财政部和国家税务总局备案。

五、其他规定

(1)纳税人兼营免税、减税项目的,应当分别核算免税、减税项目的销售额;未分别核算销售额的,不得免税、减税。

(2)纳税人发生应税销售行为适用免税规定的,可以放弃免税,依照《增值税暂行条例》的规定缴纳增值税。放弃免税后,36 个月内不得再申请免税。

纳税人发生应税销售行为,同时适用免税和零税率规定的,优先适用零税率。

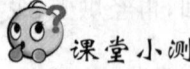 课堂小测

【单选题】

1. 下列关于纳税人的各项服务的表述中,不享受免征增值税优惠政策的是(　　)。

A. 婚姻介绍服务　　　　　　　　　B. 福利彩票的发行收入

C. 个人销售自建自用住房　　　　　D. 非学历教育收取的学费

2. 根据规定,下列各项中,属于免税项目的是(　　)。

A. 养老机构提供的养老服务　　　　B. 装修公司提供的装饰服务

C. 企业转让著作权　　　　　　　　D. 福利彩票的代销手续费收入

3. 根据增值税法律制度的规定,下列各项中,可免征增值税的是(　　)。

A. 商店销售糖果

B. 木材加工厂销售原木

C. 粮店销售面粉

D. 农民销售自产粮食

【多选题】

1. 根据《增值税暂行条例》的规定,下列各项中属于增值税免税项目的有(　　)。

A. 除个体工商户以外的其他个人销售自己使用过的物品

B. 古旧图书

C. 直接用于科学研究的进口设备

D. 农业生产者销售的自产农产品

2. 根据增值税相关规定,下列服务中,免征增值税的有(　　)。

A. 学生勤工俭学提供的服务

B. 火葬场提供的殡葬服务

C. 残疾人福利机构提供的育养服务

D. 婚姻介绍所提供的婚姻介绍服务

第九节　征收管理

一、纳税义务发生时间

增值税纳税义务发生时间,是指纳税人发生应税销售行为应当承担纳税义务的起始时间。纳税义务发生时间的作用体现在两方面:一是正式确认纳税人和扣缴义务人发生应税行为时,应承担的纳税和扣缴义务;二是有利于税务机关实施税后管理,合理规定申报期限和纳税期限。

1. 应税销售行为纳税义务发生时间的一般规定

(1)纳税人发生应税销售行为,其纳税义务发生时间为收讫销售款项或者取得索取销售款项凭据的当天;先开具发票的,为开具发票的当天。

(2)进口货物,为报关进口的当天。

(3)增值税扣缴义务发生时间为纳税人增值税纳税义务发生的当天。

2. 应税销售行为纳税义务发生时间的具体规定

(1)采取直接收款的方式销售货物,不论货物是否发出,均为收到销售款或者取得索取销售款凭据的当天。

(2)采取托收承付和委托银行收款方式销售货物,为发出货物并办妥托收手续的当天。

(3)采取赊销和分期收款的方式销售货物,为书面合同约定的收款日期的当天。无书面合同的或者书面合同没有约定收款日期的,为货物发出当天。

(4)采取预售货款的方式销售货物,为货物发出的当天,但生产销售生产工期超过12个月的大型机械设备、船舶、飞机等货物,为收到预收款或者书面合同约定的收款日期的当天。

（5）委托其他纳税人代销货物，为收到代销单位的代销清单、收到全部或者部分货款的当天。未收到代销清单及货款的，为发出代销货物满 180 天的当天。

（6）销售劳务，为提供劳务同时收讫销售款或者取得索取销售款的凭据的当天。

（7）纳税人发生除将货物交付其他单位、个人代销和销售代销货物以外的视同销售货物行为，为货物移送的当天。

（8）纳税人提供租赁服务采取预收款方式的，其纳税义务发生时间为收到预收款的当天。

（9）纳税人从事金融商品转让的，为金融商品所有权转移的当天。

（10）纳税人发生视同销售服务、无形资产或者不动产情形的，其纳税义务发生时间为服务、无形资产转让完成的当天或者不动产权属变更的当天。

二、纳税期限

根据《增值税暂行条例》和"营改增通知"，增值税的纳税期限分别为 1 日、3 日、5 日、10 日、15 日、1 个月或者 1 个季度。

纳税人的具体纳税期限，由主管税务机关根据纳税人应纳税额的大小分别核定。不能按照固定期限纳税的，可以按次纳税。

根据"营改增通知"和《增值税暂行条例实施细则》的规定，以 1 个季度为纳税期限的规定适用于小规模纳税人、银行、财务公司、信托投资公司、信用社，以及财政部和国家税务总局规定的其他纳税人。

纳税人以 1 个月或者 1 个季度为 1 个纳税期的，自期满之日起 15 日内申报纳税；以 1 日、3 日、5 日、10 日或者 15 日为 1 个纳税期的，自期满之日起 5 日内预缴税款，于次月 1 日起 15 日内申报纳税并结清上月应纳税款。

扣缴义务人解缴税款的期限，依照前两款规定执行。纳税人进口货物，应当自海关填发进口增值税专用缴款书之日起 15 日内缴纳税款。按固定期限纳税的小规模纳税人，可以选择以 1 个月或 1 个季度为纳税期限，纳税期限一经选择，在一个会计年度内不得变更。

三、纳税地点

（1）固定业户应当向其机构所在地主管税务机关申报纳税。总机构和分支机构不在同县（市）的，应当分别向各自所在地的主管税务机关申报纳税；经财政部和国家税务总局或者其授权的财政和税务机关批准，可以由总机构汇总向总机构所在地的主管税务机关申报纳税。

（2）固定业户到外县（市）销售货物或者劳务，应当向其机构所在地的主管税务机关报告外出经营事项，并向其机构所在地的主管税务机关申报纳税；未报告的，应当向销售地或者劳务发生地的主管税务机关申报纳税；未向销售地或者劳务发生地的主管税务机关申报纳税的，由其机构所在地的主管税务机关补征税款。

（3）非固定业户销售货物或者劳务应当向销售地或者劳务发生地主管税务机关申报

纳税;未向销售地或者劳务发生地的主管税务机关申报纳税的,由其机构所在地或者居住地主管税务机关补征税款。

(4)进口货物,应当向报关地海关申报纳税。

(5)扣缴义务人应当向其机构所在地或者居住地主管税务机关申报缴纳扣缴的税款。

四、增值税一般纳税人纳税申报方法

(一)纳税申报资料

纳税申报资料,包括纳税申报表及其附列资料、纳税申报其他资料。

1. 纳税申报表及其附列资料

增值税一般纳税人(以下简称一般纳税人)纳税申报表及其附列资料包括:①《增值税纳税申报表(一般纳税人适用)》(见表2-7);②《增值税纳税申报表附列资料(一)》(本期销售情况明细);③《增值税纳税申报表附列资料(二)》(本期进项税额明细);④《增值税纳税申报表附列资料(三)》(服务、不动产和无形资产扣除项目明细);⑤《增值税纳税申报表附列资料(四)》(税额抵减情况表);⑥《增值税纳税申报表附列资料(五)》(不动产分期抵扣计算表);⑦《增值税减免税申报明细表》。

表 2-7   增值税纳税申报表
                        (增值税一般纳税人适用)

根据国家税收法律法规及增值税相关规定制定本表。纳税人不论有无销售额,均应按税务机关核定的纳税期限填写本表,并向当地税务机关申报。

税款所属时间:自　年　月　日至　年　月　日填表日期:　年　月　日金额单位:元至角分

纳税人识别号											所属行业		

| 纳税人名称 | (公章) | 法定代表人姓名 | | 注册地址 | | 生产经营地址 | |

| 开户银行及账号 | | 登记注册类型 | | 电话号码 | |

项目		栏次	一般项目		即征即退项目	
			本月数	本年累计	本月数	本年累计
销售额	(一)按适用税率计税销售额	1				
	其中:应税货物销售额	2				
	应税劳务销售额	3				
	纳税检查调整的销售额	4				
	(二)按简易办法计税销售额	5				
	其中:纳税检查调整的销售额	6				
	(三)免、抵、退办法出口销售额	7		—	—	—
	(四)免税销售额	8		—	—	—
	其中:免税货物销售额	9		—	—	—
	免税劳务销售额	10		—	—	—

（续表）

项目		栏次	一般项目		即征即退项目	
			本月数	本年累计	本月数	本年累计
税款计算	销项税额	11				
	进项税额	12				
	上期留抵税额	13			—	—
	进项税额转出	14				
	免、抵、退应退税额	15			—	—
	按适用税率计算的纳税检查应补缴税额	16			—	—
	应抵扣税额合计	17＝12＋13－14－15＋16		—		—
	实际抵扣税额	18（如 17＜11，则为 17，否则为 11）				
	应纳税额	19＝11－18				
	期末留抵税额	20＝17－18			—	—
	简易计税办法计算的应纳税额	21				
	按简易计税办法计算的纳税检查应补缴税额	22			—	—
	应纳税额减征额	23				
	应纳税额合计	24＝19＋21－23				
税款缴纳	期初未缴税额（多缴为负数）	25				
	实收出口开具专用缴款书退税额	26				
	本期已缴税额	27＝28＋29＋30＋31				
	① 分次预缴税额	28				
	② 出口开具专用缴款书预缴税额	29			—	—
	③ 本期缴纳上期应纳税额	30				
	④ 本期缴纳欠缴税额	31				
	期末未缴税额（多缴为负数）	32＝24＋25＋26－27				
	其中：欠缴税额（≥0）	33＝25＋26－27		—		—
	本期应补（退）税额	34＝24－28－29				
	即征即退实际退税额	35	—			
	期初未缴查补税额	36			—	—
	本期入库查补税额	37			—	—
	期末未缴查补税额	38＝16＋22＋36－37			—	—

授权声明	如果你已委托代理人申报，请填写下列资料： 为代理一切税务事宜，现授权　　　（地址） 　　为本纳税人的代理申报人，任何与本申报表有关的往来文件，都可寄予此人。 　　　　　　　　　　　　　授权人签字：	申报人声明	本纳税申报表是根据国家税收法律法规及相关规定填报的，我确定它是真实的、可靠的、完整的。 　　　　　　　　　　　　　声明人签字：

2. 纳税申报的其他资料

(1)已开具的税控机动车销售统一发票和普通发票的存根联。

(2)符合抵扣条件且在本期申报抵扣的增值税专用发票(含税控机动车销售统一发票)的抵扣联。

(3)符合抵扣条件且在本期申报抵扣的海关进口增值税专用缴款书、购进农产品取得的普通发票的复印件。

(4)符合抵扣条件且在本期申报抵扣的税收完税凭证及其清单,书面合同、付款证明和境外单位的对账单或者发票。

(5)已开具的农产品收购凭证的存根联或报查联。

(6)纳税人销售服务、不动产和无形资产,在确定服务、不动产和无形资产销售额时,按照有关规定从取得的全部价款和价外费用中扣除价款的合法凭证及其清单。

(7)主管税务机关规定的其他资料。

3. 纳税申报表及其附列资料为必报资料

纳税申报其他资料的报备要求由各省、自治区、直辖市和计划单列市国家税务局确定。

(二)纳税人预缴税款需填写《增值税预缴税款表》

纳税人跨县(市)提供建筑服务、房地产开发企业预售自行开发的房地产项目、纳税人出租与机构所在地不在同一县(市)的不动产,按规定需要在项目所在地或不动产所在地主管税务机关预缴税款的,需填写《增值税预缴税款表》。

 课堂小测

【单选题】

1. 根据增值税法律制度的规定,以1个季度为1个纳税期的纳税人,自期满之日起在一定时间内申报缴纳增值税,该时间为(　　)日。

A. 5　　　　　　B. 7　　　　　　C. 10　　　　　　D. 15

2. 202×年5月8日,甲公司与乙公司签订了买卖电脑的合同,双方约定总价款为80万元。6月3日,甲公司就80万元货款全额开具了增值税专用发票;6月10日,甲公司收到乙公司第一笔货款45万元;6月25日,甲公司收到乙公司第二笔货款35万元。根据增值税法律制度的规定,甲公司增值税纳税义务发生的时间为(　　)。

A. 5月8日　　　B. 6月3日　　　C. 6月10日　　　D. 6月25日

3. 根据增值税法律制度的规定,下列关于增值税纳税义务发生时间的说法中,不正确的是(　　)。

A. 采取托收承付方式销售货物,其纳税义务发生时间为发出货物并办妥托收手续的当天

B. 采取预收货款方式销售加工期为2个月的存货,其纳税义务发生时间为发出货物的当天

C. 采取赊销方式销售货物,其纳税义务发生时间为收到全部货款的当天

D. 纳税人进口货物,其纳税义务发生时间为报关进口的当天

4. 下列关于增值税纳税期限的说法,不正确的是(　　)。

A. 增值税纳税期限规定为1日、3日、5日、10日、15日、1个月或者1个季度

B. 纳税人以1个月或者1个季度为1个纳税期的,自期满之日起15日内申报纳税

C. 按固定期限纳税的小规模纳税人可以1个月或1个季度为纳税期限

D. 纳税人进口货物,应当自海关填发海关进口增值税专用缴款书的次日起15日内缴纳税款

【多选题】

1. 下列各项中,符合增值税纳税义务发生时间的有(　　)。

A. 将货物交付他人代销,为收到代销清单、收到全部或者部分货款的当天

B. 采用预收货款方式销售货物,为发出货物的当天

C. 采用分期付款结算方式的,为收到首期货款的当天

D. 销售应税劳务,为提供劳务同时收讫销售额或者取得索取销售款的凭据的当天

2. 根据增值税法律制度的规定,下列关于增值税纳税义务发生时间的表述中,正确的有(　　)。

A. 纳税人发生应税销售行为,为收讫销售款或者取得索取销售款凭据的当天

B. 提供租赁服务采取预收款方式的,为租期届满的当天

C. 采取托收承付和委托银行收款方式销售货物,为收到银行款项的当天

D. 从事金融商品转让的,为金融商品所有权转移的当天

3. 下列各项中,符合增值税纳税义务发生时间规定的有(　　)。

A. 采用预收货款方式销售货物的,为收到货款的当天

B. 将货物作为投资提供给其他单位或个体经营者的,为货物移送的当天

C. 将货物交付他人代销,为发出代销货物的当天

D. 采用直接收款方式销售货物的,为收到销售款或取得索取销售款凭证的当天

第十节　增值税专用发票的使用及管理

增值税一般纳税人发生应税销售行为,应使用增值税发票管理新系统(以下简称新系统)开具增值税专用发票(以下简称专用发票)、增值税普通发票、机动车销售统一发票、增值税电子普通发票。

增值税实行凭国家印发的增值税专用发票注明的税款进行抵扣的制度。增值税专用发票不仅是纳税人经济活动中的重要商业凭证,而且是兼记销货方销项税额和购货方进项税额进行税款抵扣的凭证,对增值税的计算和管理起着决定性的作用,因此,正确使用增值税专用发票是十分重要的。增值税专用发票,是增值税一般纳税人销售货物、提供应税劳务及应税行为开具的发票,是购买方支付增值税额并可按照增值税有关规定,据以抵扣增值税进项税额的凭证。增值税专用发票在国家税务局管理范围内,其样式、印制及管理规定均由国家税务总局制定。

上述所称税控系统,是指全国统一推行的,使用专用设备、通用设备、运用数字密码及电子存储技术管理专用发票的计算机管理系统。专用设备是指金税卡、IC卡、读卡器或金税盘、报税盘;通用设备是指计算机、打印机、扫描器具及其他设备。

一、增值税专用发票的联次

增值税专用发票由基本联次或者基本联次附加其他联次构成,基本联次为三联:发票联、抵扣联和记账联。

(1)发票联,作为购买方核算采购成本和增值税进项税额的记账凭证。

(2)抵扣联,作为购买方报送主管税务机关认证和留存备查的凭证。

(3)记账联,作为销售方核算销售收入和增值税销项税额的记账凭证。其他联次用途,由一般纳税人自行确定。新版增值税专用发票,如图2-1所示。

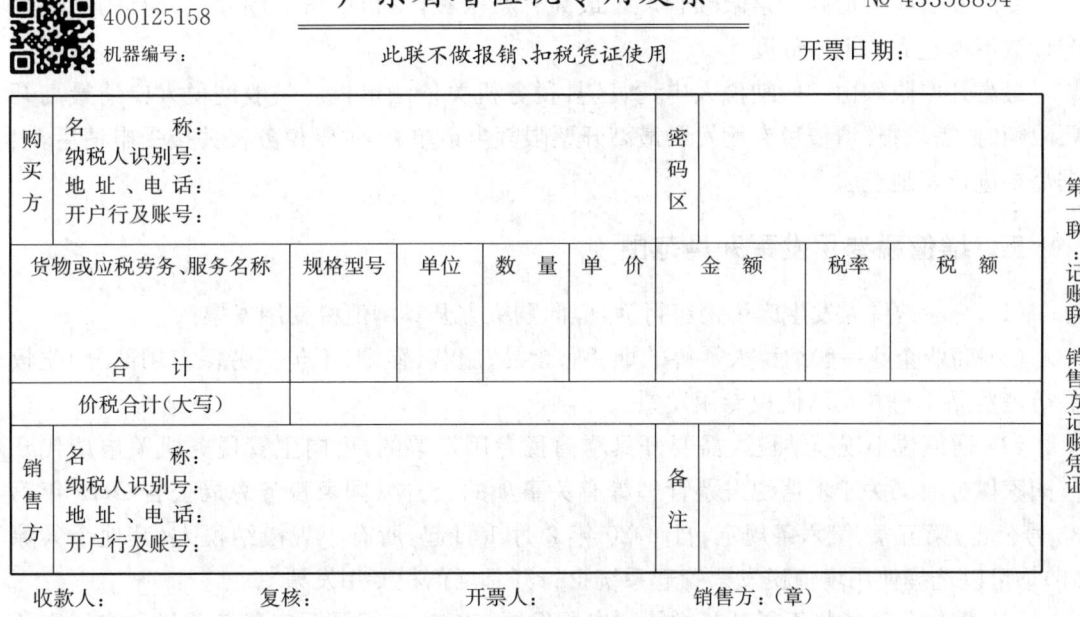

图2-1 增值税专用发票样式

二、增值税专用发票的开具

增值税专用发票应按以下要求开具:①项目齐全,与实际交易相符;②字迹清楚,不得压线、错格;③发票联和抵扣联加盖财务专用章或者发票专用章;④按照增值税纳税义务的发生时间开具。

三、增值税专用发票的领购

一般纳税人凭《发票领购簿》、IC卡和经办人身份证明领购增值税专用发票。一般纳税人有下列情形之一的,不得领购开具增值税专用发票:

（1）会计核算不健全，不能向税务机关准确提供增值税销项税额、进项税额、应纳税额数据及其他有关增值税税务资料的。

上列其他有关增值税税务资料的内容，由省、自治区、直辖市和计划单列市的国家税务局确定。

（2）有《税收征收管理法》规定的税收违法行为，拒不接受税务机关处理的。

（3）有下列行为之一，经税务机关责令限期改正而仍未改正的：①虚开增值税专用发票；②私自印制增值税专用发票；③向税务机关以外的单位和个人买取增值税专用发票；④借用他人增值税专用发票；⑤未按要求开具发票的；⑥未按规定保管专用发票和专用设备；⑦未按规定申请办理防伪税控系统变更发行；⑧未按规定接受税务机关检查。

四、增值税专用发票开票限额

专用发票实行最高开票限额管理。最高开票限额，是指单份专用发票开具的销售额合计数不得达到的上限额度。

最高开票限额由一般纳税人申请，区县税务机关依法审批。一般纳税人申请最高开票限额时，需填报《增值税专用发票最高开票限额申请单》。主管税务机关接受申请后，根据需要进行实地查验。

五、增值税专用发票开具范围

（1）一般纳税人发生应税销售行为，应向购买方开具增值税专用发票。

（2）商业企业一般纳税人零售的烟、酒、食品、服装、鞋帽（不包括劳保专用部分）化妆品等消费品不得开具增值税专用发票。

（3）增值税小规模纳税人需要开具增值税专用发票的，可向主管税务机关申请代开〔《国家税务总局关于增值税发票管理等有关事项的公告》（国家税务总局公告 2019 年第 33 号公告）第五条、第六条规定，自 2020 年 2 月 1 日起，所有小规模纳税人（其他个人除外）均可以选择使用增值税发票管理系统自行开具增值税专用发票〕。

（4）销售免税货物不得开具增值税专用发票，法律、法规及国家税务总局另有规定的除外。

（5）纳税人发生应税销售行为，应当向索取增值税专用发票的购买方开具增值税专用发票，并在增值税专用发票上分别注明销售额和销项税额。属于下列情形之一的，不得开具增值税专用发票：①应税销售行为的购买方为消费者个人的；②发生应税销售行为适用免税规定的。

六、开具增值税专用发票后发生退货或开票有误的处理

增值税一般纳税人开具增值税专用发票后，发生销货退回、开票有误、应税服务中止等情形但不符合发票作废条件，或者因销货部分退回及发生销售折让，需要开具红字增值税专用发票的，按规定方法处理。

（一）购买方处理

（1）购买方已申报抵扣。购买方可在增值税发票管理新系统（以下简称新系统）中填开并上传《开具红字增值税专用发票信息表》（以下简称《信息表》），填开《信息表》时不填写相对应的蓝字增值税专用发票信息。

（2）购买方未申报抵扣，但发票联或抵扣联无法退回。购买方在新系统中填开《信息表》时应填写相对应的蓝字增值税专用发票信息。

（二）销售方处理

销售方开具增值税专用发票尚未交付购买方，以及购买方未用于申报抵扣并将发票联及抵扣联退回的，销售方可在新系统中填开并上传《信息表》。销售方填开《信息表》时应填写相对应的蓝字增值税专用发票信息。

税务机关接收了上传的《信息表》，系统自动校验通过后，生成带有"红字发票信息表编号"字样的《信息表》，并将信息同步至纳税人端系统中。

销售方凭税务机关系统校验通过的《信息表》开具红字增值税专用发票，在新系统中以销项负数开具。红字增值税专用发票应与《信息表》一一对应。

七、增值税专用发票不得抵扣进项税额的规定

1. 不得作为增值税进项税额的抵扣凭证的情形

经认证，有下列情形之一的，不得作为增值税进项税额的抵扣凭证，税务机关退还原件，购买方可要求销售方重新开具增值税专用发票。

（1）无法认证，即增值税专用发票所列密文或者明文不能辨认，无法产生认证结果。

（2）纳税人识别号认证不符，即增值税专用发票所列购买方纳税人识别号有误。

（3）增值税专用发票代码、号码认证不符，即增值税专用发票所列密文解译后与明文的代码或者号码不一致。

2. 暂不得作为增值税进项额的抵扣凭证的情形

经认证，有下列情形之一的，暂不得作为增值税进项税额的抵扣凭证，税务机关扣留原件，查明原因，按不同情况处理。

（1）重复认证，即已经认证相符的同一张增值税专用发票再次认证。

（2）密文有误，即增值税专用发票所列密文无法解译。

（3）认证不符，即纳税人识别号有误，或者增值税专用发票所列密文解译后与明文不一致。

（4）列为失控增值税专用发票，即认证时的增值税专用发票已被登记为失控增值税专用发票。

 **课堂小测**

【单选题】

1. 根据《增值税专用发票使用规定》，一般纳税人的下列销售行为中，应开具增值税专用发票的是（　　）。

A. 向消费者个人销售应税货物　　　B. 向小规模纳税人转让专利权

C. 出口货物　　　　　　　　　　　D. 向一般纳税人销售应税货物

2. 下列业务中,一般纳税人允许开具增值税专用发票的是(　　　)。

A. 向个人提供餐饮服务　　　　　　B. 向科技公司零售烟酒、食品

C. 向一般纳税人销售货物　　　　　D. 向个人销售房屋

【多选题】

1. 下列情形中,一般纳税人不得开具增值税专用发票的是(　　　)。

A. 商业企业零售烟酒　　　　　　　B. 批发企业销售服装

C. 超市零售化妆品　　　　　　　　D. 将货物销售给消费者个人

2. 下列经营活动中,一般纳税人不得开具增值税专用发票的有(　　　)。

A. 将外购货物无偿赠送给增值税一般纳税人

B. 烟草批发企业向烟草零售企业批发卷烟

C. 商业企业零售劳保用品给一般纳税人

D. 销售免税货物

3. 一般纳税人有下列(　　　)情形之一的,不得领购开具增值税专用发票。

A. 不能准确提供增值税有关税务资料

B. 虚开增值税专用发票未整改

C. 私自印制增值税专用发票未整改

D. 因私排污水被行政机关处罚

第三章　消　费　税

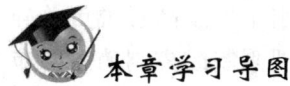 **本章学习导图**

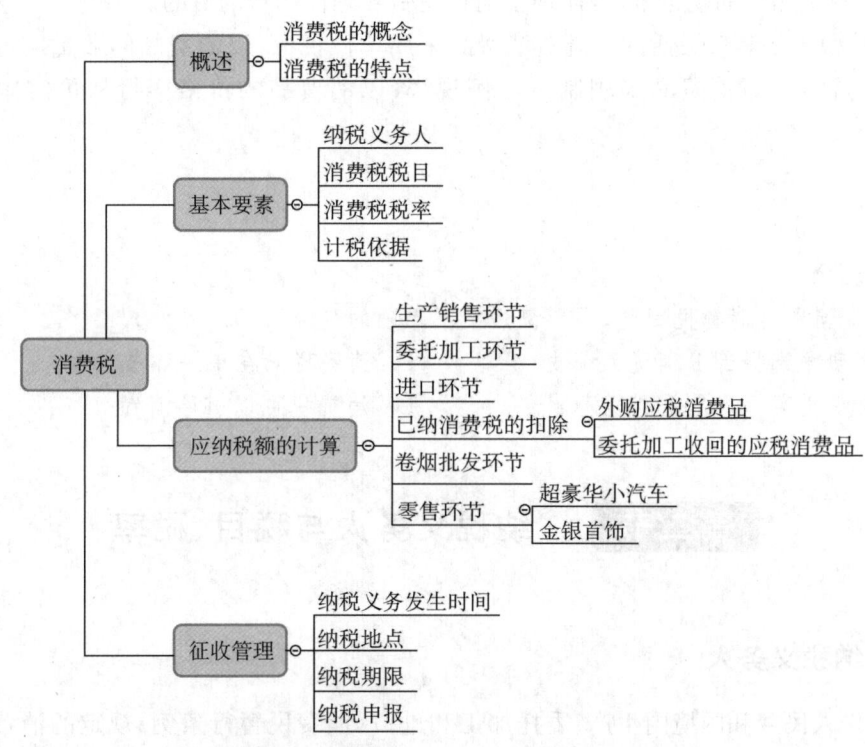

第一节　消费税概述

一、消费税的概念

消费税是指对特定的消费品和消费行为按流转额征收的一种商品税。消费税主要以消费品为课税对象,属于间接税,税收随价格转嫁给消费者负担,消费者是税款的实际负担者。

消费税的征收具有较强的选择性,是国家贯彻消费政策、引导消费结构从而引导产业结构的重要手段,因而在保证国家财政收入、体现国家经济政策等方面具有十分重要的意义。

二、消费税的特点

我国现行消费税的特点主要体现在以下几个方面:

（1）征收范围具有选择性。我国现行消费税在征收范围上主要是一些特殊消费品、奢侈品、不可再生资源消费品等，并不是对所有消费品都征收消费税，目前消费税税目有15个。消费税税目中所列举的应税消费品对大众消费具有一定的引导作用。

（2）消费税征税环节具有单一性。消费税主要是在生产销售、委托加工和进口环节上征收，除卷烟需要在生产和批发两个环节征收外，其他都是单一环节征收。

（3）平均税率水平比较高且税负差异大。消费税的平均税率水平比较高且税负差异大，而且不同征税项目的税负差异较大，税负设置上主要遵从越需要限制或控制消费的应税消费品，税负相应的就越重，也体现了消费税引导理性消费的目的。

（4）计税方法具有灵活性。既对消费品采用单位税额，以消费品的数量实行从量定额的计税方法，也对消费品采用制定比例税率，以消费品的价格实行从价定率的计税方法。

 课堂小测

【单选题】

根据我国现行消费税制度，下列说法中不正确的是（　　）。

A. 消费税选择部分消费品征税　　　　B. 消费税只在单一环节征税

C. 消费税实行的是差别税率　　　　　D. 消费税可以引导消费

第二节　纳税义务人与税目、税率

一、纳税义务人

在中华人民共和国境内生产、委托加工和进口《消费税暂行条例》规定的消费品的单位和个人，以及国务院确定的销售《消费税暂行条例》规定的消费品的其他单位和个人，为消费税的纳税人。

单位，是指企业、行政单位、事业单位、军事单位、社会团体及其他单位。个人，是指个体工商户及其他个人。在中华人民共和国境内，是指生产、委托加工和进口属于应当缴纳消费税的消费品的消费品的起运地或者所在地在境内。

二、税目

根据《消费税暂行条例》的规定，目前消费税税目共15个，具体内容如下。

（一）烟

凡是以烟叶为原料加工生产的产品，不论使用何种辅料，均属于本税目的征收范围，包括卷烟（进口卷烟、白包卷烟、手工卷烟和未经国务院批准纳入计划的企业及个人生产的卷烟）、雪茄烟和烟丝。

在"烟"税目下分"卷烟""雪茄烟""烟丝"等子目，"卷烟"又分"甲类卷烟"和"乙类卷烟"。其中,甲类卷烟是指每标准条(200 支)调拨价格在 70 元(不含增值税)以上(含 70 元)的卷烟;乙类卷烟是指每标准条(200 支)调拨价格在 70 元(不含增值税)以下的卷烟。

(二) 酒

酒,包括白酒、黄酒、啤酒和其他酒。

(1) 白酒,包括粮食白酒和薯类白酒。①粮食白酒,是指以高粱、玉米、大米、糯米、大麦、小麦、青稞等各种粮食为原料,经过糖化、发酵后,采用蒸馏方法酿制的白酒。②薯类白酒,是指以白薯(红薯、地瓜)、木薯、马铃薯、芋头、山药等各种干鲜薯类为原料,经过糖化、发酵后,采用蒸馏方法酿制的白酒。用甜菜酿制的白酒,比照薯类白酒征税。

(2) 黄酒,是指以糯米、粳米、籼米、大米、黄米、玉米、小麦、薯类等为原料,经加温、糖化、发酵、压榨酿制的酒,包括各种原料酿制的黄酒和酒度超过 12 度(含 12 度)的土甜酒。

(3) 啤酒,分为甲类啤酒和乙类啤酒,是指以大麦或其他粮食为原料,加入啤酒花,经糖化、发酵、过滤酿制的含有二氧化碳的酒。甲类啤酒,是指每吨出厂价(含包装物及包装物押金)在 3 000 元(含 3 000 元,不含增值税)以上的啤酒;乙类啤酒是指每吨出厂价(含包装物及包装物押金)在 3 000 元(含 3 000 元,不含增值税)以下的啤酒。对饮食业、商业、娱乐业举办的啤酒屋(啤酒坊)利用啤酒生产设备生产的啤酒,应当征收消费税。

(4) 其他酒,是指除粮食白酒、薯类白酒、黄酒、啤酒以外的各种酒,包括糠麸白酒、其他原料白酒、土甜酒、复制酒、果木酒、汽酒、药酒、葡萄酒等。对以黄酒为酒基生产的配制或泡制酒,按其他酒征收消费税。调味料酒不征消费税。

(三) 高档化妆品

本税目征收范围包括高档美容、修饰类化妆品,高档护肤类化妆品和成套化妆品。

高档美容、修饰类化妆品和高档护肤类化妆品,是指生产(进口)环节销售(完税)价格(不含增值税)在 10 元/毫升(克)或 15 元/片(张)及以上的美容、修饰类化妆品和护肤类化妆品。

舞台、戏剧、影视演员化妆用的上妆油、卸妆油、油彩,不属于本税目的征收范围。

(四) 贵重首饰及珠宝玉石

贵重首饰及珠宝玉石,包括以金、银、白金、宝石、珍珠、钻石、翡翠、珊瑚、玛瑙等高贵稀有物质以及其他金属、人造宝石等制作的各种纯金银首饰,镶嵌首饰,经采掘、打磨、加工的各种珠宝玉石。对出国人员免税商店销售的金银首饰征收消费税。

宝石坯是经采掘、打磨、初级加工后的珠宝玉石半成品,对宝石坯应按规定征收消费税。

(五) 鞭炮、焰火

本税目征收范围包括各种鞭炮、焰火。但体育赛事所用的发令纸、鞭炮药引线,不按本税目征收。

(六) 成品油

本税目征收范围包括汽油、柴油、石脑油、溶剂油、航空煤油、润滑油、燃料油 7 个子目。

(1) 汽油,是指用原油或其他原料加工生产的、辛烷值不小于 66 的、可用作汽油发动机燃料的各种轻质油。以汽油、汽油组分调和生产的甲醇汽油、乙醇汽油也属于本税目征收范围。

（2）柴油，是指用原油或其他原料加工生产的凝点或倾点在－50 ℃～30 ℃，可用作柴油发动机燃料的各种轻质油，以柴油组分为主、经调和精制可用作柴油发动机燃料的非标油。以柴油、柴油组分调和生产的生物柴油也属于本税目征收范围。

（3）石脑油，又叫化工轻油，是指以原油或其他原料加工生产的用于化工原料的轻质油。

（4）溶剂油，是指用原油或其他原料加工生产的，用于涂料、油漆、食用油、印刷油墨、皮革、农药、橡胶、化妆品生产和机械清洗、胶粘行业的轻质油。橡胶填充油、溶剂油原料，属于溶剂油征收范围。

（5）航空煤油，也叫喷气燃料，是指用原油或其他原料加工生产的，用作喷气发动机和喷气推进系统燃料的各种轻质油。航空煤油的消费税暂缓征收。

（6）润滑油，是指用原油或其他原料加工生产的，用于内燃机、机械加工过程的润滑产品。润滑油分为矿物性润滑油、植物性润滑油、动物性润滑油和化工原料合成润滑油。

（7）燃料油，也称重油、渣油，是指用原油或其他原料加工生产，主要用作电厂发电、船舶锅炉用燃料、加热炉燃料、冶金和其他工业炉燃料。

（七）小汽车

小汽车，是指由动力驱动，具有 4 个或 4 个以上车轮的非轨道承载的车辆。

本税目征收范围包括：乘用车、中轻型商用客车和超豪华小汽车 3 个子目。

（1）乘用车，是指在设计和技术特性上用于载运乘客和货物的各类乘用车，包含驾驶员座位在内最多不超过 9 个座位（含）。用排气量小于 1.5 升（含）的乘用车底盘（车架）改装、改制的车辆属于乘用车征收范围。

（2）中轻型商用客车，是指在设计和技术特性上用于载运乘客和货物的汽车，包含驾驶员座位在内的座位数在 10～23 座（含）。用排气量大于 1.5 升的乘用车底盘（车架）或用中轻型商用客车底盘（车架）改装、改制的车辆属于中轻型商用客车征收范围。

（3）超豪华小汽车，是指每辆零售价格 130 万元（不含增值税）及以上的乘用车和中轻型商用客车。电动汽车不属于本税目征收范围。车身长度大于 7 米（含），并且座位在 10～23 座（含）以下的商用客车，不属于中轻型商用客车征税范围，不征收消费税。沙滩车、雪地车、卡丁车、高尔夫车不属于消费税征收范围，不征收消费税。

（八）摩托车

摩托车包括轻便摩托车和摩托车两种。本税目征税范围包括气缸容量为 250 毫升的摩托车和气缸容量在 250 毫升（不含）以上的摩托车两种。对最大设计车速不超过 50 千米/小时，发动机气缸总工作容量不超过 50 毫升的三轮摩托车、气缸容量 250 毫升（不含）以下的小排量摩托车不征收消费税。

（九）高尔夫球及球具

高尔夫球及球具，是指从事高尔夫球运动所需的各种专用装备，包括高尔夫球、高尔夫球杆及高尔夫球包（袋）等。本税目征收范围包括高尔夫球、高尔夫球杆、高尔夫球包（袋）。高尔夫球杆的杆头、杆身和握把属于本税目的征收范围。

（十）高档手表

高档手表，是指销售价格（不含增值税）每只在 10 000 元（含）以上的各类手表。本税目征收范围包括符合以上标准的各类手表。

（十一）游艇

游艇，是指长度大于 8 米小于 90 米，船体由玻璃钢、钢、铝合金、塑料等多种材料制作，可以在水上移动的水上浮载体。按照动力划分，游艇分为无动力艇、帆艇和机动艇。本税目征收范围包括艇身长度大于 8 米（含）小于 90 米（含），内置发动机，可以在水上移动，一般为私人或团体购置，主要用于水上运动和休闲娱乐等非营利活动的各类机动艇。

（十二）木制一次性筷子

木制一次性筷子，又称卫生筷子，是指以木材为原料经过锯段、浸泡、旋切、刨切、烘干、筛选、打磨、倒角、包装等环节加工而成的，各类一次性使用的筷子。

本税目征收范围包括各种规格的木制一次性筷子。未经打磨、倒角的木制一次性筷子也属于本税目征税范围。

（十三）实木地板

实木地板，是指以木材为原料，经锯割、干燥、刨光、截断、开榫、涂漆等工序加工而成的块状或条状的地面装饰材料。按生产工艺不同，实木地板可分为独板（块）实木地板、实木指接地板和实木复合地板三类；按表面处理状态不同，可分为未涂饰地板（白坯板、素板）和漆饰地板两类。

本税目征收范围包括各类规格的实木地板、实木指接地板、实木复合地板及用于装饰墙壁、天棚的侧端面为榫、槽的实木装饰板。未经涂饰的素板也属于本税目征税范围。

（十四）电池

电池，是指一种将化学能、光能等直接转换为电能的装置，一般由电极、电解质、容器、极端，通常还有隔离层组成的基本功能单元，以及用一个或多个基本功能单元装配成的电池组。其范围包括原电池、蓄电池、燃料电池、太阳能电池和其他电池。

自 2015 年 2 月 1 日起，政府对电池（铅蓄电池除外）征收消费税；对无汞原电池、金属氢化物镍蓄电池（又称"氢镍蓄电池"或"镍氢蓄电池"）、锂原电池、锂离子蓄电池、太阳能电池、燃料电池、全钒液流电池免征消费税。2015 年 12 月 31 日前对铅蓄电池缓征消费税；自 2016 年 1 月 1 日起，对铅蓄电池按 4％税率征收消费税。

（十五）涂料

涂料，是指涂于物体表面能形成具有保护、装饰或特殊性能的固态涂膜的一类液体或固体材料的总称。自 2015 年 2 月 1 日起对涂料征收消费税，施工状态下挥发性有机物含量低于 420 克/升（含）的涂料免征消费税。

三、税率

消费税采用比例税率和定额税率两种形式，以适应不同应税消费品的实际情况。消费税根据不同的税目或子目确定相应的税率或单位税额。大部分应税消费品适用比例税率，卷烟、白酒采用比例税率和定额税率双重征收形式。消费税税目、税率如表 3-1 所示。

表 3-1   消费税税目、税率(额)表

税目	税率(额)
一、烟	
1. 卷烟	
(1) 甲类卷烟(生产或进口环节)	56%加 0.003 元/支
(2) 乙类卷烟(生产或进口环节)	36%加 0.003 元/支
(3) 批发环节	11%加 0.005 元/支
2. 雪茄烟	36%
3. 烟丝	30%
二、酒	
1. 白酒	20%加 0.5 元/500 克(或者 500 毫升)
2. 黄酒	240 元/吨
3. 啤酒	
(1) 甲类啤酒	250 元/吨
(2) 乙类啤酒	220 元/吨
4. 其他酒	10%
三、高档化妆品	15%
四、贵重首饰及珠宝玉石	
1. 金银首饰、铂金首饰和钻石饰品	5%
2. 其他贵重首饰和珠宝玉石	10%
五、鞭炮、焰火	15%
六、成品油	
1. 汽油	1.52 元/升
2. 柴油	1.2 元/升
3. 航空煤油	1.2 元/升
4. 石脑油	1.52 元/升
5. 溶剂油	1.52 元/升
6. 润滑油	1.52 元/升
7. 燃料油	1.2 元/升
七、小汽车	
1. 乘用车	
(1) 气缸容量(排气量,下同)在 1.0 升(含 1.0 升)以下的	1%
(2) 气缸容量在 1.0 升至 1.5 升(含 1.5 升)的	3%
(3) 气缸容量在 1.5 升至 2.0 升(含 2.0 升)的	5%
(4) 气缸容量在 2.0 升至 2.5 升(含 2.5 升)的	9%
(5) 气缸容量在 2.5 升至 3.0 升(含 3.0 升)的	12%
(6) 气缸容量在 3.0 升至 4.0 升(含 4.0 升)的	25%
(7) 气缸容量在 4.0 升以上的	40%
2. 中轻型商用客车	5%
3. 超豪华小汽车(零售环节)	10%
八、摩托车	
1. 气缸容量为 250 毫升的	3%
2. 气缸容量为 250 毫升以上的	10%
九、高尔夫球及球具	10%

（续表）

税目	税率（额）
十、高档手表	20％
十一、游艇	10％
十二、木制一次性筷子	5％
十三、实木地板	5％
十四、电池	4％
十五、涂料	4％

纳税人兼营不同税率的应税消费品，应当分别核算不同税率应税消费品的销售额、销售数量。未分别核算销售额、销售数量，或者将不同税率的应税消费品组成成套消费品销售的，从高适用税率。

 **课堂小测**

【单选题】

1. 下列消费品中，征收消费税的是（　　）。
A. 鞭炮药引线
B. 葡萄酒
C. 竹制一次性筷子
D. 雪地车

2. 下列属于消费税征税范围的是（　　）。
A. 燃料油
B. 化妆用的上妆油
C. 竹制一次性筷子
D. 电动汽车

3. 下列属于消费税征税范围的是（　　）。
A. 调味料酒
B. 鞭炮药引线
C. 卫星通信车
D. 宝石坯

【多选题】

1. 下列各项中，应征收消费税的有（　　）。
A. 果木酒
B. 柴油
C. 高尔夫球车
D. 销售价格为9 000元的手表

2. 下列各项中，属于消费税征税范围的有（　　）。
A. 汽缸容量为200毫升的摩托车
B. 组合烟花
C. 燃料电池
D. 未经涂饰的素板

3. 下列消费品中，属于消费税征税范围的有（　　）。
A. 甜菜酿制的白酒
B. 无醇啤酒
C. 调味料酒
D. 黄酒

4. 下列消费品中，属于消费税征收范围的有（　　）。
A. 酒精
B. 护发液
C. 合成宝石
D. 果啤

第三节　计税依据

按照现行消费税法规定,消费税应纳税额的计算分为从价计征、从量计征和从价从量复合计征。

一、从价计征

在从价定率计算方法下,应纳税额等于应税消费品的销售额乘以适用税率,应纳税额的多少取决于应税消费品的销售额和适用税率两个因素。

(一)销售额的确定

销售额为纳税人销售应税消费品向购买方收取的全部价款和价外费用,不包括应向购买方收取的增值税税款。价外费用,是指价外向购买方收取的手续费、补贴、基金、集资费、返还利润、奖励费、违约金、滞纳金、延期付款利息、赔偿金、代收款项、代垫款项、包装费、包装物租金、储备费、优质费、运输装卸费以及其他各种性质的价外收费。但下列项目不包括在内:

(1)同时符合以下条件的代垫运输费用:①承运部门的运输费用发票开具给购买方的;②纳税人将该项发票转交给购买方的。

(2)同时符合以下条件,代为收取的政府性基金或者行政事业性收费:①由国务院或者财政部批准设立的政府性基金,由国务院或者省级人民政府及其财政、价格主管部门批准设立的行政事业性收费;②收取时开具省级以上财政部门印制的财政票据;③所收款项全额上缴财政。

以从价定率方法计算应纳税额的连同包装销售的应税消费品,无论包装是否单独计价,也不论在会计上如何核算,均应并入应税消费品的销售额中并征收消费税。如果包装物不作价随同产品销售,而是收取押金,此项押金则不应并入应税消费品的销售额中征税。但对因逾期未收回的包装物不再退还的或者已收取的时间超过 12 个月的押金,应并入应税消费品的销售额,按照应税消费品的适用税率缴纳消费税。

对既作价随同应税消费品销售,又另外收取押金的包装物的押金,凡纳税人在规定的期限内没有退还的,均应并入应税消费品的销售额,按照应税消费品的适用税率缴纳消费税。

对啤酒、黄酒以外的其他酒类产品而收取的包装物押金,无论是否返还以及会计上如何核算,均应并入当期销售额征税。具体处理如表 3-2 所示。

表 3-2　　　　　　　　　包装物押金消费税处理一览表

货物类型	税务处理
酒类(啤酒、黄酒除外)	无论是否返还以及单独核算,收取即计入销售额计征增值税
啤酒、黄酒	啤酒、黄酒消费税从量计征,包装物一律不并入销售额计征消费税
其他类	同时满足以下条件:①单独记账核算;②未逾期且时间在 1 年以内。不征消费税,否则并入销售额计征消费税

白酒生产企业向商业销售单位收取的"品牌使用费",是随着应税白酒的销售而向购货方收取的,属于应税白酒销售价款的组成部分。因此,不论企业以何种方式或任何种名义收取的价款,均应并入白酒的销售额中缴纳消费税。

纳税人销售的应税消费品,以外汇结算销售额的,其销售额的人民币折合率可以选择结算的当天或者当月 1 日的国家外汇牌价(原则上为中间价)。纳税人应在事先确定采取何种折合率,确定后 1 年内不得变更。

(二)含增值税销售额的换算

与一般货物一样,应税消费品在缴纳消费税时,还应缴纳增值税。按照《消费税暂行条例实施细则》的规定,应税消费品的销售额,不包括应向购货方收取的增值税税款。如果纳税人应税消费品的销售额中未扣除增值税税款,或者因不得开具增值税专用发票而发生价款和增值税税款合并收取的,在计算消费税时,应将含增值税的销售额换算为不含增值税税款的销售额。其换算公式为:

$$应税消费品的销售额 = 含增值税的销售额 \div (1 + 增值税税率或征收率)$$

在使用换算公式时,应根据纳税人的具体情况分别使用增值税税率或征收率。如果消费税的纳税人是增值税一般纳税人的,应适用 13％的增值税税率;如果消费税的纳税人是增值税小规模纳税人的,应适用 3％的征收率。

二、从量计征

在从量定额计算方法下,应纳税额等于应税消费品的销售数量乘以单位税额,应纳税额的多少取决于应税消费品的销售数量和单位税额两个因素。

(一)销售数量的确定

销售数量是指纳税人生产、加工和进口应税消费品的数量,其具体规定为:

(1)销售应税消费品的,为应税消费品的销售数量。

(2)自产自用应税消费品的,为应税消费品的移送使用数量。

(3)委托加工应税消费品的,为纳税人收回的应税消费品数量。

(4)进口的应税消费品,为海关核定的应税消费品进口征税数量。

(二)计量单位的换算标准

为了规范不同产品的计量单位,以准确计算应纳税额,《消费税暂行条例实施细则》规定了吨与升两个计量单位的换算标准,具体标准如表 3-3 所示。

表 3-3　　　　　　　　　　　　计量单位换算

序号	名称	计量单位的换算标准
1	黄酒	1 吨＝962 升
2	啤酒	1 吨＝988 升
3	汽油	1 吨＝1 388 升
4	柴油	1 吨＝1 176 升

（续表）

序号	名称	计量单位的换算标准
5	航空煤油	1 吨＝1 246 升
6	石脑油	1 吨＝1 385 升
7	溶剂油	1 吨＝1 282 升
8	润滑油	1 吨＝1 126 升
9	燃料油	1 吨＝1 015 升

三、从价从量复合计征

现行消费税的征税范围中，只有卷烟、白酒采用从价从量复合计征方法。在该种方法下，应纳税额等于应税销售数量乘以定额税率再加上应税销售额乘以比例税率。

生产销售卷烟、白酒从量定额计税依据为实际销售数量。进口、委托加工、自产自用卷烟、白酒从量定额计税依据分别为海关核定的进口征税数量、委托方收回数量、移送使用数量。

四、计税依据的特殊规定

（一）自设非独立核算门市部销售应税消费品的计税规定

纳税人通过自设非独立核算门市部销售的自产应税消费品，应当按照门市部对外销售额或者销售数量征收消费税。

（二）应税消费品用于换取生产资料和消费资料，投资入股和抵偿债务的计税规定

纳税人用于换取生产资料和消费资料，投资入股和抵偿债务等方面的应税消费品，应当以纳税人同类应税消费品的最高销售价格作为计税依据计算消费税。

（三）核定计税价格的规定

纳税人应税消费品的计税价格明显偏低且无正当理由的，由税务机关核定计税价格。其核定权限规定如下：

（1）卷烟、白酒和小汽车的计税价格由国家税务总局核定，送财政部备案。

（2）其他应税消费品的计税价格由省、自治区和直辖市税务局核定。

（3）进口的应税消费品的计税价格由海关核定。

（四）金银首饰销售额的确定

对既销售金银首饰，又销售非金银首饰的生产、经营单位，应将两类商品划分清楚分别核算销售额。凡划分不清楚或不能分别核算的，在生产环节销售的，一律从高适用税率征收消费税；在零售环节销售的，一律按金银首饰征收消费税。金银首饰与其他产品组成成套消费品销售的，应按销售额全额征收消费税。

金银首饰连同包装物销售的，无论包装是否单独计价，也无论会计上如何核算，均应并入金银首饰的销售额，计征消费税。

带料加工的金银首饰，应按受托方销售同类金银首饰的销售价格，确定计税依据征收

消费税。没有同类金银首饰销售价格的,按照组成计税价格计算纳税。

纳税人采用以旧换新(含翻新改制)方式销售的金银首饰,应按实际收取的不含增值税的全部价款确定计税依据征收消费税。

 课堂小测

【单选题】

1. 从量计征下,纳税人自产自用应税消费品的,销售数量为(　　)。

A. 实际生产数量　B. 计划使用数量　C. 移送使用数量　D. 实际使用数量

2. 以下选项中,(　　)应税消费品的计税价格明显偏低且无正当理由的,由国家税务总局核定计税价格,送财政部备案。

A. 卷烟　　　　B. 高尔夫球　　　C. 高档手表　　　D. 高档化妆品

3. 纳税人采用以旧换新(含翻新改制)方式销售的金银首饰,应按(　　)确定计税依据征收消费税。

A. 实际收取的不含税价款　　　　　B. 新首饰的销售价款

C. 旧首饰的市场价格　　　　　　　D. 纳税人同类商品的售价

【多选题】

1. 应税消费品用于(　　),应当以纳税人同类应税消费品的最高销售价格作为计税依据计算消费税。

A. 对外投资　　　B. 无偿赠送　　　C. 分配给投资者　D. 对外销售

2. 以下关于从量计征下销售数量的说法中,正确的有(　　)。

A. 销售应税消费品的,为应税消费品的销售数量

B. 自产自用应税消费品的,为应税消费品的移送使用数量

C. 委托加工应税消费品的,为纳税人收回的应税消费品数量

D. 进口的应税消费品,为海关核定的应税消费品进口征税数量

第四节　应纳税额的计算

一、生产销售环节应纳消费税的计算

纳税人在生产销售环节应缴纳的消费税,包括直接对外销售应税消费品应缴纳的消费税和自产自用应税消费品应缴纳的消费税。

(一)直接对外销售应纳消费税的计算

直接对外销售应税消费品涉及三种计算方法。

1. 从价定率计算

从价定率计算方法下,应纳消费税额等于销售额乘以比例税率。其基本计算公式为:

$$应纳税额 = 应税消费品的销售额 \times 比例税率$$

【例 3-1】　某化妆品生产企业为增值税一般纳税人。202×年 6 月 15 日向某大型商场销售高档化妆品一批,开具增值税专用发票,取得不含增值税销售额 50 万元,增值税额 6.5 万元。已知高档化妆品适用消费税税率 15%。

要求:计算该化妆品生产企业上述业务应缴纳的消费税税额。

【解析】　(1) 化妆品的应税销售额＝50(万元)

(2) 应缴纳的消费税税额＝50×15%＝7.5(万元)

2. 从量定额计算

在从量定额计算方法下,应纳税额等于应税消费品的销售数量乘以定额税率。其基本计算公式为:

$$应纳税额＝应税消费品的销售数量×定额税率$$

【例 3-2】　某啤酒厂 202×年 5 月销售啤酒 1 000 吨,取得不含增值税销售额 295 万元,增值税税款 38.35 万元,另收取包装物押金 22.6 万元。

要求:计算该啤酒厂应缴纳的消费税税额。

【解析】　每吨啤酒出厂价[295＋22.6÷(1＋13%)]×10 000÷1 000＝3 150(元),大于 3 000 元,属于销售甲类啤酒,适用定额税率每吨 250 元。

应纳消费税税额＝销售数量×定额税率＝1 000×250＝250 000(元)

3. 从价定率和从量定额复合计算

现行消费税的征税范围中,只有卷烟、白酒采用复合计算方法。其基本计算公式为:

$$应纳税额＝应税消费品的销售数量×定额税率＋应税销售额×比例税率$$

【例 3-3】　某白酒生产企业为增值税一般纳税人,202×年 4 月销售白酒 50 吨,取得不含增值税的销售额 200 万元。

要求:计算该白酒企业 4 月应缴纳的消费税税额。(白酒适用比例税率 20%,定额税率每 500 克 0.5 元。)

【解析】　应纳消费税额＝50×2 000×0.00005＋200×20%＝45(万元)

(二) 自产自用应纳消费税的计算

自产自用,就是纳税人生产应税消费品后,不是用于直接对外销售,而是用于自己连续生产应税消费品或用于其他方面。

1. 用于连续生产应税消费品

纳税人自产自用的应税消费品,用于连续生产应税消费品的,不纳税。用于连续生产应税消费品,是指作为生产最终应税消费品的直接材料并构成最终产品实体的应税消费品。例如,卷烟厂生产烟丝,再用生产出的烟丝连续生产卷烟,虽然烟丝是应税消费品,但用于连续生产卷烟的烟丝就不用缴纳消费税。因为如果产出的烟丝用于连续生产卷烟,缴纳消费税;由烟丝生产出来的卷烟在最终生产销售环节,也需缴纳消费税,这样会造成对烟丝的重复课税问题。

2. 用于其他方面的应税消费品

纳税人自产自用的应税消费品,除用于连续生产应税消费品外,凡用于其他方面的,在移送使用时纳税。用于其他方面,是指纳税人用于生产非应税消费品、在建工程、管理部门、非生产机构、提供劳务,以及用于馈赠、赞助、集资、广告、样品、职工福利、奖励等方面。

3. 组成计税价格及税额的计算

纳税人自产自用的应税消费品,凡用于其他方面,应当纳税的,按照纳税人生产的同类消费品的销售价格计算纳税。同类消费品的销售价格,是指纳税人当月销售的同类消费品的销售价格。如果当月同类消费品各期销售价格高低不同,应按销售数量加权平均计算。但销售的应税消费品有下列情况之一的,不得列入加权平均计算:①销售价格明显偏低且无正当理由的;②无销售价格的。

没有同类消费品销售价格的,按照组成计税价格计算纳税。

(1)实行从价定率办法,计算纳税的组成计税价格计算公式:

$$组成计税价格 = (成本 + 利润) \div (1 - 比例税率)$$
$$应纳税额 = 组成计税价格 \times 比例税率$$

(2)实行复合计税办法,计算纳税的组成计税价格计算公式:

$$组成计税价格 = (成本 + 利润 + 自产自用数量 \times 定额税率) \div (1 - 比例税率)$$
$$应纳税额 = 组成计税价格 \times 比例税率 + 自产自用数量 \times 定额税率$$

上述公式中的"成本",是指应税消费品的产品生产成本。

上述公式中的"利润",是指根据应税消费品的全国平均成本利润率计算的利润。应税消费品全国平均成本利润率由国家税务总局确定,具体标准如表3-4所示。

表 3-4　　　　　　　　　　　　平均成本利润率表

货物名称	利润率	货物名称	利润率
甲类卷烟	10%	贵重首饰及珠宝玉石	6%
乙类卷烟	5%	摩托车	6%
雪茄烟	5%	高尔夫球及球具	10%
烟丝	5%	高档手表	20%
粮食白酒	10%	游艇	10%
薯类白酒	5%	木制一次性筷子	5%
其他酒	5%	实木地板	5%
高档化妆品	5%	乘用车	8%
鞭炮、焰火	5%	中轻型商用客车	5%
电池	4%	涂料	7%

【例3-4】 某化妆品公司将一批自产的高档化妆品用作职工福利,该批高档化妆品的成本为80 000元,无同类产品市场销售价格,但已知其成本利润率为5%,消费税税率为15%。

要求:计算该批高档化妆品应缴纳的消费税税额。

【解析】　(1) 组成计税价格=成本×(1+成本利润率)÷(1-消费税税率)

$$=80\ 000×(1+5\%)÷(1-15\%)$$
$$=84\ 000÷0.85=98\ 823.53(元)$$

(2) 应纳消费税税额=98 823.53×15%=14 823.53(元)

小试牛刀

【计算题】

1. 202×年7月甲药酒厂生产240吨药酒,销售140吨,取得不含增值税销售额1 000万元,增值税税额130万元。

要求:计算甲药酒厂当月销售药酒应缴纳的消费税税额。

2. 某酒厂202×年7月销售黄酒1 500吨,取得不含增值税销售300万元,增值税税额39万元,另收取包装物押金28.25万元。

要求:计算该酒厂应缴纳的消费税税额。

二、委托加工环节应纳消费品应纳税额的计算

(一)委托加工应税消费品的确定

委托加工的应税消费品,是指由委托方提供原料和主要材料,受托方只收取加工费和代垫部分辅助材料加工的应税消费品。

对于由受托方提供原材料生产的应税消费品,或者受托方先将原材料卖给委托方,然后再接受加工的应税消费品,以及由受托方以委托方名义购进原材料生产的应税消费品。不论纳税人在财务上是否作销售处理,都不得作为委托加工应税消费品,而应当按照销售自制应税消费品缴纳消费税。

(二)代收代缴税款的规定

委托加工应税消费品由受托方在向委托方交货时代收代缴消费税,受托方为个人(含个体工商户)的,由委托方收回后缴纳消费税。

委托加工的应税消费品,受托方在交货时已代收代缴消费税,委托方将收回的应税消费品。委托方以不高于受托方的计税价格出售的,为直接出售,不再缴纳消费税;委托方以高于受托方的计税价格出售的,不属于直接出售,需按照规定申报缴纳消费税,在计税时准予扣除受托方已代收代缴的消费税。

(三)组成计税价格及应纳税额的计算

委托加工的应税消费品,按照受托方的同类消费品的销售价格计算纳税。同类消费品的销售价格是指,受托方(即代收代缴义务人)当月销售的同类消费品的销售价格,如果当月同类消费品各期销售价格高低不同,应按销售数量加权平均计算。但销售的应税消费品有下列情况之一的,不得列入加权平均计算:销售价格明显偏低且无正当理由的;无销售价格的。

没有同类消费品销售价格的,按照组成计税价格计算纳税。如下:

(1)实行从价定率办法,计算纳税的组成计税价格计算公式:

$$组成计税价格 = (材料成本 + 加工费) \div (1 - 比例税率)$$

(2)实行复合计税办法,计算纳税的组成计税价格计算公式:

$$组成计税价格 = (材料成本 + 加工费 + 委托加工数量 \times 定额税率) \div (1 - 比例税率)$$

公式中的"材料成本",是指委托方所提供加工材料的实际成本。委托加工应税消费品的纳税人,必须在委托加工合同上如实注明(或以其他方式提供)材料成本。凡未提供材料成本的,受托方税务机关有权核定其材料成本。

公式中的"加工费",是指受托方加工应税消费品向委托方所收取的全部费用(包括代垫辅助材料的实际成本),不包括增值税税款。

【例3-5】 某化妆品企业202×年10月受托为某商场加工一批高档化妆品,收取不含增值税的加工费13万元,商场提供的原材料金额为72万元。已知该化妆品企业无同类产品销售价格,消费税税率为15%。

要求:计算该化妆品企业应代收代缴的消费税税额。

【解析】 (1)组成计税价格=(72+13)÷(1-15%)=100(万元)

(2)应代收代缴的消费税税额=100×15%=15(万元)

 小试牛刀

【计算题】

甲企业委托乙企业加工一批应税消费品,甲企业为乙企业提供原材料等,实际成本为8 000元,支付乙企业加工费1 000元(不含税加工费)。已知该应税消费品消费税税率为10%,同时受托方无同类消费品的销售价格。

要求:计算乙企业应代收代缴的消费税税额。

三、进口环节应纳消费税的计算

进口的应税消费品,消费税由海关代征、在报关进口时缴纳消费税。由进口人或者其代理人向报关地海关申报纳税。按照关税征收管理的相关规定,应当自海关填发海关进口消费税专用缴款书之日起15日内缴纳税款。

纳税人进口应税消费品,按照组成计税价格和规定的税率计算应纳税额。

(1)实行从价定率计征应纳税额的计算公式为:

$$组成计税价格 = (关税完税价格 + 关税) \div (1 - 消费税比例税率)$$
$$应纳税额 = 组成计税价格消费税比例税率$$

(2)实行从量定额计征应纳税额的计算公式为:

$$应纳税额 = 应税消费品数量 \times 消费税定额税率$$

（3）实行从价定率和从量定额复合计税办法应纳税额的计算公式为：

组成计税价格 ＝（关税完税价格＋关税＋进口数量×消费税定额税率)÷(1－消费税比例税率)

应纳税额 ＝ 组成计税价格×消费税税率＋应税消费品进口数量×消费税定额税率

【例3-6】 202×年10月甲公司进口一批小汽车，海关审定的关税完税价格为100万元，缴纳关税20万元，已知小汽车消费税税率为25％。

要求：计算甲公司当月进口小汽车应缴纳的消费税税额。

【解析】 （1）组成计税价格＝（100＋20)÷(1－25％)＝160(万元)

（2）应缴纳消费税税额＝160×10％＝16(万元)

【例3-7】 某烟草公司202×年9月进口甲类卷烟100标准箱，海关核定的每箱卷烟关税完税价格为3万元。已知卷烟关税税率为25％，消费税比例税率为56％，定额税率为0.003元/支；每标准箱有250条，每条200支。

要求：计算该公司进口卷烟应缴纳的消费税税额（单位：万元，计算结果保留四位小数）。

【解析】 （1）应纳关税税额＝100×3×25％＝75(万元)

（2）组成计税价格＝(100×3＋75＋100×250×200×0.003÷10 000)÷(1－56％)＝855.6818(万元)

（3）应纳消费税税额＝855.6818×56％＋100×250×200×0.003÷10 000＝480.6818(万元)

 **小试牛刀**

【计算题】 某外贸进出口公司202×年3月进口100辆小轿车，每辆车关税完税价格为人民币14.3万元，缴纳关税4.1万元。已知小轿车适用的消费税税率为9％。

要求：计算该批进口小轿车应缴纳的消费税税额。

四、已纳消费税扣除的计算

为了避免重复征税，现行消费税规定，将外购应税消费品和委托加工收回的应税消费品继续生产应税消费品销售的，可以将外购应税消费品和委托加工收回应税消费品已缴纳的消费税给予扣除。

（一）外购应税消费品已纳税款的扣除

1. 外购应税消费品已纳税款的扣除

由于某些应税消费品是用外购已缴纳消费税的应税消费品连续生产出来的，在对这些连续生产出来的应税消费品计算征税时，税法规定应按当期生产领用数量计算准予扣除外购的应税消费品已纳的消费税税款。扣除范围包括：

（1）外购已税烟丝生产的卷烟。

（2）外购已税高档化妆品生产的高档化妆品。

（3）外购已税珠宝、玉石生产的贵重首饰及珠宝、玉石。

（4）外购已税鞭炮、焰火生产的鞭炮、焰火。

（5）外购已税杆头、杆身和握把为原料生产的高尔夫球杆。

（6）外购已税木制一次性筷子为原料生产的木制一次性筷子。

（7）外购已税实木地板为原料生产的实木地板。

（8）外购已税石脑油、燃料油、润滑油为原料生产的成品油。

（9）外购已税汽油、柴油为原料生产的汽油、柴油。

上述当期准予扣除外购应税消费品已纳消费税税款的计算公式为：

$$
\begin{aligned}
&\text{当期准予扣除的外购} \\
&\text{应税消费品已纳税款}
\end{aligned}
=
\begin{aligned}
&\text{当期准予扣除的外购} \\
&\text{应税消费品买价}
\end{aligned}
\times
\begin{aligned}
&\text{外购应税消费} \\
&\text{品适用税率}
\end{aligned}
$$

$$
\begin{aligned}
&\text{当期准予扣除的外} \\
&\text{购应税消费品买价}
\end{aligned}
=
\begin{aligned}
&\text{期初库存的外购} \\
&\text{应税消费品的买价}
\end{aligned}
+
\begin{aligned}
&\text{当期购进的应税} \\
&\text{消费品的买价}
\end{aligned}
-
\begin{aligned}
&\text{期末库存的外购应} \\
&\text{税消费品的买价}
\end{aligned}
$$

外购已税消费品的买价，是指购货发票上注明的销售额（不包括增值税税款）。

纳税人用外购的已税珠宝、玉石原料生产的改在零售环节征收消费税的金银首饰（镶嵌首饰），在计税时一律不得扣除外购珠宝、玉石的已纳税款。

2. 外购应税消费品后销售

对自己不生产应税消费品，而只是购进后再销售应税消费品的工业企业，其销售的高档化妆品、鞭炮、焰火和珠宝、玉石，凡不能构成最终消费品直接进入消费品市场，而须进一步生产加工的，应当征收消费税，同时允许扣除上述外购应税消费品的已纳税款。

允许扣除已纳税款的应税消费品，只限于从工业企业购进的应税消费品和进口环节已缴纳消费税的应税消费品，对从境内商业企业购进应税消费品的已纳税款一律不得扣除。

【例3-8】 某卷烟生产企业，某月初库存外购应税烟丝金额50万元，当月又外购应税烟丝金额500万元（不含增值税），月末库存烟丝金额30万元，其余被当月生产卷烟领用。

要求：计算卷烟厂当月准许扣除的外购烟丝已缴纳的消费税税额。

【解析】 （1）烟丝适用的消费税税率为30%。

（2）当期准许扣除的外购烟丝买价＝50＋500－30＝520（万元）

（3）当月准许扣除的外购烟丝已缴纳的消费税税额＝520×30%＝156（万元）

（二）委托加工收回的应税消费品已纳税款的扣除

委托加工的应税消费品因为已由受托方代收代缴消费税，因此，委托方收回货物后用于连续生产应税消费品的，其已纳税款准予按照规定从连续生产的应税消费品应纳消费税税额中抵扣。下列连续生产的应税消费品准予从应纳消费税税额中，按当期生产领用数量计算扣除委托加工收回的应税消费品已纳消费税税款：

（1）以委托加工收回的已税烟丝为原料生产的卷烟。

（2）以委托加工收回的已税高档化妆品为原料生产的高档化妆品。

（3）以委托加工收回的已税珠宝、玉石为原料生产的贵重首饰及珠宝、玉石。

（4）以委托加工收回的已税鞭炮、焰火为原料生产的鞭炮、焰火。

（5）以委托加工收回的已税杆头、杆身和握把为原料生产的高尔夫球杆。

（6）以委托加工收回的已税木制一次性筷子为原料生产的木制一次性筷子。

（7）以委托加工收回的已税实木地板为原料生产的实木地板。

（8）以委托加工收回的已税石脑油、润滑油、燃料油为原料生产的成品油。

（9）以委托加工收回的已税汽油、柴油为原料生产的汽油、柴油。

上述当期准予扣除委托加工收回的应税消费品已纳消费税税款的计算公式为：

$$\begin{array}{l}\text{当期准予扣除的委托加工}\\\text{应税消费品已纳税款}\end{array} = \begin{array}{l}\text{期初库存的委托加工}\\\text{应税消费品已纳税款}\end{array} + \begin{array}{l}\text{当期收回的委托加工}\\\text{应税消费品已纳税款}\end{array} - \begin{array}{l}\text{期末库存的委托加工}\\\text{应税消费品已纳税款}\end{array}$$

纳税人用委托加工收回的已税珠宝、玉石原料生产的,改在零售环节征收消费税的金银首饰,在计税时一律不得扣除委托加工收回的珠宝、玉石原料的已纳消费税税款。

五、特殊环节应纳消费税的计算

（一）卷烟批发环节应纳消费税的计算

为了适当增加财政收入,完善烟产品消费税制度,自 2009 年 5 月 1 日起,政府在卷烟批发环节加征一道从价税。

（1）纳税义务人:在中华人民共和国境内从事卷烟批发业务的单位和个人。从事卷烟批发业务纳税人之间销售的卷烟不缴纳消费税。

（2）征收范围:纳税人批发销售的所有牌号规格的卷烟。

（3）适用税率:从价税税率 11%,从量税税率 0.005 元/支。

（4）计税依据:纳税人批发卷烟的销售额（不含增值税）、销售数量。

纳税人应将卷烟销售额与其他商品销售额分开核算,未分开核算的,一并征收消费税。

纳税人兼营卷烟批发和零售业务的,应当分别核算批发和零售环节的销售额、销售数量;未分别核算批发和零售环节销售额、销售数量的,按照全部销售额、销售数量计征批发环节消费税。

（5）纳税义务发生时间:纳税人收讫销售款或者取得销售款凭据的当天。

（6）纳税地点:卷烟批发企业的机构所在地,总机构与分支机构不在同一地区的,由总机构申报纳税。

（7）卷烟消费税在生产和批发两个环节征收后,批发企业在计算纳税时不得扣除已含生产环节的消费税款。

（二）超豪华小汽车零售环节应纳消费税的计算

超豪华小汽车在生产（进口）环节的基础上,在零售环节加征一道消费税。

（1）征税范围:每辆零售价格 130 万元（不含增值税）及以上的乘用车和中轻型商用客车,即乘用车和中轻型商用客车子税目中的超豪华小汽车。

（2）纳税义务人:将超豪华小汽车销售给消费者的单位和个人,为超豪华小汽车零售环节纳税义务人。

（3）适用税率:10%。

（4）应纳税额的计算公式如下:

$$应纳税额 = 零售环节销售额(不含增值税) \times 零售环节税率$$

国内汽车生产企业直接销售给消费者的超豪华小汽车,消费税税率按照生产环节税率和零售环节税率加总计算。其消费税应纳税额计算公式为:

$$应纳税额 = 销售额(不含增值税) \times (生产环节税率 + 零售环节税率)$$

(三) 金银首饰零售环节应纳消费税的计算

(1) 征税范围:金、银和金基、银基合金首饰,以及金、银和金基、银基合金的镶嵌首饰(以下简称金银首饰),钻石及钻石饰品、铂金首饰在零售环节缴纳消费税,生产环节不再缴纳。

(2) 纳税义务人:零售金银首饰、钻石饰品及铂金首饰的单位和个人。

(3) 税率:5%。

(4) 应纳税额的计算公式如下:

$$应纳税额 = 零售环节销售额(不含增值税) \times 零售环节税率$$

 **课堂小测**

【单选题】

1. 下列应税消费品中,应同时缴纳增值税和消费税的是(　　)。

A. 批发卷烟　　　B. 批发雪茄烟　　　C. 批发烟丝　　　D. 批发白酒

2. 企业生产的下列消费品,无须缴纳消费税的是(　　)。

A. 地板企业生产用于装修本企业办公室的实木地板

B. 汽车企业生产用于本企业管理部门的轿车

C. 高档化妆品企业生产用于交易会样品的高档化妆品

D. 卷烟企业生产用于连续生产卷烟的烟丝

3. 某卷烟批发企业向商场批发甲类卷烟 24 万支,取得不含税销售额 18.6 万元,向其他批发单位批发甲类卷烟 50 万支,取得不含税销售额 30 万元。该企业当月应纳消费税(　　)万元。(卷烟批发环节消费税税率 11%,0.005 元/支)

A. 2.05　　　　B. 2.17　　　　C. 5.35　　　　D. 5.72

【多选题】

1. 根据消费税法律制度的规定,纳税人将外购和委托加工的应税消费品,用于连续生产应税消费品的,已缴纳的消费税税款准予从应纳消费税税额中抵扣。下列各项中,可以抵扣已缴纳的消费税的有(　　)。

A. 外购已税烟丝生产的卷烟

B. 外购已税汽车生产的高级小轿车

C. 外购已税其他酒原料生产的白酒

D. 外购已税石脑油为原料生产的应税消费品

2. 下列项目中,在零售环节缴纳消费税的有(　　)。

A. 铂金项链　　　B. 粮食白酒　　　C. 翡翠手镯　　　D. 钻石胸针

【计算题】

1. 某白酒厂202×年春节前,将新研制的1吨粮食白酒作为过节福利发放给员工饮用。该粮食白酒无同类产品市场销售价格。已知,该批粮食白酒生产成本20 000元,成本利润率为5%,白酒消费税比例税率为20%;定额税率为0.5元/500克。

要求:计算该批粮食白酒应缴纳的消费税税额。

2. 某鞭炮企业202×年4月受托为某单位加工一批鞭炮,受托单位提供的原材料金额为30万元,收取委托单位不含增值税的加工费4万元,鞭炮企业当地无加工鞭炮的同类产品市场价格。鞭炮消费税税率为15%。

要求:计算鞭炮企业应代收代缴的消费税税额。

3. 某商贸公司,202×年7月从国外进口一批应税消费品,已知该批应税消费品的关税完税价格为90万元,按规定缴纳关税18万元。假定进口的应税消费品的消费税税率为10%。

要求:计算该批消费品进口环节应缴纳的消费税税额。

第五节　征收管理

一、纳税义务发生时间

(1)纳税人销售应税消费品的,按不同的销售结算方式确定,分别为:①采取赊销和分期收款结算方式的,为书面合同约定的收款日期的当天,书面合同没有约定收款日期或者无书面合同的,为发出应税消费品的当天;②采取预收货款结算方式的,为发出应税消费品的当天;③采取托收承付和委托银行收款方式的,为发出应税消费品并办妥托收手续的当天;④采取其他结算方式的,为收讫销售款或者取得索取销售款凭据的当天。

(2)纳税人自产自用应税消费品的,为移送使用的当天。

(3)纳税人委托加工应税消费品的,为纳税人提货的当天。

(4)纳税人进口应税消费品的,为报关进口的当天。

二、纳税地点

(1)纳税人销售的应税消费品,以及自产自用的应税消费品,除国务院财政、税务主管部门另有规定外,应当向纳税人机构所在地或者居住地的税务机关申报纳税。

(2)委托加工的应税消费品,除受托方为个人外,由受托方向机构所在地或者居住地的税务机关解缴消费税税款。受托方为个人的,由委托方向机构所在地的税务机关申报纳税。

(3)进口的应税消费品,由进口人或者其代理人向报关地海关申报纳税。

(4)纳税人到外县(市)销售或者委托外县(市)代销自产应税消费品的,在应税消费品销售后,向机构所在地或者居住地税务机关申报纳税。

（5）纳税人的总机构与分支机构不在同一县（市）的，应当分别向各自机构所在地的税务机关申报纳税。

纳税人的总机构与分支机构不在同一县（市），但在同一省（自治区、直辖市）范围内，经省（自治区、直辖市）财政厅（局）、税务局审批同意，可以由总机构汇总向总机构所在地的税务机关申报缴纳消费税。

（6）纳税人销售的应税消费品，如因质量等原因由购买者退回，经机构所在地或者居住地税务机关审核批准后，可退还已缴纳的消费税税款。

（7）个人携带或者邮寄进境的应税消费品的消费税，连同关税一并计征，具体办法由国务院关税税则委员会会同有关部门制定。

三、纳税期限

消费税的纳税期限分别为 1 日、3 日、5 日、10 日、15 日、1 个月或者 1 个季度；纳税人的具体纳税期限，由税务机关根据纳税人应纳税额的大小分别核定；不能按照固定期限纳税的，可以按次纳税。

纳税人以 1 个月或者 1 个季度为 1 个纳税期的，自期满之日起 15 日内申报纳税；以 1 日、3 日、5 日、10 日或者 15 日为 1 个纳税期的，自期满之日起 5 日内预缴税款，于次月 1 日起至 15 日内申报纳税并结清上月应纳税款。

纳税人进口应税消费品，应当自海关填发海关进口消费税专用缴款书之日起 15 日内缴纳税款。

四、纳税申报

消费税的纳税人应按条例的有关规定及时办理纳税申报，并如实填写纳税申报表。消费税纳税申请表如表 3-5 和表 3-6 所示。

表 3-5　　　　　　　　　　酒类应税消费品消费税纳税申报表

税款所属时间：自　　年　　月　　日至　　年　　月　　日

纳税人名称（公章）：　　　纳税人识别号

填表日期：　年　月　日　　　　　　　　　　金额单位：元　至　角　分

项目	适用税率		销售数量	销售额	应纳税额
	定额税率	比例税率			
粮食白酒	0.5 元/500 克	20%			
薯类白酒	0.5 元/500 克	20%			
啤酒	250 元/吨				
啤酒	220 元/吨				
黄酒	240 元/吨				
其他酒		10%			
合计					

（续表）

本期准予抵减税额：	声明 此纳税申报表示根据国家税收法律的规定填报的，我确定它是真实的、可靠的、完整的。
本期减（免）税额：	经办人（签章）： 财务负责人（签章）： 联系电话：
期初未缴税额：	
本期缴纳前期应纳税额：	（如果你已委托代理人申报，请填写） 授权声明 　为代理一切税务事宜，现授权_____（地址）_____为本纳税人的代理申报人，任何与本申报表有关的往来文件，都可寄至此人。
本期预缴税额：	
本期应补（退）税额：	
期末未缴税额：	授权人签章：
以下由税务机关填写	
受理人（签章）：	受理日期：　年　月　日　　受理税务机关（签章）：

表 3-6　　　　　　　　　其他应税消费品消费税纳税申报表

税款所属时间：自　　年　　月　　日至　　年　　月　　日

纳税人名称（公章）：　　　　　纳税人识别号

填表日期：　年　月　日　　　　　　　　　金额单位：元　至　角　分

项目	适用税率	销售数量	销售额	应纳税额
合计				

本期准予抵减税额：	声明 此纳税申报表示根据国家税收法律的规定填报的，我确定它是真实的、可靠的、完整的。
本期减（免）税额：	经办人（签章）： 财务负责人（签章）： 联系电话：
期初未缴税额：	
本期缴纳前期应纳税额：	（如果你已委托代理人申报，请填写） 授权声明 　为代理一切税务事宜，现授权__ _____（地址）_____为本纳税人的代理申报人，任何与本申报表有关的往来文件，都可寄予此人。
本期预缴税额：	
本期应补（退）税额：	
期末未缴税额：	授权人签章：
以下由税务机关填写	
受理人（签章）：	受理日期：　年　月　日　　受理税务机关（签章）：

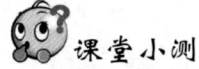 课堂小测

【单选题】

1. 关于消费税纳税地点的说法中,符合现行政策规定的是(　　)。

A. 纳税人销售应税消费品向机构所在地或居住地的主管税务机关纳税

B. 纳税人销售应税消费品向核算地的主管税务机关纳税

C. 纳税人销售应税消费品向销售地的主管税务机关纳税

D. 纳税人销售应税消费品向生产地的主管税务机关纳税

2. 根据消费税法律制度的规定,下列关于消费税纳税义务发生时间的表述中,不正确的是(　　)。

A. 委托加工应税消费品的,为纳税人提货的当天

B. 采取托收承付方式销售应税消费品的,为收到货款的当天

C. 进口应税消费品的,为报关进口的当天

D. 自产自用应税消费品的,为移送使用的当天

【多选题】

1. 关于消费税纳税义务发生时间的说法中,正确的有(　　)。

A. 某酒厂销售葡萄酒 20 箱并收取价款 4 800 元,其纳税义务发生时间为收款的当天

B. 某汽车厂自产自用 3 台小汽车,其纳税义务发生时间为移送使用的当天

C. 某烟花企业采用托收承付结算方式销售焰火,其纳税义务发生时间为发出焰火并办妥托收手续的当天

D. 某化妆品厂采用赊销方式销售化妆品,合同约定收款日期为 6 月 30 日,实际收到货款为 7 月 30 日,纳税义务发生时间为 6 月 30 日

2. 根据消费税法律制度的规定,下列关于消费税纳税义务发生时间的表述中,正确的有(　　)。

A. 采取预收货款结算方式的,为收到预收款的当天

B. 委托加工应税消费品的,为纳税人提货的当天

C. 采取分期收款结算方式的,为书面合同约定的收款日期的当天

D. 采取托收承付方式的,为合同约定的收款期的当天

3. 甲公司为增值税一般纳税人,机构所在地在 S 市。202×年 2 月,在 S 市销售货物一批;在 W 市海关报关进口货物一批接受 Y 市客户委托加工应缴纳消费税的货物一批。下列关于甲公司上述业务纳税地点的表述中,正确的有(　　)。

A. 委托加工货物应向 Y 市税务机关申报缴纳增值税

B. 委托加工货物应向 S 市税务机关解缴代收的消费税

C. 进口货物应向 W 市海关申报缴纳增值税

D. 销售货物应向 S 市税务机关申报缴纳增值税

第四章　企业所得税

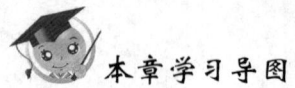本章学习导图

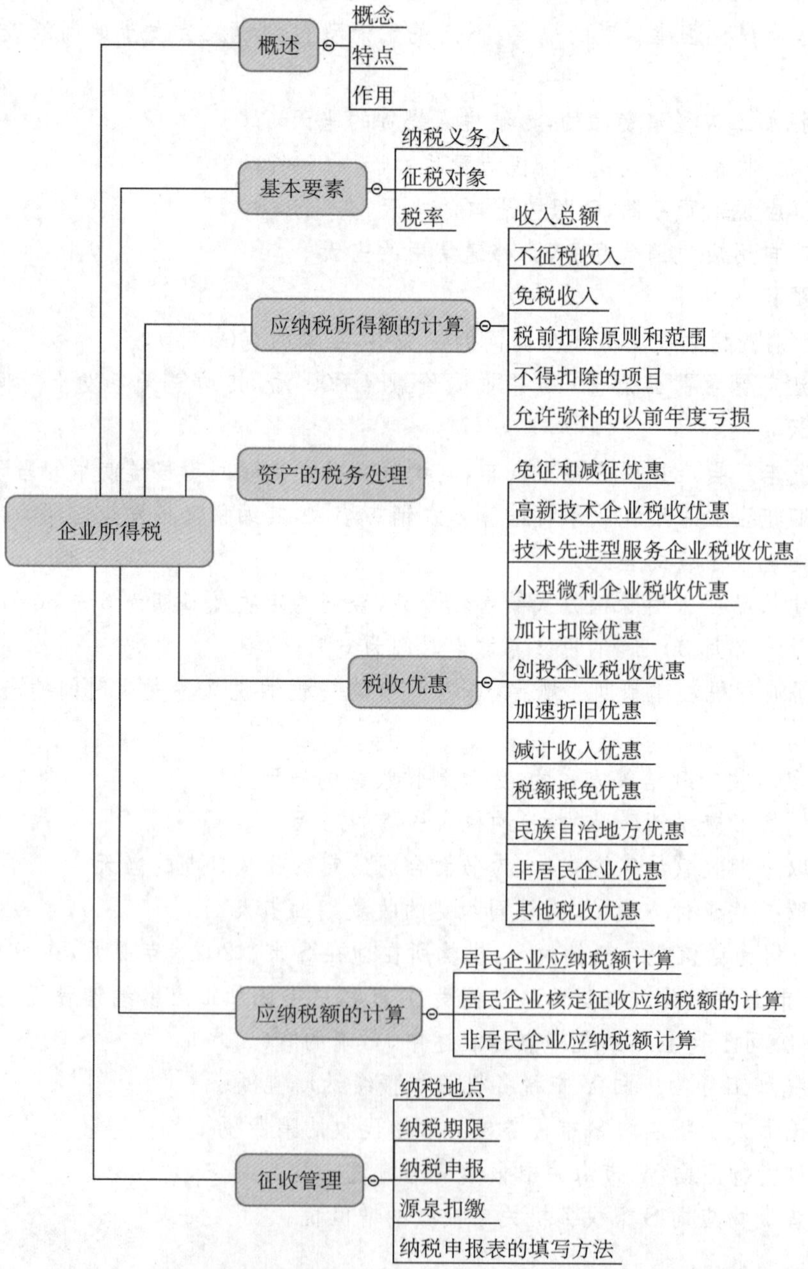

```
                              ┌─ 概念
                   ┌─ 概述 ───┼─ 特点
                   │          └─ 作用
                   │
                   │              ┌─ 纳税义务人
                   ├─ 基本要素 ───┼─ 征税对象
                   │              └─ 税率
                   │                    ┌─ 收入总额
                   │                    ├─ 不征税收入
                   │                    ├─ 免税收入
                   ├─ 应纳税所得额的计算 ─┼─ 税前扣除原则和范围
                   │                    ├─ 不得扣除的项目
                   │                    └─ 允许弥补的以前年度亏损
                   │
                   ├─ 资产的税务处理
                   │
                   │              ┌─ 免征和减征优惠
                   │              ├─ 高新技术企业税收优惠
                   │              ├─ 技术先进型服务企业税收优惠
                   │              ├─ 小型微利企业税收优惠
                   │              ├─ 加计扣除优惠
企业所得税 ─────────┤              ├─ 创投企业税收优惠
                   ├─ 税收优惠 ───┼─ 加速折旧优惠
                   │              ├─ 减计收入优惠
                   │              ├─ 税额抵免优惠
                   │              ├─ 民族自治地方优惠
                   │              ├─ 非居民企业优惠
                   │              └─ 其他税收优惠
                   │
                   │                ┌─ 居民企业应纳税额计算
                   ├─ 应纳税额的计算 ┼─ 居民企业核定征收应纳税额的计算
                   │                └─ 非居民企业应纳税额计算
                   │
                   │              ┌─ 纳税地点
                   │              ├─ 纳税期限
                   └─ 征收管理 ───┼─ 纳税申报
                                  ├─ 源泉扣缴
                                  └─ 纳税申报表的填写方法
```

第一节　企业所得税概述

一、企业所得税的概念

企业所得税是对我国境内的企业和其他取得收入的组织的生产经营所得和其他所得征收的一种税。现行企业所得税的基本规范是 2018 年 12 月 29 日第十三届全国人民代表大会常务委员会第七次会议第二次修改通过的《中华人民共和国企业所得税法》（以下简称《企业所得税法》）和 2019 年 4 月 23 日国务院令第 714 号修改通过的《中华人民共和国企业所得税法实施条例》，以及国务院财政、税务主管部门发布的相关规定。

二、企业所得税的特点

（1）实行综合课征制。企业所得税实行综合课征制，不论生产经营所得还是其他所得，都按照统一的比例税率征收企业所得税。

（2）计税依据为年应纳税所得额，税基约束力强。企业所得税的计税依据是应纳税所得额，是按照税法规定的收入总额扣除允许扣除的项目后的金额。应纳税所得额的计算，在税法的强制性与统一性的基础上涉及会计核算的各个方面，这使企业所得税的计税依据既反映所得的综合性和全面性，又体现税法的强制性和约束性。

（3）纳税人与负担人一致，体现量能负担的原则。企业所得税的计税依据为企业的应纳税所得额，直接与企业的承受能力相关，盈利能力强的企业多缴税，盈利少的少纳税，体现税法的量能负担原则。

（4）实行按年计征，分期预缴，年终汇算清缴的征收管理办法。企业所得税采取按年计征、分期预缴、年终汇算清缴的征收管理办法，采取分期预缴的方法有利于税款及时入库、保障财政收入。

三、企业所得税的作用

企业所得税的作用体现在以下三方面：①促进企业改善经营管理活动，提升企业的盈利能力；②调节产业结构，促进经济发展；③为国家建设筹集财政资金。

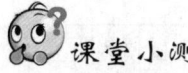
课堂小测

【单选题】

下列各项中，不属于企业所得税特点的是（　　　）。

A. 在各个环节流转征收

B. 实行综合课征制

C. 纳税人与负担人一致，体现量能负担的原则

D. 税基约束力强

纳税义务人、征税对象与税率

一、纳税义务人

在中华人民共和国境内,企业和其他取得收入的组织(以下统称企业)为企业所得税的纳税义务人,依照《企业所得税法》的规定缴纳企业所得税。企业所得税纳税义务人包括各类企业、事业单位、社会团体、民办非企业单位和从事经营活动的其他组织。依照中国法律、行政法规成立的个人独资企业、合伙企业,不属于企业所得税纳税义务人,不缴纳企业所得税。

企业所得税采取收入来源地管辖权和居民管辖权相结合的双重管辖权,把企业分为居民企业和非居民企业,分别确定不同的纳税义务。

(一)居民企业

居民企业,是指依法在中国境内成立,或者依照外国(地区)法律成立但实际管理机构在中国境内的企业。这里的企业包括国有企业、集体企业、私营企业、联营企业、股份制企业、外商投资企业、外国企业以及有生产、经营所得和其他所得的其他组织。

实际管理机构,是指对企业的生产经营、人员、账务、财产等实施实质性全面管理和控制的机构。

(二)非居民企业

非居民企业,是指依照外国(地区)法律成立且实际管理机构不在中国境内,但在中国境内设立机构、场所的,或者在中国境内未设立机构、场所,但有来源于中国境内所得的企业。

非居民企业委托营业代理人在中国境内从事生产经营活动的,包括委托单位或者个人经常代其签订合同,储存、交付货物等,该营业代理人视为非居民企业在中国境内设立的机构、场所。

企业所得税纳税人的判断标准如表 4-1 所示。

表 4-1　　　　　　　　　　企业所得税纳税人判断标准一览表

纳税人类型	具体内容
居民企业	依法在中国境内成立(即注册地在境内)
	依外国(地区)法律成立但实际管理机构在中国境内(即注册地在境外,实际管理机构在境内)
非居民企业	依外国(地区)法律成立,实际管理机构不在中国境内,但在中国境内设立机构、场所的企业(注册地和实际管理机构均在境外,境内有机构、场所)
	依外国(地区)法律成立但实际管理机构在中国境内,在中国境内未设立机构、场所,但有来源于中国境内所得的企业(注册地和实际管理机构均在境外,境内无机构、场所,但有境内所得)

【例 4-1】 根据企业所得税法律制度的规定,下列关于非居民企业的表述中,正确的是( )。

A. 在境外成立的企业均属于非居民企业

B. 在境内成立但有来源于境外所得的企业属于非居民企业

C. 依照外国法律成立,实际管理机构在中国境内的企业属于非居民企业

D. 依照外国法律成立,实际管理机构不在中国境内但在中国境内设立机构、场所的企业属于非居民企业

【解析】 正确答案 D。选项 A 境外成立的企业范围广泛。选项 B、C 为居民企业。非居民企业,是指依照外国(地区)法律成立且实际管理机构不在中国境内,但在中国境内设立机构、场所的,或者在中国境内未设立机构、场所,但有来源于中国境内所得的企业。

 小试牛刀

【单选题】

1. 根据企业所得税法律制度的规定,下列关于企业所得税纳税人的表述中,正确的是( )。

A. 依照外国法律成立但实际管理机构在境内的企业均属于居民企业

B. 依照外国法律成立且实际管理机构不在中国境内的企业均属于非居民企业

C. 依照外国法律成立但在中国境内设立机构、场所的企业均属于非居民企业

D. 依法在我国境内成立但实际管理机构在境外的企业均属于非居民企业

2. 根据企业所得税法的规定,下列企业中属于非居民企业的是( )。

A. 依法在外国成立但实际管理机构在中国境内的企业

B. 在中国境内成立的外商投资企业

C. 在中国境内未设立机构、场所,但有中国境内所得的企业

D. 依法在中国境外成立,在中国境内设立机构、场所也没有中国境内所得的企业

【多选题】

1. 下列实行独立经济核算的企业或组织中,不可能成为企业所得税的纳税人的有( )。

A. 联营企业　　　　B. 合伙企业　　　　C. 个人独资企业　　D. 股份制企业

2. 按现行所得税法规定,居民企业包括( )。

A. 在北京市工商局登记注册的企业

B. 在美国注册但实际管理机构在北京的企业

C. 在美国注册的企业设在北京的办事处

D. 在北京市注册但在中东开展工程承包的企业

二、征税对象

企业所得税的征税对象,是指企业取得的生产经营所得、其他所得和清算所得。

(一) 居民企业的征税对象

居民企业应当就其来源于中国境内、境外的所得缴纳企业所得税,包括销售货物所

得、提供劳务所得、转让财产所得、股息红利等权益性投资所得、利息所得、租金所得、特许权使用费所得、接受捐赠所得和其他所得。

（二）非居民企业的征税对象

非居民企业在中国境内设立机构、场所的,应当就其所设机构、场所取得的、来源于中国境内的所得,以及发生在中国境外但与其所设机构、场所有实际联系的所得,缴纳企业所得税。

非居民企业在中国境内未设立机构、场所的,或者虽设立机构、场所但取得的所得与其所设机构、场所没有实际联系的,应当就其来源于中国境内的所得缴纳企业所得税。

实际联系,是指非居民企业在中国境内设立的机构、场所拥有据以取得所得的股权债权,以及拥有、管理、控制据以取得所得的财产等。

（三）所得来源地的确定

依据《企业所得税法》及其实施条例的规定,所得来源地按照以下原则确定:

（1）销售货物所得,按照交易活动发生地确定。

（2）提供劳务所得,按照劳务发生地确定。

（3）转让财产所得。①不动产转让所得按照不动产所在地确定;②动产转让所得按照转让动产的企业或者机构、场所所在地确定;③权益性投资资产转让所得按照被投资企业所在地确定。

（4）股息、红利等权益性投资所得,按照分配所得的企业所在地确定。

（5）利息所得、租金所得、特许权使用费所得,按照负担、支付所得的企业或者机构、场所所在地确定,或者按照负担、支付所得的个人的住所地确定。

（6）其他所得,由国务院财政、税务主管部门确定。

三、税率

我国企业所得税实行比例税率。比例税率简便易行,透明度高,不会因征税而改变企业间收入分配比例,有利于提高效率。

（1）基本税率25％。适用于居民企业和在中国境内设有机构、场所,且所得与机构、场所有关联的非居民企业（认定为境内常设机构）。

（2）低税率20％。适用于在中国境内未设立机构、场所,或者虽设立机构、场所,但取得的所得与其所设机构、场所没有实际联系的非居民企业。但对这类企业实际征税时适用10％的税率。

企业所得税税率如表4-2所示。

表4-2　　　　　　　　　　企业所得税税率一览表

纳税人类型			适用税率
居民企业			25％
非居民企业	在我国境内设立机构场所	取得所得与所设立机构、场所有实际联系的	
		取得所得与所设立机构、场所没有实际联系的	20％（实际减按10％征收）
	未在我国境内设立机构、场所,却有来源于我国境内的所得的		

【例 4-2】 下列所得,实际适用 20% 的企业所得税税率的是( )。

A. 居民企业来自境外的所得

B. 小型企业来自境内的所得

C. 在中国境内未设立经营机构的非居民企业来自境内的股息所得

D. 高新技术企业来自境内的所得

【解析】 正确答案 C。在中国境内未设立机构、场所的,或者虽设立机构、场所,但取得的所得与其所设机构、场所没有实际联系的非居民企业,取得来源于境内的所得适用 20% 的税率。

 课堂小测

【单选题】

1. 下列属于我国企业所得税居民企业的是( )。

A. 依照美国法律成立且实际管理机构在美国的企业

B. 依照英国法律成立但实际管理机构在中国的企业

C. 依照美国法律成立且实际管理机构在美国,但在中国境内设立营业场所的企业

D. 依照日本法律成立且实际管理机构在日本,但在中国境内从事装配工程作业的企业

2. 根据《企业所得税法》的规定,下列关于居民企业和非居民企业的说法中,正确的是( )。

A. 只有依照中国法律成立的企业才是居民企业

B. 依照外国法律成立,实际管理机构在中国境内的企业是非居民企业

C. 在境外成立的企业都是非居民企业

D. 在中国境内设立机构、场所且在境外成立,其实际管理机构不在中国境内的企业是非居民企业

3. 依据企业所得税法的规定,下列各项中按负担所得方的所在地确定所得来源地的是( )。

A. 销售货物所得   B. 权益性投资所得

C. 动产转让所得   D. 特许权使用费所得

4. 根据《企业所得税法》的规定,非居民企业取得的来源于中国境内的所得,适用 25% 税率的是( )。

A. 在中国境内未设立机构、场所的非居民企业

B. 在中国境内虽设立机构、场所,但取得的所得与其机构场所没有实际联系的非居民企业

C. 在中国境内设立机构、场所,且取得的所得与其机构场所有实际联系的非居民企业

D. 所有的非居民企业

【多选题】

1. 下列关于企业所得税所得来源地确定的表述中,错误的有( )。

A. 销售货物,按照交易活动发生地确定

B. 提供劳务,按照支付所得的企业所在地确定

C. 动产转让,按照购买动产的企业或者机构、场所所在地确定

D. 权益性投资资产转让,按照投资企业所在地确定

2. 下列各项中,适用 25% 企业所得税税率的企业有(　　)。

A. 在中国境内的居民企业

B. 在中国境内设有机构、场所,且所得与机构、场所有关联的非居民企业

C. 在中国境内设有机构、场所,但所得与机构、场所没有实际联系的非居民企业

D. 在中国境内未设立机构、场所的非居民企业

第三节　应纳税所得额的计算

应纳税所得额是企业所得税的计税依据,按照《企业所得税法》的规定,应纳税所得额为企业每一个纳税年度的收入总额,减除不征税收入、免税收入、各项扣除以及允许弥补的以前年度亏损后的余额。其基本公式为:

应纳税所得额 = 收入总额 − 不征税收入 − 免税收入 − 各项扣除 − 允许弥补的以前年度亏损

企业应纳税所得额的计算,除特殊规定外,以权责发生制为原则,即属于当期的收入和费用,不论款项是否收付,均作为当期的收入和费用;不属于当期的收入和费用,即使款项已经在当期收付,也不作为当期的收入和费用。

一、收入总额

企业的收入总额包括以货币形式和非货币形式从各种来源取得的收入,具体有:销售货物收入,提供劳务收入,转让财产收入,股息、红利等权益性投资收益,利息收入,租金收入,特许权使用费收入,接受捐赠收入以及其他收入。

(一) 一般收入的确认

(1) 销售货物收入,是指企业销售商品、产品、原材料、包装物、低值易耗品以及其他存货取得的收入。

(2) 提供劳务收入,是指企业从事建筑安装、修理修配、交通运输、仓储租赁、金融保险、邮电通信、咨询经纪、文化体育、科学研究、技术服务、教育培训、餐饮住宿、中介代理、卫生保健、社区服务、旅游、娱乐、加工以及其他劳务服务活动取得的收入。

(3) 转让财产收入,是指企业转让固定资产、生物资产、无形资产、股权、债权等财产取得的收入。

(4) 股息、红利等权益性投资收益,是指企业因权益性投资从被投资方取得的收入。股息、红利等权益性投资收益,除国务院财政、税务主管部门另有规定外,应以被投资企业股东会或股东大会作出利润分配或转股决定的日期确认收入的实现。

(5) 利息收入,是指企业将资金提供他人使用但不构成权益性投资,或者因他人占用

本企业资金取得的收入,包括存款利息、贷款利息、债券利息、欠款利息等收入。利息收入按照合同约定的债务人应付利息的日期确认收入的实现。

(6) 租金收入,是指企业提供固定资产、包装物或者其他有形资产的使用权取得的收入。租金收入,按照合同约定的承租人应付租金的日期确认收入的实现。

(7) 特许权使用费收入,是指企业提供专利权、非专利技术、商标权、著作权,以及其他特许权的使用权取得的收入。特许权使用费收入,按照合同约定的特许权使用人应付特许权使用费的日期确认收入的实现。

(8) 接受捐赠收入,是指企业接受的来自其他企业、组织或者个人无偿给予的货币性资产、非货币性资产。接受捐赠收入,按照实际收到捐赠资产的日期确认收入的实现。

(9) 其他收入,是指企业取得的除上述收入外的其他收入,包括企业资产溢余收入、逾期未退包装物押金收入、确实无法偿付的应付款项、已作坏账损失处理后又收回的应收款项、债务重组收入、补贴收入、违约金收入、汇兑收益等。

(二) 特殊收入的确认

(1) 以分期收款方式销售货物的,按照合同约定的收款日期确认收入的实现。

(2) 企业受托加工制造大型机械设备、船舶、飞机,以及从事建筑、安装、装配工程业务或者提供其他劳务等,持续时间超过 12 个月的,按照纳税年度内完工进度或者完成的工作量确认收入的实现。

(3) 采取产品分成方式取得收入的,按照企业分得产品的日期确认收入的实现,其收入额按照产品的公允价值确定。

(4) 企业发生非货币性资产交换,以及将货物、财产、劳务用于捐赠、偿债、赞助、集资、广告、样品、职工福利或者利润分配等用途的,应当视同销售货物、转让财产或者提供劳务,但国务院财政、税务主管部门另有规定的除外。

(5) 企业以买一赠一等方式组合销售本企业商品的,不属于捐赠,应将总的销售金额按各项商品的公允价值的比例来分摊确认各项的销售收入。

 小试牛刀

【单选题】

依据企业所得税的相关规定,下列关于确认收入时间的表述中,正确的是( )。

A. 接受捐赠收入,按照合同约定的捐赠日期确认收入的实现

B. 特许权使用费收入,以实际取得收入的日期确认收入的实现

C. 采取产品分成方式取得收入的,按照企业分得产品的日期确认收入的实现

D. 股息、红利等权益性投资收益,以被投资实际分红的日期确认收入的实现

(三) 相关收入实现的确认

企业销售收入的确认,必须遵循"权责发生制"原则和"实质重于形式"原则。

(1) 符合收入确认条件,采取下列商品销售方式的,应按以下规定确认收入实现时间:①销售商品采用托收承付方式的,在办妥托收手续时确认收入。②销售商品采用预收

款方式的,在发出商品时确认收入。③销售商品需要安装和检验的,在购买方接受商品、安装和检验完毕时确认收入。如果安装程序比较简单,可在发出商品时确认收入。④销售商品采用支付手续费方式委托代销的,在收到代销清单时确认收入。

(2) 采用售后回购方式销售商品的,销售的商品按售价确认收入,回购的商品作为购进商品处理。

(3) 销售商品以旧换新的,销售商品应当按照销售商品收入确认条件确认收入,回收的商品作为购进商品处理。

(4) 企业为促进商品销售而在商品价格上给予的价格扣除属于商业折扣,商品销售涉及商业折扣的,应当按照扣除商业折扣后的金额确定销售商品收入金额。

销售商品涉及现金折扣的,应当按扣除现金折扣前的金额确定销售商品收入金额,现金折扣在实际发生时作为财务费用扣除。

已经确认销售收入的售出商品在发生销售折让和销售退回时,企业应当在发生当期冲减当期销售商品收入。

 小试牛刀

【单选题】

1. 下列关于企业所得税收入确认的表述中,正确的是( )。

A. 售后回购业务企业所得税上不确认收入,收到的款项应确认为负债

B. 以买一赠一方式销售商品的,赠送的商品应视同销售计入收入总额

C. 以旧换新业务按照销售的新货物和换入的旧货物的价格差额确认销售收入

D. 企业给予购货方现金折扣,按扣除现金折扣前的金额确定销售商品收入金额

2. 根据我国《企业所得税法》的规定,下列关于收入确认条件的说法中不正确的是( )。

A. 采用托收承付方式的销售商品,在办妥托收手续时确认收入

B. 采用预收款方式的销售商品,在发出商品时确认收入

C. 需要安装检验的销售商品,在发出商品时确认收入

D. 采用支付手续费方式委托代销的销售商品,在收到代销清单时确认收入

二、不征税收入

(一) 财政拨款

财政拨款,是指各级人民政府对纳入预算管理的事业单位、社会团体等组织拨付的财政资金,但国务院和国务院财政、税务主管部门另有规定的除外。

(二) 依法收取并纳入财政管理的行政事业性收费、政府性基金

行政事业性收费,是指依照法律法规等有关规定,按照国务院规定程序批准,在实施社会公共管理,以及在向公民、法人或者其他组织提供特定公共服务过程中,向特定对象收取并纳入财政管理的费用。政府性基金,是指企业依照法律、行政法规等有关规定,代政府收取的具有专项用途的财政资金。

（三）国务院规定的其他不征税收入

其他不征税收入，是指企业取得的，由国务院财政、税务主管部门规定专项用途并经国务院批准的财政性资金。

财政性资金，是指企业取得的、来源于政府及其有关部门的财政补助、补贴、贷款贴息，以及其他各类财政专项资金，包括直接减免的增值税和即征即退、先征后退、先征后返的各种税收，但不包括企业按规定取得的出口退税款。

 小试牛刀

【单选题】

1. 根据《企业所得税法》相关规定，下列收入中，属于居民企业不征税收入的是（　　）。

A. 债务的豁免

B. 接受企业的捐赠款

C. 依法收取并纳入财政管理的行政事业性收费

D. 取得的权益性投资收益

2. 下列收入中，属于《企业所得税法》规定的不征税收入的是（　　）。

A. 企业收到地方政府未规定专项用途的税收返还款收入

B. 外贸企业收到的出口退税款收入

C. 事业单位收到的财政拨款收入

D. 企业取得的国债利息收入

三、免税收入

（一）国债利息收入

为鼓励企业积极购买国债，税法规定企业购买国债所得的利息收入，免征企业所得税。

（二）符合条件的居民企业之间的股息、红利等权益性收益

符合条件的居民企业之间的股息、红利等权益性收益，是指居民企业直接投资于其他居民企业取得的投资收益。

（三）在中国境内设立机构、场所的非居民企业从居民企业取得与该机构、场所有实际联系的股息、红利等权益性投资收益

值得注意的是，该收益不包括连续持有居民企业公开发行并上市流通的股票不足12个月取得的投资收益。

（四）符合条件的非营利组织的收入

符合条件的非营利组织是指：

（1）依法履行非营利组织登记手续。

（2）从事公益性或者非营利性活动。

（3）取得的收入除用于与该组织有关的、合理的支出外，全部用于登记核定、章程规定的公益性或者非营利性事业。

（4）财产及其孳生息不用于分配。

（5）按照登记核定或者章程规定，该组织注销后的剩余财产用于公益性或者非营利性目的，或者由登记管理机关转赠给与该组织性质、宗旨相同的其他组织，并向社会公告。

（6）投入人对投入该组织的财产不保留或者享有任何财产权利。

（7）工作人员工资福利开支控制在规定的比例内，不变相分配该组织的财产。

（8）国务院财政、税务主管部门规定的其他条件。

非营利组织的下列收入为免税收入：

（1）接受其他单位或者个人捐赠的收入。

（2）除《企业所得税法》第七条规定的财政拨款以外的其他政府补助收入，但不包括因政府购买服务取得的收入。

（3）按照省级以上民政、财政部门规定收取的会费。

（4）不征税收入和免税收入孳生的银行存款利息收入。

（5）财政部、国家税务总局规定的其他收入。

 小试牛刀

【单选题】

下列各项中，（　　）为企业所得税应税收入。

A. 国债利息收入

B. 银行存款利息收入

C. 符合条件的非营利组织的收入

D. 符合条件的居民企业之间的股息、红利等权益性投资收益

【多选题】

企业取得的下列收入中，属于企业所得税免税收入的有（　　）。

A. 国债利息收入

B. 金融债券的利息收入

C. 居民企业直接投资于其他居民企业取得的投资收益

D. 在中国境内设立机构、场所的非居民企业，连续持有居民企业公开发行并上市流通的股票1年以上取得的投资收益

四、税前扣除原则和范围

（一）扣除的原则

企业申报的扣除项目和金额要真实、合法。真实，是指能证明有关支出确实已经发生；合法，是指符合国家税法的规定。除税收法规另有规定外，税前扣除一般应遵循以下原则：

（1）权责发生制原则，是指企业费用应在发生的所属期扣除，而不是在实际支付时确认扣除。

（2）配比原则，是指企业发生的费用应当与收入配比扣除。除特殊规定外，企业发生

的费用不得提前或滞后申报扣除。

（3）相关性原则，是指企业可扣除的费用从性质和根源上必须与取得的应税收入直接相关。

（4）确定性原则，是指企业可扣除的费用不论何时支付，其金额必须是确定的。

（5）合理性原则，是指符合生产经营活动常规，应当计入当期损益或者有关资产成本的必要和正常的支出。

【例 4-3】 除税法另有规定外，企业在计算企业所得税时，税前扣除一般应遵循的原则有（ ）。

A. 配比原则　　　　B. 合理性原则　　　　C. 重要性原则　　　　D. 权责发生制原则

【解析】 正确答案 ABD。除税法另有规定外，税前扣除一般应遵循以下原则：①权责发生制原则；②配比原则；③合理性原则。

（二）扣除项目的范围

企业实际发生的与取得收入有关的、合理的支出，包括成本、费用、税金、损失和其他支出，准予在计算应纳税所得额时扣除。合理的支出，是指符合生产经营活动常规，应当计入当期损益或者有关资产成本的必要和正常的支出。

在实际应纳税所得额的计算中，企业应注意以下三方面：①企业发生的支出应当区分收益性支出和资本性支出。收益性支出在发生当期直接扣除；资本性支出应当分期扣除或者计入有关资产成本，不得在发生当期直接扣除。②企业的不征税收入用于支出所形成的费用或者财产，不得扣除或者计算对应的折旧、摊销扣除。③除另有规定外，企业实际发生的成本、费用、税金、损失和其他支出，不得重复扣除。

（1）成本，是指企业在生产经营活动中发生的销售成本、销货成本、业务支出以及其他耗费，即企业销售商品（产品、材料、下脚料、废料、废旧物资等）、提供劳务、转让固定资产、无形资产（包括技术转让）的成本。

（2）费用，是指企业每一个纳税年度为生产、经营商品和提供劳务等所发生的销售（经营）费用、管理费用和财务费用。已经计入成本的有关费用除外。销售费用，是指应由企业负担的为销售商品而发生的费用，如广告费、运输费、装卸费、展览费、销售佣金等。管理费用，是指企业的行政管理部门为管理组织经营活动而提供的各项支援性服务所发生的费用。财务费用，是指企业筹集经营性资金而发生的费用，包括利息净支出、汇兑净损失、金融机构手续费及其他非资本化支出。

（3）税金，是指企业发生的除企业所得税和允许抵扣的增值税以外的各项税金及其附加，即纳税人按照规定缴纳的消费税、资源税、土地增值税、关税、城市维护建设税、教育费附加、房产税、车船税、城镇土地使用税、印花税等。

（4）损失，是指企业在生产经营活动中发生的固定资产和存货的盘亏、毁损、报废损失，转让财产损失，呆账损失，坏账损失，自然灾害等不可抗力因素造成的损失以及其他损失。

企业发生的损失，减除责任人赔偿和保险赔款后的余额，依照国务院财政、税务主管部门的规定扣除。已经作为损失处理的资产，企业在以后纳税年度全部收回或者部分收回时，应当计入当期收入。

（5）其他支出，是指除成本、费用、税金、损失外，企业在生产经营活动中发生的与生产经营活动有关的、合理的支出。

（三）扣除项目及其标准

在计算应纳税所得额时，下列项目可按照实际发生额或规定的标准扣除。

1. 工资、薪金支出

企业发生的合理的工资、薪金支出准予据实扣除。工资、薪金，是指企业每一纳税年度支付给在本企业任职或者受雇的员工的所有现金形式或者非现金形式的劳动报酬，包括基本工资、奖金、津贴、补贴、年终加薪、加班工资，以及与员工任职或者受雇有关的其他支出。

属于国有性质的企业，其工资薪金，不得超过政府有关部门给予的限定数额；超过部分，不得计入企业工资薪金总额，也不得在计算企业应纳税所得额时扣除。

 小试牛刀

【多选题】

下列关于企业所得税的工资薪金扣除的说法中，正确的有（　　）。

A. 企业支付给在本企业任职或与其有雇佣关系的员工的合理的现金，或者非现金形式的劳动报酬支出准予据实扣除

B. 国有性质的企业，其工资薪金在不超过政府有关部门给予的限额内的部分可以扣除

C. 在对工资、薪金合理性判断时，应考虑企业是否依法履行代扣代缴个人所得税义务

D. 企业所得税前扣除的工资包括基本工资、奖金、加班工资，年终加薪、补贴要作为福利费计算扣除

2. 职工福利费、工会经费、职工教育经费

企业发生的职工福利费、工会经费、职工教育经费按标准扣除，未超过标准的按实际数扣除，超过标准的只能按标准扣除。

（1）企业发生的职工福利费支出，不超过工资薪金总额 14％ 的部分准予扣除。职工福利费包括以下内容：①尚未实行分离办社会职能的企业，其内设福利部门所发生的设备、设施和人员费用，包括职工食堂、职工浴室、理发室、医务所、托儿所、疗养院等集体福利部门的设备、设施及维修保养费用和福利部门工作人员的工资薪金、社会保险费、住房公积金、劳务费等。②为职工卫生保健、生活、住房、交通等发放的各项补贴和非货币性福利，包括企业向职工发放的因公外地就医费用、未实行医疗统筹企业职工医疗费用、职工供养直系亲属医疗补贴、供暖费补贴、职工防暑降温费、职工困难补贴、救济费、职工食堂经费补贴、职工交通补贴等。③按照其他规定发生的其他职工福利费，包括丧葬补助费、抚恤费、安家费、探亲假路费等。

对于发生的职工福利费，企业应该单独设置账册，进行准确核算。没有单独设置账册准确核算的，税务机关应责令企业在规定的期限内改正。逾期仍未改正的，税务机关可对企业发生的职工福利费进行合理的核定。

（2）企业拨缴的工会经费，不超过工资薪金总额2%的部分，准予扣除。

（3）除国务院财政、税务主管部门另有规定外，企业发生的职工教育经费支出，自2018年1月1日起不超过工资薪金总额8%的部分，准予在计算企业所得税应纳税所得额时扣除；超过部分，准予在以后纳税年度结转扣除。

软件生产企业发生的职工教育经费中的职工培训费用，可以在企业所得税前全额扣除。

软件生产企业应准确划分职工教育经费中的职工培训费支出，对于不能准确划分的，以及准确划分后职工教育经费中扣除职工培训费用的余额，一律按照工资薪金总额8%的比例扣除。

核力发电企业为培养核电厂操纵员而发生的培养费用，可作为企业的发电成本在税前扣除。企业应将核电厂操纵员培养费与员工的职工教育经费严格区分，单独核算，员工实际发生的职工教育经费支出不得计入核电厂操纵员培养费，直接扣除。职工福利费、工会经费、职工教育经费税前扣除标准，如表4-3所示。

表4-3　　　　　　职工福利费、工会经费、职工教育经费税前扣除标准一览表

项目	扣除限额的基本规定	超过规定标准部分的处理
职工福利费	不超过工资、薪金总额14%的部分	不得扣除
工会经费	不超过工资、薪金总额2%的部分	不得扣除
职工教育经费	不超过工资、薪金总额8%的部分	准予在以后年度结转扣除

 小试牛刀

【单选题】

1. 某企业202×年支付正式职工的合理工资总额1 000万元、临时工工资30万元。企业当年拨缴的工会经费28万元。计算工会经费超出扣除标准（　　）万元。

A. 7.4　　　　　　B. 8　　　　　　C. 28　　　　　　D. 9.76

2. 202×年，某公司给自有员工实际发放合理工资总额为1 000万元。假设公司当年实际发生的职工教育经费为120万元，准予扣除的职工教育经费为（　　）万元。

A. 80　　　　　　B. 60　　　　　　C. 120　　　　　　D. 20

【计算题】

某企业已计入成本、费用中的全年实发工资总额为400万元（属于合理限度的范围），实际发生的职工工会经费6万元、职工福利费60万元、职工教育经费15万元。

要求：分别计算企业"三项经费"的可税前扣除金额。

3. 社会保险费

（1）企业依照国务院有关主管部门或者省级人民政府规定的范围和标准，为职工缴纳的基本养老保险费、基本医疗保险费、失业保险费、工伤保险费等基本社会保险费和住房公积金，准予扣除。

（2）为在本企业任职或者受雇的全体员工支付的补充养老保险费、补充医疗保险费，不超过职工工资总额 5％标准内的部分，在计算应纳税所得额时准予扣除；超过的部分，不予扣除。

（3）企业为投资者或者职工支付的商业保险费，不得扣除。

　小试牛刀

【单选题】

企业支付的下列保险费中，不得在企业所得税税前扣除的是（　　）。

A. 企业为投资者购买的商业保险

B. 企业按规定为职工购买的工伤保险

C. 企业为特殊工种职工购买的法定人身安全保险

D. 企业为本单位车辆购买的交通事故责任强制保险

4. 借款费用

（1）企业在生产经营活动中发生的合理的不需要资本化的借款费用，准予扣除。

（2）企业为购置、建造固定资产、无形资产和经过 12 个月以上的建造，才能达到预定可销售状态的存货发生借款的，在有关资产购置、建造期间发生的合理的借款费用，应当作为资本性支出计入有关资产的成本，并依照《企业所得税法实施条例》的有关规定扣除。

　小试牛刀

【单选题】

某白酒生产企业因扩大生产规模新建厂房，由于自有资金不足，202×年 1 月 1 日向银行借入长期借款 1 笔，金额 2 000 万元，贷款年利率是 4.2％。202×年 4 月 1 日该厂房开始建设，第二年 5 月 31 日房屋交付使用，则 202×年度该企业可以在税前直接扣除的该项借款费用为（　　）万元。

A. 21　　　　　B. 25　　　　　C. 26　　　　　D. 28

5. 利息费用

企业在生产经营活动中发生的下列利息支出，准予扣除：

（1）非金融企业向金融企业借款的利息支出、金融企业的各项存款利息支出、同业拆借利息支出、企业经批准发行债券的利息支出可据实扣除。

（2）非金融企业向非金融企业借款的利息支出，不超过按照金融企业同期同类贷款利率计算的数额的部分可据实扣除，超过部分不许扣除。

金融企业，是指各类银行、保险公司及经中国人民银行批准从事金融业务的非银行金融机构。

（3）凡企业投资者在规定期限内未缴足其应缴资本额的，该企业对外借款所发生的利息，相当于投资者实缴资本额与在规定期限内应缴资本额的差额应计付的利息，

其不属于企业合理的支出,应由企业投资者负担,不得在计算企业应纳税所得额时扣除。

【例4-4】　202×年1月1日某有限责任公司向银行借款2 800万元,期限1年;同时公司接受张某投资,约定张某于7月1日投入800万元;张某仅于10月1日投入600万元。同时,银行贷款年利率为7%。

要求:计算该公司202×年企业所得税前可以扣除的利息费用。

【解析】　投资者张某应缴未缴资本额期间为7月1日至10月1日共3个月,未缴资本额为800万元;10月1日至12月31日共3个月,未缴资本额为200万元。

(1)7月1日至10月1日不得扣除利息费用＝2 800×7%×3÷12×800÷2 800＝14(万元)

(2)10月1日至12月31日不得扣除利息费用＝2 800×7%×3÷12×200÷2 800＝3.5(万元)

公司202×年企业所得税前准予扣除的利息费用＝2 800×7%－14－3.5＝178.5(万元)

(4)企业向股东或其他与企业有关联关系的自然人借款的利息支出,应根据《企业所得税法》及《财政部　国家税务总局关于企业关联方利息支出税前扣除标准有关税收政策问题的通知》规定的条件,计算企业所得税扣除额。

企业向除股东或其他与企业有关联关系的自然人以外的内部职工或其他人员借款的利息支出,其借款情况同时符合以下条件的,其利息支出在不超过按照金融企业同期同类贷款利率计算的数额的部分,准予扣除。①企业与个人之间的借贷是真实、合法、有效的,并且不具有非法集资目的或其他违反法律、法规的行为。②企业与个人之间签订了借款合同。

 小试牛刀

【单选题】

某电子公司202×年1月1日向甲公司借入2年期贷款5 000万元用于购置原材料,约定年利率为10%,银行同期同类贷款利率为7%。则当年电子公司企业所得税前可扣除的该笔借款的利息费用为(　　)万元。

A. 1 000　　　　B. 500　　　　C. 350　　　　D. 0

6. 汇兑损失

企业在货币交易中,以及纳税年度终了时,将人民币以外的货币性资产、负债按照期末即期人民币汇率中间价折算为人民币时产生的汇兑损失,除已经计入有关资产成本以及与向所有者进行利润分配相关的部分外,准予扣除。

7. 业务招待费

(1)企业发生的与生产经营活动有关的业务招待费支出,按照发生额的60%扣除,但最高不得超过当年销售(营业)收入的5‰,超过部分须做纳税调增。业务招待费扣除规则,如表4-4所示。

表 4-4　　　　　　　　　　业务招待费扣除规则一览表

最高扣除限额	销售（营业）收入×5‰
	广告费和业务宣传费、业务招待费扣除限额的计算基数均为： 销售（营业）收入＝主营业务收入＋其他业务收入＋视同销售收入 不包括：营业外收入和投资收益
实际扣除数额	最高限额与实际发生额的 60％孰低原则扣除

（2）对从事股权投资业务的企业（包括集团公司总部、创业投资企业等），其从被投资企业所分配的股息、红利以及股权转让收入，可以按规定的比例计算业务招待费扣除限额。

（3）企业在筹建期间，发生的与筹办活动有关的业务招待费支出，可按实际发生额的60％计入企业筹办费，并按有关规定在税前扣除。

 小试牛刀

【单选题】

1. 下列各项中，能作为业务招待费税前扣除限额计提依据的是（　　）。

A. 转让无形资产使用权的收入

B. 因债权人原因确实无法支付的应付款项

C. 转让无形资产所有权的收入

D. 出售固定资产的收入

2. 某饮料生产企业 202×年取得全年产品不含税销售收入 1.67 亿元，出租机器设备取得不含税租金收入 330 万元，接受一辆小汽车捐赠，不含税市价 20 万元，当年实际发生业务招待费 100 万元。该企业当年准予在企业所得税税前扣除的业务招待费金额为（　　）万元。

A. 60　　　　　　　B. 85.25　　　　　　C. 100　　　　　　D. 85.15

【计算题】

某企业 202×年销售货物收入 5 000 万元，出租厂房取得租金 100 万元，当年发生无法偿还的应付款项 80 万元，当年实际发生的业务招待费 50 万元。

要求：计算该企业当年允许扣除的业务招待费。

8. 广告费和业务宣传费

（1）企业发生的符合条件的广告费和业务宣传费支出，除国务院财政、税务主管部门另有规定外，不超过当年销售（营业）收入 15％的部分，准予扣除；超过部分，准予结转以后纳税年度扣除。

（2）企业在筹建期间，发生的广告费和业务宣传费，可按实际发生额计入企业筹办费，可按上述规定在税前扣除。

（3）对化妆品制造或销售、医药制造和饮料制造（不含酒类制造）企业发生的广告费和业务宣传费支出，不超过当年销售（营业）收入 30％的部分，准予扣除；超过部分，准予

在以后纳税年度结转扣除。

（4）烟草企业的烟草广告费和业务宣传费支出，一律不得在计算应纳税所得额时扣除。

【例4-5】 某机械设备制造企业202×年实现销售收入3 000万元，发生符合条件的广告费和业务宣传费支出350万元，上年度未在税前扣除完的符合条件的广告费和业务宣传费支出60万元。在计算该企业202×年度应纳税所得额时，允许扣除的广告费和业务宣传费支出为（　　）万元。

A. 410　　　　　　B. 350　　　　　　C. 450　　　　　　D. 360

【解析】 正确答案A。企业发生的符合条件的广告费和业务宣传费支出，不超过当年销售（营业）收入15%的部分，准予扣除；超过部分，准予结转以后纳税年度扣除。扣除限额450万元（3 000×15%），本年加上年广宣费支出410万元（350＋60），410万元＜450万元，允许扣除410万元。

 **小试牛刀**

【单选题】

1. 某商贸公司202×年开始筹建，当年未取得收入，筹办期间发生业务招待费300万元、业务宣传费20万元、广告费用200万元。根据企业所得税相关规定，上述支出可计入企业筹办费并在税前扣除的金额是（　　）万元。

A. 200　　　　　　B. 220　　　　　　C. 400　　　　　　D. 520

2. 某企业202×年销售收入1亿元，发生广告费1 200万元，业务宣传费200万元；上一年销售收入6 000万元，发生广告费900万元和业务宣传费200万元。202×年该企业可税前扣除的广告费和业务宣传费为（　　）万元。

A. 800　　　　　　B. 1 200　　　　　　C. 1 400　　　　　　D. 1 500

【多选题】

允许结转以后年度于企业所得税前扣除的费用有（　　）。

A. 业务招待费　　　　　　　　　　B. 职工教育经费

C. 广告费　　　　　　　　　　　　D. 业务宣传费

【计算题】

某制药厂202×年销售收入3 000万元，转让技术使用权收入200万元，广告费支出1 000万元，业务宣传费40万元

要求：计算制药厂202×年可税前扣除的广告费和业务宣传费。

9. 环境保护专项资金

企业依照法律、行政法规有关规定提取的用于环境保护、生态恢复等方面的专项资金，准予扣除。上述专项资金提取后改变用途的，不得扣除。

10. 保险费

企业参加财产保险，按照规定缴纳的保险费，准予扣除。

企业职工因公出差乘坐交通工具发生的人身意外保险费支出,准予企业在计算应纳税所得额时扣除。

11. 租赁费

(1) 以经营租赁方式租入固定资产发生的租赁费支出,按照租赁期限均匀扣除。

(2) 以融资租赁方式租入固定资产发生的租赁费支出,按照规定构成融资租入固定资产价值的部分应当提取折旧费用,分期扣除。

12. 劳动保护费

企业发生的合理的劳动保护支出,准予扣除。自 2011 年 7 月 1 日起,企业根据其工作性质和特点,由企业统一制作并要求员工工作时统一着装所发生的工作服饰费用,可以作为企业合理的支出给予税前扣除。

13. 公益性捐赠支出

公益性捐赠,是指企业通过公益性社会组织或者县级以上人民政府及其部门,用于符合法律规定的慈善活动、公益事业的捐赠。

企业发生的公益性捐赠支出,不超过年度利润总额 12% 的部分,准予扣除;超过年度利润总额 12% 的部分,准予以后三年内在计算应纳税所得额时结转扣除。企业在对公益性捐赠支出计算扣除时,应先扣除以前年度结转的捐赠支出,再扣除当年发生的捐赠支出。

公益性捐赠具体范围包括:

(1) 救助灾害、救济贫困、扶助残疾人等困难的社会群体和个人的活动。

(2) 教育、科学、文化、卫生、体育事业。

(3) 环境保护、社会公共设施建设。

(4) 促进社会发展和进步的其他社会公共和福利事业。

【例 4-6】 某企业 202× 年实现利润总额 100 万元,在"营业外支出"账户列支了通过公益性社会团体向贫困地区的捐款 10 万元、直接向某小学捐款 5 万元。在计算该企业 202× 年度应纳税所得额时,允许扣除的捐款数额为( )万元。

A. 5   B. 10   C. 12   D. 15

【解析】 正确答案 B。企业发生的公益性捐赠支出,在年度利润总额 12% 以内的部分,准予在计算应纳税所得额时扣除;超过年度利润总额 12% 的部分,准予结转以后三年内在计算应纳税所得额时扣除。

扣除限额 12 万元(100×12%),直接捐款 5 万元不允许扣除,10 万元<12 万元,允许扣除 10 万元。

 小试牛刀

【单选题】

1. 企业发生的公益性捐赠支出,在( )以内的部分,准予在计算应纳税所得额时扣除。

A. 年度应纳税所得额 3%   B. 年度利润总额 3%

C. 年度利润总额 12%　　　　　　D. 年度应纳税所得额 12%

2. 某企业 202×年度利润为 40 万元,当年"营业外支出"账户中列支了通过当地教育部门和民政部门分别向农村义务教育捐赠的 5 万元、贫困山区捐赠的 10 万元。该企业 202×年可扣除的公益性捐赠支出为(　　　)万元。

A. 5　　　　　　　B. 15　　　　　　C. 4.8　　　　　　D. 8

14. 总机构分摊的费用

非居民企业在中国境内设立的机构、场所,就其中国境外总机构发生的与该机构、场所生产经营有关的费用,能够提供总机构出具的费用汇集范围、定额、分配依据和方法等证明文件,并合理分摊的,准予扣除。

15. 手续费及佣金支出

(1) 企业发生的与生产经营有关的手续费及佣金支出,不超过以下规定计算限额以内的部分,准予扣除;超过部分,不得扣除。①保险企业:财产保险企业按当年全部保费收入扣除退保金等后余额的 15%(含本数,下同)计算限额,在计算应纳税所得额时准予扣除;超过部分,允许结转以后年度扣除;人身保险企业按当年全部保费收入扣除退保金等后余额的 10%计算限额。②其他企业:按与具有合法经营资格中介服务机构或个人(不含交易双方及其雇员、代理人和代表人等)所签订服务协议或合同确认的收入金额的 5%计算限额。

(2) 企业应与具有合法经营资格的中介服务企业或个人签订代办协议或合同,并按国家有关规定支付手续费及佣金。除委托个人代理外,企业以现金等非转账方式支付的手续费及佣金不得在税前扣除。企业为发行权益性证券,支付给有关证券承销机构的手续费及佣金不得在税前扣除。

(3) 企业不得将手续费及佣金支出计入回扣、业务提成、返利、进场费等费用。

(4) 企业已计入固定资产、无形资产等相关资产的手续费及佣金支出,应当以折旧、摊销等方式分期扣除,不得在发生当期直接扣除。

(5) 企业支付的手续费及佣金不得直接冲减服务协议或合同金额,并如实入账。

小试牛刀

【单选题】

下列规定中,符合企业所得税中关于企业发生的手续费及佣金支出税前扣除政策的是(　　　)。

A. 财产保险企业按当年全部保费收入扣除退保金后余额的 10%计算限额

B. 企业可以将手续费及佣金支出计入回扣、业务提成、返利、进场费等费用

C. 保险企业以外的其他企业,按与具有合法经营资格中介服务机构或个人所签订服务协议或合同确认的收入金额的 5%计算限额

D. 企业为发行权益性证券,支付给有关证券承销机构的手续费及佣金可以在税前扣除

16. 资产损失

企业当期发生的固定资产、流动资产盘亏和毁损净损失,由其提供清查盘存资料经主管税务机关审核后,准予扣除。

17. 有关资产的费用

企业转让各类固定资产发生的费用,允许扣除。企业按规定计算的固定资产折旧费、无形资产和递延资产的摊销费,准予扣除。

五、不得扣除的项目

在计算应纳税所得额时,下列支出不得扣除:

(1) 向投资者支付的股息、红利等权益性投资收益款项。

(2) 企业所得税税款。

(3) 税收滞纳金。它是指纳税人违反税收法规,被税务机关处以的滞纳金。

(4) 罚金、罚款和被没收财物的损失。它是指纳税人违反国家有关法律、法规规定,被有关部门处以的罚款,以及被司法机关处以的罚金和被没收财物。

(5) 超过规定标准的捐赠支出。

(6) 赞助支出。它是指企业发生的与生产经营活动无关的各种非广告性质支出。

(7) 未经核定的准备金支出。它是指不符合国务院财政、税务主管部门规定的各项资产减值准备、风险准备等准备金支出。

(8) 企业之间支付的管理费、企业内营业机构之间支付的租金和特许权使用费,以及非银行企业内营业机构之间支付的利息,不得扣除。

(9) 与取得收入无关的其他支出。

 小试牛刀

【单选题】

下列支出中,可以在企业所得税前扣除的是(　　　)。

A. 税收滞纳金　　　　　　　　　　B. 企业内设营业机构之间支付的租金

C. 赞助支出　　　　　　　　　　　D. 规定标准内的捐赠支出

【多选题】

根据企业所得税法律制度的规定,下列各项中,在计算企业所得税应纳税所得额时不得扣除的有(　　　)。

A. 向投资者支付的红利

B. 企业内部营业机构之间支付的租金

C. 企业内部营业机构之间支付的特许权使用费

D. 未经核定的准备金支出

六、允许弥补的以前年度亏损

亏损,是指将每一纳税年度的收入总额减除不征税收入、免税收入和各项扣除后小于

零的数额。根据规定,企业某一纳税年度发生的亏损可以用下一年度的所得弥补,下一年度的所得不足以弥补的,可以逐年延续弥补,但最长不得超过 5 年。企业在汇总计算缴纳企业所得税时,其境外营业机构的亏损不得抵减境内营业机构的盈利。

自 2018 年 1 月 1 日起,当年具备高新技术企业或科技型中小企业资格(以下统称资格)的企业,其具备资格年度之前 5 个年度发生的尚未弥补完的亏损,准予结转以后年度弥补,最长结转年限由 5 年延长至 10 年。

企业自开始生产经营的年度,为开始计算企业损益的年度,企业筹办期间不计算为亏损年度。

如某企业(非高新技术企业和科技型中小企业)2014 年至 2020 年发生的经营利润或亏损情况如表 4-5 所示(每一年的经营利润均尚未弥补以前年度亏损)。

表 4-5 　　　　　　　　某企业 2014—2020 年发生的利润或亏损 　　　　　　单位:万元

年份	2014 年	2015 年	2016 年	2017 年	2018 年	2019 年	2020 年
利润	−10	1.5	2	1	−1	3	3

假定各年度不存在任何纳税调整事项,企业每年的补亏情况如下:

2015 年利润 1.5 万元,税前弥补上年亏损 1.5 万元,2014 年剩余未弥补亏损 8.5 万元。

2016 年利润 2 万元,税前弥补 2014 年亏损 2 万元,2014 年剩余未弥补亏损 6.5 万元。

2017 年利润 1 万元,税前弥补 2014 年亏损 1 万元,2014 年剩余未弥补亏损 5.5 万元。

2018 年亏损 1 万元,2014 年剩余未弥补亏损 5.5 万元。

2019 年利润 3 万元,税前弥补 2014 年亏损 3 万元,2014 年剩余未弥补亏损 2.5 万元。

2020 年利润 3 万元,由于 2014 年的亏损截至 2020 年已超过 5 年准予弥补期,因此 2014 年剩余未弥补亏损 2.5 万元不得继续用税前利润弥补。2020 年利润只能用于弥补 2018 年的亏损 1 万元,2020 年应纳税所得额为 2 万元。

 课堂小测

【单选题】

1. 某企业 202× 年 5 月 1 日接受捐赠设备一台,设备发出时间为 7 月 28 日,实际收到设备的日期为 8 月 1 日。该企业确认捐赠收入的实现的时间为(　　　)。

A. 5 月 1 日　　　　B. 7 月 28 日　　　　C. 8 月 1 日　　　　D. 1 月 1 日

2. 下列收入中,属于企业所得税不征税收入的是(　　　)。

A. 财政拨款

B. 因债权人缘故确实无法偿付的应付款项

C. 接受捐赠收入

D. 国债利息收入

3. 根据《企业所得税法》的规定,下列收入中,属于不征税收入的是(　　　)。

A. 企业取得的不能提供规定资金专项用途的资金拨付文件的专项资金

B. 非营利性组织从事经营活动取得的收入

C. 企业销售货物过程中取得的违约金收入

D. 依法收取并纳入财政管理的行政事业性收费、政府性基金

4. 某机器制造企业为居民纳税人,202×年计入成本、费用的实发工资总额为 420 万元,其中支出职工福利费 75 万元、职工教育经费 10 万元、拨缴职工工会经费 8.4 万元。该企业 202×年计算应纳税所得额时准予在税前扣除的工资和三项经费合计为(　　)万元。

　　A. 513.4　　　　　B. 503.4　　　　　C. 520.8　　　　　D. 497.2

5. 某企业 202×年销售货物收入 1 800 万元,出租房屋收入 500 万元,当年实际发生业务招待费 30 万元。该企业当年准予扣除的业务招待费为(　　)万元。(以上收入均不含增值税)

　　A. 18　　　　　B. 11.5　　　　　C. 16　　　　　D. 15.3

6. 202×年,甲企业实现不含税销售收入 3 000 万元。当年发生广告费 400 万元,甲企业在计算 202×年企业所得税纳税所得额时,准予扣除的广告费金额为(　　)万元。

　　A. 400　　　　　B. 510　　　　　C. 450　　　　　D. 460

7. 202×年,某企业财务资料显示,开具增值税专用发票取得收入 2 000 万元,另外从事运输服务,不含税收入 220 万元。收入对应的销售成本和运输成本合计为 1 550 万元,期间费用、税金及附加为 200 万元,营业外支出 100 万元(其中 90 万元为公益性捐赠支出)。企业在所得税前可以扣除的捐赠支出为(　　)万元。

　　A. 90　　　　　B. 40.8　　　　　C. 44.4　　　　　D. 23.4

【多选题】

1. 下列支出中,可全额在企业所得税前扣除的有(　　)。

A. 普通企业的职工教育经费　　　　　B. 核力发电企业的操纵员培养费用

C. 软件生产企业的职工培训费用　　　　D. 高新技术企业的研发人员培训费用

2. 下列保险费中,可在企业所得税前扣除的有(　　)。

A. 企业为职工支付的商业保险费

B. 企业为投资者支付的补充养老保险

C. 企业参加财产保险,按规定缴纳的保险费

D. 企业按国家有关规定为特殊工种职工支付的人身安全保险费

第四节　资产的税务处理

企业的各项资产,包括固定资产、生物资产、无形资产、长期待摊费用、投资资产、存货等,均以历史成本为计税基础。历史成本,是指企业取得该项资产时实际发生的支出。企业持有各项资产期间资产增值或者减值,除国务院财政、税务主管部门规定可以确认损益外,不得调整该资产的计税基础。

一、固定资产的税务处理

固定资产,是指企业为生产产品、提供劳务、出租或者经营管理而持有的、使用时间超过 12 个月的非货币性资产,包括房屋、建筑物、机器、机械、运输工具以及其他与生产经营活动有关的设备、器具、工具等。

(一) 固定资产计税基础

(1) 外购的固定资产,以购买价款和支付的相关税费以及直接归属于使该资产达到预定用途发生的其他支出为计税基础。

(2) 自行建造的固定资产,以竣工结算前发生的支出为计税基础。

(3) 融资租入的固定资产,以租赁合同约定的付款总额和承租人在签订租赁合同过程中发生的相关费用为计税基础,租赁合同未约定付款总额的,以该资产的公允价值和承租人在签订租赁合同过程中发生的相关费用为计税基础。

(4) 盘盈的固定资产,以同类固定资产的重置完全价值为计税基础。

(5) 通过捐赠、投资、非货币性资产交换、债务重组等方式取得的固定资产,以该资产的公允价值和支付的相关税费为计税基础。

(6) 改建的固定资产,除已足额提取折旧的固定资产和租入的固定资产外的其他固定资产,以改建过程中发生的改建支出增加计税基础。

(二) 固定资产折旧的范围

在计算应纳税所得额时,企业按照规定计算的固定资产折旧,准予扣除。下列固定资产不得计算折旧扣除:

(1) 房屋、建筑物以外未投入使用的固定资产。

(2) 以经营租赁方式租入的固定资产。

(3) 以融资租赁方式租出的固定资产。

(4) 已足额提取折旧但仍继续使用的固定资产。

(5) 与经营活动无关的固定资产。

(6) 单独估价作为固定资产入账的土地。

(7) 其他不得计算折旧扣除的固定资产。

(三) 固定资产折旧的计提方法

(1) 企业应当自固定资产投入使用月份的次月起计算折旧;停止使用的固定资产,应当自停止使用月份的次月起停止计算折旧。

(2) 企业应当根据固定资产的性质和使用情况,合理确定固定资产的预计净残值。固定资产的预计净残值一经确定,不得变更。

(3) 固定资产按照直线法计算的折旧,准予扣除。

(四) 固定资产折旧的计提年限

除国务院财政、税务主管部门另有规定外,固定资产计算折旧的最低年限如下:

(1) 房屋、建筑物,为 20 年。

(2) 飞机、火车、轮船、机器、机械和其他生产设备,为 10 年。

（3）与生产经营活动有关的器具、工具、家具等，为5年。

（4）飞机、火车、轮船以外的运输工具，为4年。

（5）电子设备，为3年。

从事开采石油、天然气等矿产资源的企业，在开始商业性生产前发生的费用和有关固定资产的折耗、折旧方法，由国务院财政、税务主管部门另行规定。

二、生物资产的税务处理

生物资产，是指有生命的动物和植物。生物资产分为消耗性生物资产、生产性生物资产和公益性生物资产。生产性生物资产，是指为产出农产品、提供劳务或出租等而持有的生物资产，包括经济林、薪炭林、产畜、役畜等。

（一）生物资产的计税基础

生产性生物资产按照以下方法确定计税基础：

（1）外购的生产性生物资产，以购买价款和支付的相关税费为计税基础。

（2）通过捐赠、投资、非货币性资产交换、债务重组等方式取得的生产性生物资产，以该资产的公允价值和支付的相关税费为计税基础。

（二）生物资产的折旧方法和折旧年限

生产性生物资产按照直线法计算的折旧，准予扣除。企业应当自生产性生物资产投入使用月份的次月起计算折旧；停止使用的生产性生物资产，应当自停止使用月份的次月起停止计算折旧。

企业应当根据生产性生物资产的性质和使用情况，合理确定生产性生物资产的预计净残值。生产性生物资产的预计净残值一经确定，不得变更。

生产性生物资产计算折旧的最低年限如下：

（1）林木类生产性生物资产，为10年。

（2）畜类生产性生物资产，为3年。

三、无形资产的税务处理

（一）无形资产的计税基础

按以下方法确定无形资产的计税基础：

（1）外购的无形资产，以购买价款、支付的相关税费以及直接归属于使该资产达到预定用途发生的其他支出为计税基础。

（2）自行开发的无形资产，以开发过程中该资产符合资本化条件后至达到预定用途前发生的支出为计税基础。

（3）通过捐赠、投资、非货币性资产交换、债务重组等方式取得的无形资产，以该资产的公允价值和支付的相关税费为计税基础。

（二）无形资产摊销的范围

在计算应纳税所得额时，企业按照规定计算的无形资产摊销费用，准予扣除。下列无形资产不得计算摊销费用扣除：

（1）自行开发的支出已在计算应纳税所得额时扣除的无形资产。

（2）自创商誉。

（3）与经营活动无关的无形资产。

（4）其他不得计算摊销费用扣除的无形资产。

（三）无形资产的摊销方法及年限

无形资产的摊销，采取直线法计算。无形资产的摊销年限不得低于 10 年。作为投资或者受让的无形资产，有关法律规定或者合同约定了使用年限的，可以按照规定或者约定的使用年限分期摊销。外购商誉的支出，在企业整体转让或者清算时，准予扣除。

四、长期待摊费用的税务处理

长期待摊费用，是指企业发生的应在 1 个年度以上进行摊销的费用。在计算应纳税所得额时，企业发生的下列支出作为长期待摊费用，按照规定摊销的，准予扣除：

（1）已足额提取折旧的固定资产的改建支出，按照固定资产预计尚可使用年限分期摊销。

（2）租入固定资产的改建支出，按照合同约定的剩余租赁期限分期摊销。

（3）固定资产的大修理支出，按照固定资产尚可使用年限分期摊销。

固定资产的大修理支出，是指同时符合下列条件的支出：①修理支出达到取得固定资产时的计税基础 50％ 以上；②修理后固定资产的使用年限延长 2 年以上。

（4）其他应当作为长期待摊费用的支出，自支出发生月份的次月起，分期摊销，摊销年限不得低于 3 年。

五、存货的税务处理

存货，是指企业持有以备出售的产品或者商品、处在生产过程中的在产品、在生产或者提供劳务过程中耗用的材料和物料等。存货按照以下方法确定成本：

（1）通过支付现金方式取得的存货，以购买价款和支付的相关税费为成本。

（2）通过支付现金以外的方式取得的存货，以该存货的公允价值和支付的相关税费为成本。

（3）生产性生物资产收获的农产品，以产出或者采收过程中发生的材料费、人工费和分摊的间接费用等必要支出为成本。

企业使用或者销售存货，按照规定计算的存货成本，准予在计算应纳税所得额时扣除。

企业使用或者销售的存货的成本计算方法，可以在先进先出法、加权平均法、个别计价法中选用一种。计价方法一经选用，不得随意变更。

六、投资资产的税务处理

投资资产，是指企业对外进行权益性投资和债权性投资形成的资产。企业对外投资期间，投资资产的成本在计算应纳税所得额时不得扣除。企业在转让或者处置投资资产

时,投资资产的成本,准予扣除。投资资产按照以下方式确定成本:

(1)通过支付现金方式取得的投资资产,以购买价款为成本。

(2)通过支付现金以外的方式取得的投资资产,以该资产的公允价值和支付的相关税费为成本。

七、税法规定与会计规定差异的处理

税法规定与会计规定差异的处理,是指企业在财务会计核算中与税法规定不一致的,应当依照税法规定予以调整。即企业在平时进行会计核算时,可以按会计制度的有关规定进行账务处理,但在申报纳税时,对税法规定和会计制度规定有差异的,要按税法规定进行纳税调整。

根据《企业所得税法》第二十一条的规定,对企业依据财务会计制度规定,并实际在财务会计处理上已确认的支出,凡没有超过《企业所得税法》和有关税收法规规定的税前扣除范围和标准的,可按企业实际会计处理确认的支出,在企业所得税前扣除,计算其应纳税所得额。

(1)企业不能提供完整、准确的收入及成本、费用凭证,不能正确计算应纳所得额的,由税务机关核定其应纳税所得额。

(2)企业依法清算时,以其清算终了后的清算所得为应纳税所得额,按规定缴纳企业所得税。清算所得,是指企业的全部资产可变现价值或者交易价格减除资产净值清算费用以及相关税费等的余额。

(3)企业应纳税所得额是根据税收法规计算出来的,它在数额上与依据财务会计制度计算的利润总额往往不一致。因此,对企业按照有关财务会计规定计算的利润总额,要按照税法的规定进行必要调整后,才能作为应纳税所得额计算缴纳所得税。

 课堂小测

【单选题】

1.根据《企业所得税法》的规定,企业的下列资产或支出项目中,按规定应计提折旧的是(　　)。

A.已足额提取折旧仍继续使用的固定资产

B.单独估价作为固定资产入账的土地

C.以融资租赁方式租入的固定资产

D.未投入使用的机器设备

2.下列固定资产可以计提折旧的是(　　)。

A.闲置未用的仓库和办公楼　　　　B.以经营租赁方式租入的生产设备

C.单独估价作为固定资产入账的土地　　D.已提足折旧仍继续使用的运输工具

3.某农场外购奶牛支付价款20万元,依据企业所得税相关规定,税前扣除方法为(　　)。

A.一次性在税前扣除

B. 按奶牛寿命在税前分期扣除

C. 按直线法以不低于 3 年折旧年限计算折旧税前扣除

D. 按直线法以不低于 10 年折旧年限计算折旧税前扣除

4. 根据企业所得税相关规定,一般情况下无形资产摊销年限不得低于(　　)年。

A. 3　　　　　　　B. 5　　　　　　　C. 7　　　　　　　D. 10

5. 税法规定其他长期待摊费用的摊销期限不得低于(　　)年。

A. 1　　　　　　　B. 3　　　　　　　C. 5　　　　　　　D. 10

【多选题】

1. 关于无形资产的企业所得税处理,下列说法正确的有(　　)。

A. 无形资产的摊销,采用直线法,摊销年限不得低于 10 年

B. 外购商誉的支出,在企业整体转让或清算时扣除

C. 自创商誉不得计算摊销费用扣除

D. 通过债务重组方式取得的无形资产,以应收债权和支付的相关税费作为计税基础

2. 根据《企业所得税法》的相关规定,下列支出应作为长期待摊费用进行税务处理的有(　　)。

A. 融资租入固定资产的租赁费支出　　　B. 租入固定资产的改建支出

C. 固定资产的大修理支出　　　　　　　D. 已提足折旧的固定资产的改建支出

3. 企业使用或者销售的存货的成本计算方法,可以在(　　)中选用一种。计价方法一经选用,不得随意变更。

A. 先进先出法　　　B. 后进先出法　　　C. 加权平均法　　　D. 个别计价法

第五节　税收优惠

我国企业所得税的税收优惠方式包括免税、减税、加计扣除、加速折旧、减计收入、税额抵免等。企业同时从事适用不同企业所得税待遇的项目的,其优惠项目应当单独计算所得,并合理分摊企业的期间费用;没有单独计算的,不得享受企业所得税优惠。

一、免征与减征优惠

企业的下列所得,可以免征、减征企业所得税。企业如果从事国家限制和禁止发展的项目,不得享受企业所得税优惠。

(一) 从事农、林、牧、渔业项目的所得

企业从事农、林、牧、渔业项目的所得,包括免征和减征两部分。

(1) 企业从事下列项目的所得,免征企业所得税:①蔬菜、谷物、薯类、油料、豆类、棉花、麻类、糖料、水果、坚果的种植;②农作物新品种的选育;③中药材的种植;④林木的培育和种植;⑤牲畜、家禽的饲养;⑥林产品的采集;⑦灌溉、农产品初加工、兽医、农技推广、农机作业和维修等农、林、牧、渔服务业项目;⑧远洋捕捞。

（2）企业从事下列项目的所得，减半征收企业所得税：①花卉、茶以及其他饮料作物和香料作物的种植；②海水养殖、内陆养殖。

 **小试牛刀**

【单选题】

按照《企业所得税法》及其实施条例的规定，企业从事下列项目的所得减半征收企业所得税的是（　　）。

A. 牲畜、家禽的饲养

B. 灌溉、农产品初加工、兽医等农、林、牧、渔服务业项目

C. 农作物新品种的选育

D. 花卉、茶以及其他饮料作物和香料作物的种植

【多选题】

企业从事下列项目的所得，免征企业所得税的有（　　）。

A. 蔬菜、谷物、薯类、油料、豆类的种植　　B. 花卉、茶的种植

C. 林木的培育和种植　　D. 农产品初加工

（二）从事国家重点扶持的公共基础设施项目投资经营的所得

国家重点扶持的公共基础设施项目，是指《公共基础设施项目企业所得税优惠目录》规定的港口码头、机场、铁路、公路、电力、水利等项目。

（1）企业从事国家重点扶持的公共基础设施项目的投资经营的所得，自项目取得第一笔生产经营收入所属纳税年度起，第1年至第3年免征企业所得税，第4年至第6年减半征收企业所得税，即所谓的"三免三减半"。

（2）企业承包经营、承包建设和内部自建自用本条规定的项目，不得享受本条规定的企业所得税优惠。

 **小试牛刀**

【单选题】

企业从事国家重点扶持的、公共基础设施项目投资经营的所得，适用的企业所得税优惠政策是（　　）。

A. 自项目取得第一笔生产经营收入所属纳税年度起前2年免征，第3年至第5年减半征收企业所得税

B. 自项目取得第一笔生产经营收入所属纳税年度起，第1年至第3年免征企业所得税，第4年至第6年减半征收企业所得税

C. 自项目获利年度起，第1年至第3年免征企业所得税，第4年至第6年减半征收企业所得税

D. 自项目投产年度起，第1年至第3年免征企业所得税，第4年至第6年减半征收企业所得税

（三）从事符合条件的环境保护、节能节水项目的所得

符合条件的环境保护、节能节水项目,包括公共污水处理、公共垃圾处理、沼气综合开发利用、节能减排技术改造、海水淡化等。

环境保护、节能节水项目的所得,自项目取得第一笔生产经营收入所属纳税年度起,第1年至第3年免征企业所得税,第4年至第6年减半征收企业所得税。

但是以上规定享受减免税优惠的项目,在减免税期限内转让的,受让方自受让之日起,可以在剩余期限内享受规定的减免税优惠;减免税期限届满后转让的,受让方不得就该项目重复享受减免税优惠。

（四）符合条件的技术转让所得

符合条件的技术转让所得免征、减征企业所得税,是指一个纳税年度内,居民企业技术转让所得不超过500万元的部分,免征企业所得税;超过500万元的部分,减半征收企业所得税。其计算公式为:

$$技术转让所得 = 技术转让收入 - 技术转让成本 - 相关税费$$

技术转让的范围,包括居民企业转让专利技术、计算机软件著作权、集成电路布图设计权、植物新品种、生物医药新品种、5年(含)以上非独占许可使用权,以及财政部和国家税务总局确定的其他技术。

【例4-7】 甲公司202×年将自行开发的一项专利技术转让,取得转让收入900万元,与该项技术转让有关的成本和费用为300万元。

要求:计算甲公司转让该项技术应纳企业所得税税额。

【解析】 甲公司技术转让所得额为600万元(900-300)。其中,不超过500万元部分免征企业所得税。

甲公司应纳税所得额=(600-500)×50%=50(万元)

甲公司应纳所得税税额=50×25%=12.5(万元)

小试牛刀

【单选题】

符合条件的技术转让所得免征、减征企业所得税,是指一个纳税年度内,居民企业技术转让所得不超过(　　　)万元的部分,免征企业所得税;超过的部分,减半征收企业所得税。

A. 30　　　　　　　B. 100　　　　　　　C. 300　　　　　　　D. 500

二、高新技术企业税收优惠

国家需要重点扶持的高新技术企业减按15%的税率征收企业所得税。国家需要重点扶持的高新技术企业,是指拥有核心自主知识产权,并同时符合下列条件的企业:

(1)企业申请认定时须注册成立一年以上。

(2)企业通过自主研发、受让、受赠、并购等方式,获得对其主要产品(服务)在技术上

发挥核心支持作用的知识产权的所有权。

（3）对企业主要产品（服务）发挥核心支持作用的技术属于《国家重点支持的高新技术领域》规定的范围。

（4）企业从事研发和相关技术创新活动的科技人员占企业当年职工总数的比例不低于10%。

（5）企业近三个会计年度（实际经营期不满三年的按实际经营时间计算，下同）的研究开发费用总额占同期销售收入总额的比例符合如下要求：①最近一年销售收入小于5 000万元（含）的企业，比例不低于5%；②最近一年销售收入在5 000万元至2亿元（含）的企业，比例不低于4%；③最近一年销售收入在2亿元以上的企业，比例不低于3%；④企业在中国境内发生的研究开发费用总额占全部研究开发费用总额的比例不低于60%。

（6）近一年高新技术产品（服务）收入占企业同期总收入的比例不低于60%。

（7）企业创新能力评价应达到相应要求。

（8）企业申请认定前一年内未发生重大安全、重大质量事故或严重环境违法行为。

三、技术先进型服务企业税收优惠

自2017年1月1日起，在全国范围内对经认定的技术先进型服务企业，减按15%的税率征收企业所得税。

享受符合规定的企业所得税优惠政策的技术先进型服务企业必须同时符合以下条件：

（1）在中国境内（不包括港、澳、台地区）注册的法人企业。

（2）从事《技术先进型服务业务认定范围（试行）》中的一种或多种技术先进型服务业务，采用先进技术或具备较强的研发能力。

（3）具有大专以上学历的员工占企业职工总数的50%以上。

（4）从事《技术先进型服务业务认定范围（试行）》中的技术先进型服务业务取得的收入占企业当年总收入的50%以上。

（5）从事离岸服务外包业务取得的收入不低于企业当年总收入的35%。

四、小型微利企业税收优惠

（一）小型微利企业认定

小型微利企业减按20%的税率征收企业所得税。小型微利企业，是指从事国家非限制和禁止行业，且同时符合年度应纳税所得额不超过300万元、从业人数不超过300人、资产总额不超过5 000万元等三个条件的企业。

（二）小型微利优惠政策

2021年1月1日至2022年12月31日，对小型微利企业年应纳税所得额不超过100万元的部分，减按12.5%计入应纳税所得额，按20%的税率缴纳企业所得税；对年应纳税所得额超过100万元但不超过300万元的部分，减按50%计入应纳税所得额，按

20%的税率缴纳企业所得税。

小型微利企业优惠政策,如表 4-6 所示。

表 4-6 小型微利企业优惠政策一览表

时限	2021 年 1 月 1 日至 2022 年 12 月 31 日
认定	从事国家非限制和禁止行业
	年应纳税所得额≤300 万元
	从业人数≤300 人(不区分行业)
	资产总额≤5 000 万元(不区分行业)
优惠政策	年应纳税所得额≤100 万元部分,减按 12.5%计入应纳税所得额(税率 20%)
	100 万元<年应纳税所得额≤300 万元,减按 50%计入应纳税所得额(税率 20%)

【例 4-8】 某商业企业 202×年年均职工人数 275 人,年均资产总额 3 960 万元,当年经营收入 1 440 万元,税前准予扣除项目金额 1 200 万元。该企业 202×年应缴纳企业所得税为( )万元。

A. 16.5　　　　　B. 30　　　　　C. 48　　　　　D. 12

【解析】 正确答案 A。该商业企业年平均职工人数小于 300 人,年均资产总额小于 5 000 万元,年应纳税所得额为 240 万元(1 440－1 200),小于 300 万元,符合小型微利企业优惠政策认定标准。该企业 202×年应缴纳的企业所得税税额为 16.5 万元[100×12.5%×20%＋(1 440－1 200－100)×50%×20%]。

五、加计扣除优惠

加计扣除,是指在对企业支出项目按规定的比例给予税前扣除的基础上再给予追加扣除。加计扣除优惠包括研究开发费用和企业安置残疾人员所支付的工资费用。

(一)一般企业研究开发费

研究开发费用的加计扣除,是指企业为开发新技术、新产品、新工艺发生的研究费用,未形成无形资产计入当期损益的,在按照规定据实扣除的基础上,按照研究开发费用的 50%加计扣除;形成无形资产的,按照无形资产成本的 150%摊销。

企业开展研发活动中实际发生的研发费用,未形成无形资产计入当期损益的,在按规定据实扣除的基础上,在 2018 年 1 月 1 日至 2023 年 12 月 31 日期间,再按照实际发生额的 75%在税前加计扣除;形成无形资产的,在上述期间按照无形资产成本的 175%在税前摊销。

其中,制造业企业开展研发活动中实际发生的研发费用,未形成无形资产计入当期损益的,自 2021 年 1 月 1 日起,在按规定据实扣除的基础上,再按照实际发生额的 100%在税前加计扣除;形成无形资产的,自 2021 年 1 月 1 日起,按照无形资产成本的 200%在税前摊销。

下列行业不适用税前加计扣除政策:烟草制造业、住宿和餐饮业、批发和零售业、房地产业、租赁和商务服务业、娱乐业以及财政部和国家税务总局规定的其他行业。

(二)企业安置残疾人员所支付的工资

企业安置残疾人员所支付的工资的加计扣除,是指企业安置残疾人员的,在按照支付给残疾职工工资据实扣除的基础上,按照支付给残疾职工工资的100%加计扣除。企业安置国家鼓励安置的其他就业人员所支付的工资的加计扣除办法,由国务院另行规定。

 小试牛刀

【多选题】

根据企业所得税法律制度的规定,下列支出中,可以在计算企业所得税应纳税所得额时加计扣除的有( )。

A. 安置残疾人员所支付的工资 　　　B. 广告费和业务宣传费

C. 研究开发费用 　　　D. 购置环保专用设备所支付的价款

六、创投企业税收优惠

创业投资企业若从事国家需要重点扶持和鼓励的创业投资,则可以按投资额的一定比例抵扣应纳税所得额。

创投企业优惠,是指创业投资企业采取股权投资方式直接投资于初创科技型企业满2年的,可以按照其投资额的70%、在股权持有满2年的当年,抵扣该创业投资企业的应纳税所得额;当年不足抵扣的,可以在以后纳税年度结转抵扣。

七、加速折旧优惠

(一)可以加速折旧的固定资产

企业的固定资产由于技术进步等原因,确须加速折旧的,可以采取缩短折旧年限或者加速折旧的方法。可采用以上折旧方法的固定资产是指:①由于技术进步,产品更新换代较快的固定资产;②常年处于强震动、高腐蚀状态的固定资产。

采取缩短折旧年限方法的,最低折旧年限不得低于规定折旧年限的60%;采取加速折旧方法的,可以采取双倍余额递减法或者年数总和法。

(二)设备、器具等固定资产一次性扣除规定

企业在2018年1月1日至2023年12月31日,新购进(包括自行建造)的设备、器具,单位价值不超过500万元的,允许一次性计入当期成本费用并在计算应纳税所得额时扣除,不再分年度计算折旧。中小微企业在2022年1月1日至2022年12月31日期间新购置的设备、器具,单位价值在500万元以上的,按照单位价值的一定比例自愿选择在企业所得税税前扣除。其中,《企业所得税法实施条例》规定最低折旧年限为3年的设备器具,单位价值的100%可在当年一次性税前扣除;最低折旧年限为4年、5年、10年的,单位价值的50%可在当年一次性税前扣除,其余50%按规定在剩余年度计算折旧进行税前扣除。

(三)生物药品制造等行业加速折旧规定

对生物药品制造业,专用设备制造业,铁路、船舶、航空航天和其他运输设备制造业,计算机、通信和其他电子设备制造业,仪器仪表制造业,信息传输、软件和信息技术服务业等行业的企业,在2014年1月1日后新购进的固定资产,可缩短折旧年限或采取加速折

旧的方法。

(四) 轻工、纺织、机械、汽车四个领域重点行业加速折旧规定

对轻工、纺织、机械、汽车四个领域重点行业（以下简称四个领域重点行业）企业在2015年1月1日后新购进的固定资产（包括自行建造，下同），允许缩短折旧年限或采取加速折旧方法。

自2019年1月1日起，适用固定资产加速折旧优惠相关规定的行业范围，扩大至全部制造业领域。

八、减计收入优惠

企业以《资源综合利用企业所得税优惠目录》规定的资源作为主要原材料，生产国家非限制和禁止并符合国家和行业相关标准的产品取得的收入，减按90%计入收入总额。原材料占生产产品材料的比例不得低于优惠目录规定的标准。

自2019年6月1日至2025年12月31日，社区提供养老、托育、家政等服务的机构，在提供社区养老、托育、家政服务取得的收入在计算应纳税所得额时，减按90%计入收入总额。社区包括城市社区和农村社区。

九、税额抵免优惠

税额抵免，是指企业购置并实际使用《环境保护专用设备企业所得税优惠目录(2017年版)》《节能节水专用设备企业所得税优惠目录(2017年版)》和《安全生产专用设备企业所得税优惠目录(2018年版)》规定的环境保护、节能节水、安全生产等专用设备的，该专用设备的投资额的10%可以从企业当年的应纳税额中抵免；当年不足抵免的，可以在以后5个纳税年度结转抵免。享受上述规定的企业所得税优惠的企业，应当实际购置并自身实际投入使用上述规定的专用设备；企业购置上述专用设备在5年内转让、出租的，应当停止享受企业所得税优惠，并补缴已经抵免的企业所得税税款。

十、民族自治地方优惠

民族自治地方的自治机关对本民族自治地方的企业应缴纳的企业所得税中属于地方分享的部分，可以决定减征或者免征。自治州、自治县决定减征或者免征的，须报省自治区、直辖市人民政府批准。

十一、非居民企业优惠

非居民企业减按10%的税率征收企业所得税。非居民企业，是指在中国境内未设立机构、场所的，或者虽设立机构、场所但取得的所得与其所设机构、场所没有实际联系的企业。该类非居民企业取得下列所得免征企业所得税：

(1) 外国政府向中国政府提供贷款取得的利息所得。

(2) 国际金融组织向中国政府和居民企业提供优惠贷款取得的利息所得。

(3) 经国务院批准的其他所得。

十二、其他税收优惠

对设在西部地区、以《西部地区鼓励类产业目录》中新增鼓励类产业项目为主营业务，且其当年度主营业务收入占企业收入总额70%以上的企业，自2014年10月1日起，可减按15%税率缴纳企业所得税。

 课堂小测

【单选题】

1. 根据企业所得税法律制度的规定，企业从事下列项目的所得，减半征收企业所得税的是(   )。

A. 花卉种植　　　　B. 中药材种植　　　　C. 谷物种植　　　　D. 蔬菜种植

2. 下列所得，可享受企业所得税减半征税优惠的是(   )。

A. 种植油料作物的所得　　　　　　　B. 种植豆类作物的所得

C. 种植香料作物的所得　　　　　　　D. 种植糖料作物的所得

3. 某居民企业202×年符合条件的技术转让收入900万元，与该项技术转让有关的成本和费用为200万元。该企业当年技术转让应纳税所得额为(   )万元。

A. 900　　　　　　B. 400　　　　　　C. 100　　　　　　D. 500

【多选题】

可享受三免三减半优惠的项目有(   )。

A. 海水淡化　　　　　　　　　　　B. 沼气综合开发利用

C. 安全生产　　　　　　　　　　　D. 公共污水处理

第六节　应纳税额的计算

一、居民企业应纳税额的计算

居民企业应缴纳所得税额等于应纳税所得额乘以适用税率减去减免税额和抵免税额，基本计算公式为：

$$应纳税额 = 应纳税所得额 × 适用税率 - 减免税额 - 抵免税额$$

根据计算公式可以看出，应纳税额的多少，主要取决于应纳税所得额和适用税率两个因素。在实际过程中，应纳税所得额的计算一般有两种方法。

(一)直接计算法

在直接计算法下，企业每一纳税年度的收入总额减除不征税收入、免税收入、各项扣除以及允许弥补的以前年度亏损后的余额为应纳税所得额。计算公式与前述相同，即为：

$$应纳税所得额 = 收入总额 - 不征税收入 - 免税收入 - 各项扣除金额 - 允许弥补的以前年度亏损$$

(二) 间接计算法

在间接计算法下,在会计利润总额的基础上加上或减去按照税法规定调整的项目金额后,即为应纳税所得额。计算公式为:

$$应纳税所得额 = 会计利润总额 \pm 纳税调整项目金额$$

纳税调整项目金额包括两方面的内容:

(1) 税收规定范围与会计规定不一致的、应予以调整的金额。

(2) 税法规定扣除标准与会计规定不一致的应予以调整的金额。

【例4-9】　甲企业为居民企业。202×年有关收支情况如下:

(1) 取得产品销售收入4 000万元,特许权使用费收入100万元,国债利息收入50万元,接受捐赠收入100万元。

(2) 业务招待费支出50万元,广告费支出500万元。

(3) 支付司法机关罚金20万元,支付给客户的违约金10万元。

(4) 直接向某希望小学捐款100万元,计提准备金50万元,未经税务机关核定。

(5) 其他可在企业所得税税前扣除的成本、费用、税金,合计2 000万元。

要求:计算该企业202×年度实际应缴纳的企业所得税。

已知:在计算企业所得税应纳税所得额时,业务招待费支出按发生额的60%扣除,但最高不得超过当年销售(营业)收入的5‰;广告费、业务宣传费支出,不超过当年销售(营业)收入15%的部分,允许税前扣除。

【解析】

会计利润总额=4 000+100+50+100−50−500−20−10−100−50−2 000=1520(万元)

(1) 国债利息收入属于免税收入,应调减所得额50万元。

(2) 业务招待费应调增所得额=50−(4 000+100)×5‰=29.5(万元)

(3) 缴纳的司法机关罚金20万元,直接向希望小学捐款100万元以及未经税务机关核定的计提准备金50万元均不得在税前扣除,应调增所得额170万元(20+100+50)。

(4) 应纳税所得额=1 520−50+29.5+170=1 669.5(万元)

(5) 202×年企业应缴纳企业所得税税额=1 669.5×25%=417.375(万元)

【例4-10】　某工业企业为居民企业,202×年度发生经营业务如下:

(1) 全年取得产品销售收入5 600万元,发生产品销售成本4 000万元。

(2) 其他业务收入800万元,其他业务成本694万元。

(3) 取得购买国债的利息收入40万元;缴纳非增值税销售税金及附加300万元。

(4) 发生的管理费用760万元,其中新技术的研究开发费用60万元、业务招待费用70万元;发生财务费用200万元。

(5) 取得营业外收入100万元,发生营业外支出250万元(其中含公益捐赠38万元)。

要求:计算该企业202×年应缴纳的企业所得税税额。

【解析】

(1) 会计利润总额=5 600+800+100+40−4 000−694−200−300−760−250=

336(万元)

(2) 国债利息收入免征企业所得税,应调减所得额 40 万元。

(3) 制造企业发生的技术研究开发费用,未形成无形资产的按实际发生额的 100% 税前加计扣除,调减所得额＝60×100%＝60(万元)。

(4) 业务招待费实际发生额的 60%,即 70×60%＝42(万元)。

销售收入的 5‰,即(5 600＋800)×5‰＝32(万元)。

业务招待费实际可扣除金额为 32 万元。

业务招待费调增应纳税所得额＝70－32＝38(万元)

(5) 捐赠扣除标准＝336×12%＝40.32(万元)

实际捐赠额 38 万元小于扣除标准 40.32 万元,可按实捐数扣除,不做纳税调整。

(6) 应纳税所得额＝336－40－60＋38＝274(万元)

(7) 该企业 202× 年应缴纳企业所得税税额＝274×25%＝68.5(万元)

 **小试牛刀**

【单选题】

1. 某企业 202× 年发放的合理工资总额为 300 万元,实际发放的职工福利费 45 万元、工会经费 5 万元、职工教育经费 20 万元。202× 年企业申报所得税时就上述费用应调增应税所得额(　　)万元。

　　A. 3　　　　　　　B. 10.5　　　　　　C. 7.5　　　　　　D. 8

2. 某企业 202× 年列支的职工薪金是 200 万元,当年实际发生的福利费支出是 30 万元,则 2019 年福利费应纳税(　　)。

　　A. 调减 2 万元　　B. 调增 2 万元　　C. 调增 3.6 万元　　D. 不需要调整

【计算题】

某企业为居民企业,202× 年该企业的经营业务如下:

(1) 取得销售收入 2 500 万元。

(2) 销售成本 1 100 万元。

(3) 发生销售费用 670 万元(其中广告费 450 万元),管理费用 480 万元(其中业务招待费 15 万元),财务费用 60 万元。

(4) 销售税金 180 万元(含增值税 120 万元)。

(5) 营业外收入 70 万元,营业外支出 50 万元(含公益性捐赠 30 万元,支付税收滞纳金 6 万元)。

要求:计算该企业本年度实际应缴纳的企业所得税税额。

二、居民企业核定征收应纳税额的计算

核定征收税款,是指由于纳税人的会计账簿不健全、资料残缺难以查账,或者其他原因,难以确定纳税人应纳税额时,由税务机关采用合理的方法依法核定纳税人应纳税款的

一种征收方式,简称核定征收。

根据《中华人民共和国企业所得税法》及其实施条例、《中华人民共和国税收征收管理法》及其实施细则的有关规定,核定征收企业所得税的有关规定如下。

(一)核定征收企业所得税的范围

核定征收办法适用于居民企业纳税人,纳税人具有下列情形之一的,核定征收企业所得税:

(1)依照法律、行政法规的规定可以不设置账簿的。

(2)依照法律、行政法规的规定应当设置但未设置账簿的。

(3)擅自销毁账簿或者拒不提供纳税资料的。

(4)虽设置账簿,但账目混乱或者成本资料、收入凭证、费用凭证残缺不全,难以查账的。

(5)发生纳税义务,未按照规定的期限办理纳税申报,经税务机关责令限期申报,逾期仍不申报的。

(6)申报的计税依据明显偏低,又无正当理由的。

(二)核定征收的办法

税务机关应根据纳税人具体情况,对核定征收企业所得税的纳税人,核定应税所得率或者核定应纳所得税额。

(1)具有下列情形之一的,核定其应税所得率:①能正确核算(查实)收入总额,但不能正确核算(查实)成本费用总额的;②能正确核算(查实)成本费用总额,但不能正确核算(查实)收入总额的;③通过合理方法,能计算和推定纳税人收入总额或成本费用总额的。

纳税人不属于以上情形的,核定其应纳所得税额。

(2)税务机关采用下列方法核定征收企业所得税:①按照当地同类行业或者类似行业中,经营规模和收入水平相近的纳税人的税负水平核定;②按照应税收入额或成本费用支出额定率核定;③按照耗用的原材料、燃料、动力等推算或测算核定;④按照其他合理方法核定。

采用应税所得率方式核定征收企业所得税的,应纳所得税额计算公式如下:

$$应纳所得税额 = 应纳税所得额 \times 适用税率$$

$$应纳税所得额 = 应税收入额 \times 应税所得率$$

$$应税收入额 = 收入总额 - 不征税收入 - 免税收入$$

或: $$应纳税所得额 = 成本(费用)支出额 \div (1 - 应税所得率) \times 应税所得率$$

应税所得率按表4-7规定的幅度标准确定。

表 4-7 应税所得率幅度标准

行业	应税所得率
农、林、牧、渔业	3%～10%
制造业	5%～15%
批发和零售贸易业	4%～15%
交通运输业	7%～15%

（续表）

行业	应税所得率
建筑业	8%～20%
饮食业	8%～25%
娱乐业	15%～30%
其他行业	10%～30%

纳税人的生产经营范围、主营业务发生重大变化，或者应纳税所得额、应纳税额增减变化达到20%的，应及时向税务机关申报调整已确定的应纳税额或应税所得率。

三、非居民企业应纳税额的计算

对于在中国境内未设立机构、场所的，或者虽设立机构、场所但取得的所得与其所设机构、场所没有实际联系的非居民企业的所得，按照下列方法计算应纳税所得额：

（1）股息、红利等权益性投资收益和利息、租金、特许权使用费所得，以收入全额为应纳税所得额。营业税改征增值税试点中的非居民企业，应以不含增值税的收入全额作为应纳税所得额。

（2）转让财产所得，以收入全额减除财产净值后的余额为应纳税所得额。财产净值，是指财产的计税基础减除已经按照规定扣除的折旧、折耗、摊销、准备金等后的余额。

（3）其他所得，参照前两项规定的方法计算应纳税所得额。

（4）扣缴企业所得税应纳税额的计算公式：

$$扣缴企业所得税应纳税额 = 应纳税所得额 \times 实际征收率$$

 课堂小测

【单选题】

某国有企业202×年未弥补亏损前的应纳税所得额为42万元，经主管税务机关核定的此前两年应予弥补的亏损额共计30万元。202×年该企业应缴纳企业所得税（   ）万元。

A. 5   B. 3   C. 10.5   D. 12.5

【多选题】

在中国境内未设立机构、场所的非居民企业从中国境内取得的下列所得，应按收入全额计算征收企业所得税的有（   ）。

A. 股息   B. 转让财产所得   C. 租金   D. 特许权使用费

【计算题】

1. 某生产企业为增值税一般纳税人，202×年该企业发生的相关业务如下：

（1）取得销售收入6 000万元。

（2）销售成本3 000万元。

（3）缴纳增值税500万元，城市维护建设税及教育费附加48万元。

（4）销售费用 500 万元，管理费用 800 万元。

（5）赞助支出 10 万元，被环保部门罚款支出 5 万元。

（6）上一年经税务机关确认的亏损额 40 万元。

要求：计算 202×年该企业应缴纳的企业所得税税额。

2. 某企业为居民企业，202×年该企业发生的经营业务如下：

（1）取得产品销售收入 4 000 万元。

（2）发生产品销售成本 2 600 万元。

（3）发生销售费用 770 万元（其中广告费 650 万元）；管理费用 480 万元（其中业务招待费 25 万元）；财务费用 60 万元。

（4）税金及附加 40 万元。

（5）营业外收入 80 万元，营业外支出 50 万元（含通过公益性社会团体向贫困山区捐款 30 万元，支付税收滞纳金 6 万元）。

（6）计入成本、费用中的实发工资总额 200 万元、拨缴职工工会经费 5 万元、发生职工福利费 31 万元、发生职工教育经费 7 万元。

要求：计算该企业 202×年实际应缴纳的企业所得税税额。

第七节　征收管理

一、纳税地点

（一）居民企业

（1）除税收法律、行政法规另有规定外，居民企业以企业登记注册地为纳税地点；但登记注册地在境外的，以实际管理机构所在地为纳税地点。企业注册登记地，是指企业依照国家有关规定登记注册的住所地。

（2）居民企业在中国境内设立不具有法人资格的营业机构的，应当汇总计算并缴纳企业所得税。企业汇总计算并缴纳企业所得税时，应当统一核算应纳税所得额，具体办法由国务院财政、税务主管部门另行制定。

（二）非居民企业

（1）非居民企业在中国境内设立机构、场所的，应当就其所设机构、场所取得的、来源于中国境内的所得，以及发生在中国境外但与其所设机构、场所有实际联系的所得，以机构、场所所在地为纳税地点。

非居民企业在中国境内设立两个或者两个以上机构、场所的，经税务机关审核批准，可以选择由其主要机构、场所汇总缴纳企业所得税。

（2）非居民企业在中国境内未设立机构、场所的，或者虽设立机构、场所但取得的所得与所设机构、场所没有实际联系的所得，以扣缴义务人所在地为纳税地点。

 小试牛刀

【多选题】

关于企业所得税的纳税地点,下列表述中,正确的有(   )。

A. 非居民企业在中国设立机构、场所的,均以机构、场所所在地为纳税地点

B. 居民企业登记注册地在境外的,以实际管理机构所在地为纳税地点

C. 非居民企业在中国境内设立两个机构、场所的,分别缴纳企业所得税

D. 非居民企业在中国未设立机构、场所的,以扣缴义务人所在地为纳税地点

二、纳税期限

企业所得税按年计征,分月或者分季预缴,年终汇算清缴,多退少补。纳税年度,自公历 1 月 1 日至 12 月 31 日。

企业在一个纳税年度的中间开业,或者由于合并、关闭等原因终止经营活动,使该纳税年度的实际经营期不足 12 个月的,应当以其实际的经营期为 1 个纳税年度。企业清算时,应当以清算期间作为 1 个纳税年度。

自年度终了之日起 5 个月内,企业向税务机关报送年度企业所得税纳税申报表,并汇算清缴,结清应缴应退税款。

企业在年度中间终止经营活动的,应当自实际经营终止之日起 60 日内,向税务机关办理当期企业所得税汇算清缴。

三、纳税申报

按月或按季预缴的,应当自月份或者季度终了之日起 15 日内,向税务机关报送预缴企业所得税纳税申报表,预缴税款。

企业在报送企业所得税纳税申报表时,应当按照规定附送财务会计报告和其他有关资料。企业应当在办理注销登记前,就其清算所得向税务机关申报并依法缴纳企业所得税。依照企业所得税法缴纳的企业所得税,以人民币计算。以人民币以外的货币计算的所得,应当折合成人民币计算并缴纳税款。

企业在纳税年度内无论盈利或者亏损,都应当依照《企业所得税法》第五十四条规定的期限,向税务机关报送预缴企业所得税纳税申报表、年度企业所得税纳税申报表、财务会计报告和税务机关规定应当报送的其他有关资料。

四、源泉扣缴

源泉扣缴,是指依照有关法律规定或者合同约定对非居民企业直接负有支付相关款项义务的单位或者个人,依据《企业所得税法》相关规定对其应缴纳的企业所得税进行扣缴管理的一种征收方法。

为规范和加强非居民企业所得税源泉扣缴管理,对非居民企业取得来源于中国境内的股息、红利等权益性投资收益,利息,租金,特许权使用费所得,转让财产所得以及其他

所得应当缴纳的企业所得税,实行源泉扣缴。

(一) 扣缴义务人

(1)对非居民企业在中国境内未设立机构、场所的,或者虽设立机构、场所但取得的所得与其所设机构、场所没有实际联系的所得应缴纳的所得税,实行源泉扣缴,以支付人为扣缴义务人。税款由扣缴义务人在每次支付或者到期应支付时,从支付或者到期应支付的款项中扣缴。

(2)对非居民企业在中国境内取得工程作业和劳务所得应缴纳的所得税,税务机关可指定工程价款或者劳务费的支付人为扣缴义务人。

(二) 扣缴方法

(1)扣缴义务人扣缴税款时,按前述第六节中非居民企业计算方法计算税款。

(2)应当扣缴的所得税,扣缴义务人未依法扣缴或者无法履行扣缴义务的,由企业在所得发生地缴纳。企业未依法缴纳的,税务机关可以从该企业在中国境内其他收入项目支付人应付的款项中,追缴该企业的应纳税款。

(3)税务机关在追缴该企业应纳税款时,应当将追缴理由、追缴数额、缴纳期限和缴纳方式等告知该企业。

(4)扣缴义务人每次代扣的税款,应当自代扣之日起 7 日内缴入国库,并向所在地的税务机关报送扣缴企业所得税报告表。

五、纳税申报表的填写方法

中华人民共和国企业所得税年度纳税申报表(A 类)的格式与内容,如表 4-8 所示。

表 4-8　　　　　中华人民共和国企业所得税年度纳税申报表(A 类)

行次	类别	项　目	金　额
1	利润总额计算	一、营业收入(填写 A101010\101020\103000)	
2		减:营业成本(填写 A102010\102020\103000)	
3		税金及附加	
4		销售费用(填写 A104000)	
5		管理费用(填写 A104000)	
6		财务费用(填写 A104000)	
7		资产减值损失	
8	利润总额计算	加:公允价值变动收益	
9		投资收益	
10		二、营业利润(1-2-3-4-5-6-7+8+9)	
11		加:营业外收入(填写 A101010\101020\103000)	
12		减:营业外支出(填写 A102010\102020\103000)	
13		三、利润总额(10+11-12)	

（续表）

行次	类别	项目	金额
14	应纳税所得额计算	减:境外所得(填写 A108010)	
15		加:纳税调整增加额(填写 A105000)	
16		减:纳税调整减少额(填写 A105000)	
17		减:免税、减计收入及加计扣除(填写 A107010)	
18		加:境外应税所得抵减境内亏损(填写 A108000)	
19		四、纳税调整后所得(13—14＋15—16—17＋18)	
20		减:所得减免(填写 A107020)	
21		减:弥补以前年度亏损(填写 A106000)	
22		减:抵扣应纳税所得额(填写 A107030)	
23		五、应纳税所得额(19—20—21—22)	
24	应纳税额计算	税率(25%)	
25		六、应纳所得税额(23×24)	
26		减:减免所得税额(填写 A107040)	
27		减:抵免所得税额(填写 A107050)	
28		七、应纳税额(25—26—27)	
29		加:境外所得应纳所得税额(填写 A108000)	
30		减:境外所得抵免所得税额(填写 A108000)	
31		八、实际应纳所得税额(28＋29—30)	
32		减:本年累计实际已缴纳的所得税额	
33		九、本年应补(退)所得税额(31—32)	
34	应纳税额计算	其中:总机构分摊本年应补(退)所得税额(填写 A109000)	
35		财政集中分配本年应补(退)所得税额(填写 A109000)	
36		总机构主体生产经营部门分摊本年应补(退)所得税额(填写 A109000)	
37	附列资料	以前年度多缴的所得税额在本年抵减额	
38		以前年度应缴未缴在本年入库所得税额	

 课堂小测

【单选题】

1. 企业在年度中间终止经营活动,办理企业所得税汇算清缴的时间是(　　)。

A. 自清算完成之日起 30 日内　　　　B. 自注销营业执照之前 30 日内

C. 自实际经营终止之日起 60 日内　　D. 自人民法院宣告破产之日起 15 日内

2. 企业所得税法规定对非居民企业取得(　　),实行源泉扣缴。

A. 境外劳务所得

B. 经营所得

C. 对非居民企业在中国境内未设立机构、场所的,或者虽设立机构、场所但取得的所得与其所设机构、场所有实际联系的所得

D. 对非居民企业在中国境内未设立机构、场所的,或者虽设立机构、场所但取得的所得与其所设机构、场所没有实际联系的所得

3. 依据企业所得税法的规定,扣缴义务人每次代扣的企业所得税税款,缴入国库的期限是自代扣之日起(　　)。

A. 3日内　　　　　B. 5日内　　　　　C. 7日内　　　　　D. 10日内

4. 依照企业所得税法规定应当扣缴的所得税,扣缴义务人或者无法履行扣缴义务的,由纳税人在所得发生地缴纳。纳税人未依法缴纳的,税务机关可以从该纳税人在(　　)其他收入项目的支付人应付的款项中,追缴该纳税人的应纳税款。

A. 中国境内　　　　B. 中国境外　　　　C. 中国境内、外　　　D. 香港地区

【多选题】

1. 根据企业所得税法的规定,下列可以实行源泉扣缴的情形有(　　)。

A. 非居民企业在中国境内未设立机构场所,但有来源于中国境内的所得,以支付人为扣缴义务人

B. 非居民企业在中国境内取得工程作业和劳务所得应缴纳的企业所得税,税务机关可以指定工程价款或者劳务费的支付人为扣缴义务人

C. 企业总机构与分支机构位于不同省份的,分支机构的所得由总机构扣缴

D. 建筑安装企业异地承揽工程项目取得所得,可以指定建设方为扣缴义务人

2. 下列关于企业所得税纳税地点的表述中,正确的有(　　)。

A. 非居民企业在中国境内设立机构、场所的,其来源于境内的,与机构、场所有实际联系的所得以机构、场所所在地为纳税地点

B. 非居民企业在中国境内未设立机构、场所的,以扣缴义务人所在地为纳税地点

C. 非居民企业在中国境内设立机构、场所,但取得的境内所得与其所设机构、场所没有实际联系的,以机构、场所所在地为纳税地点

D. 居民企业以企业登记注册地为纳税地点

第五章 个人所得税

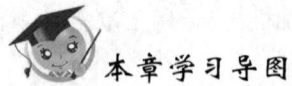 本章学习导图

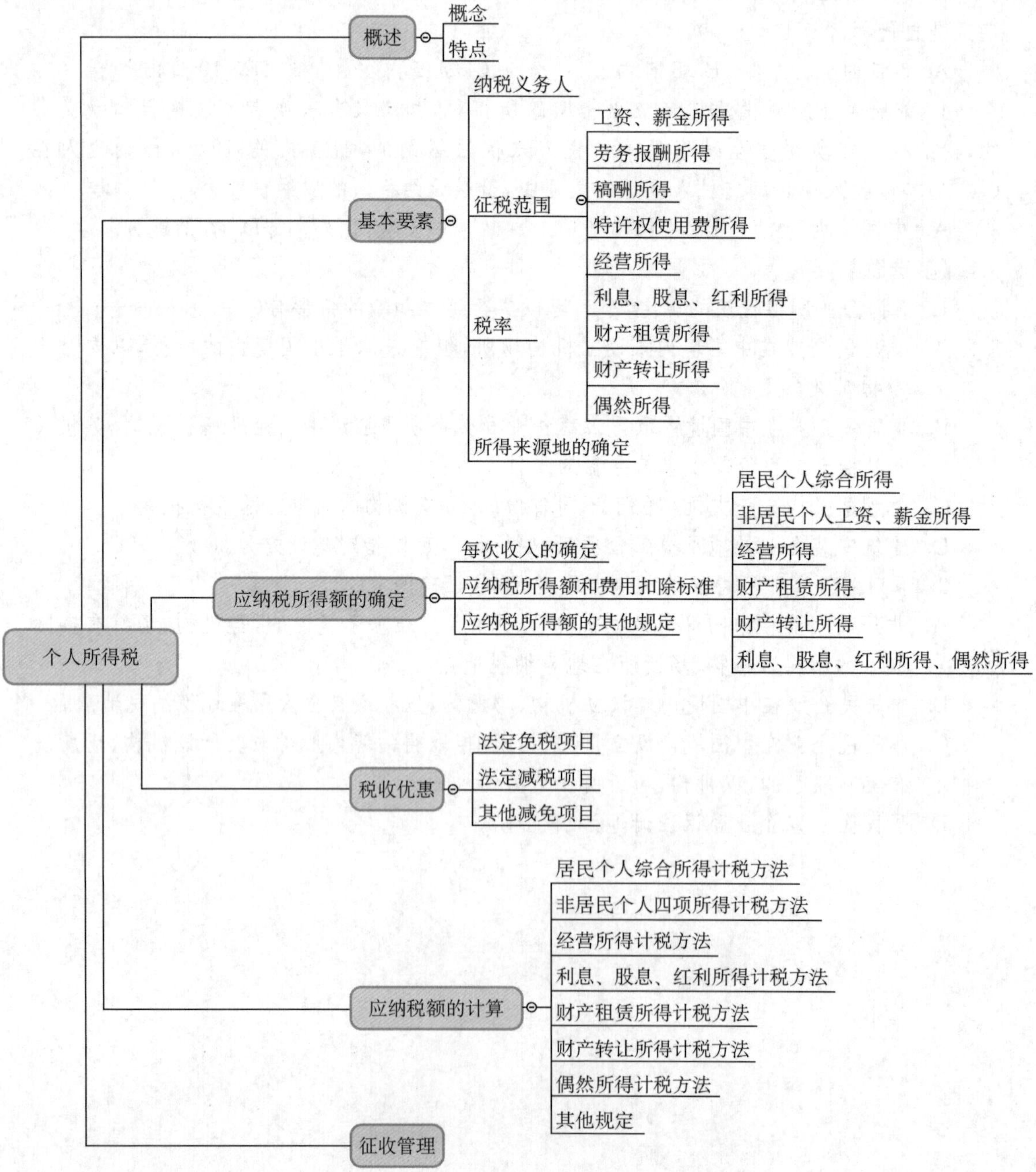

个人所得税

- 概述
  - 概念
  - 特点

- 基本要素
  - 纳税义务人
  - 征税范围
    - 工资、薪金所得
    - 劳务报酬所得
    - 稿酬所得
    - 特许权使用费所得
    - 经营所得
    - 利息、股息、红利所得
    - 财产租赁所得
    - 财产转让所得
    - 偶然所得
  - 税率
  - 所得来源地的确定

- 应纳税所得额的确定
  - 每次收入的确定
  - 应纳税所得额和费用扣除标准
    - 居民个人综合所得
    - 非居民个人工资、薪金所得
    - 经营所得
    - 财产租赁所得
    - 财产转让所得
    - 利息、股息、红利所得、偶然所得
  - 应纳税所得额的其他规定

- 税收优惠
  - 法定免税项目
  - 法定减税项目
  - 其他减免项目

- 应纳税额的计算
  - 居民个人综合所得计税方法
  - 非居民个人四项所得计税方法
  - 经营所得计税方法
  - 利息、股息、红利所得计税方法
  - 财产租赁所得计税方法
  - 财产转让所得计税方法
  - 偶然所得计税方法
  - 其他规定

- 征收管理

第一节　个人所得税概述

一、个人所得税的概念

个人所得税是以个人(含个体工商户、个人独资企业、合伙企业中的个人投资者、承租承包者个人)取得的各项应税所得为征税对象所征收的一种税。

个人所得税法,是指国家制定的用以调整个人所得税征收与缴纳之间权利及义务关系的法律规范。个人所得税的基本规范是1980年9月10日第五届全国人民代表大会第三次会议制定的《中华人民共和国个人所得税法》(以下简称《个人所得税法》),其经过了七次修改,目前适用的是2018年8月31日,由第十三届全国人民代表大会常务委员会第五次会议修改通过并公布的《个人所得税法》,自2019年1月1日起施行。

二、个人所得税的特点

个人所得税是世界各国普遍征收的一个税种,我国现行个人所得税主要有以下几个特点。

(一) 实行混合征收

世界各国个人所得税的征收大体可分为三种类型:分类征收制、综合征收制和混合征收制。

(1) 分类征收制,是对个人不同来源性质的所得项目,规定不同的费用减除标准、税率和计税方法以分别计算课征。

(2) 综合征收制,是对个人全年的各项所得加以汇总,就其总额进行统一的计算课征。

(3) 混合征收制,是对个人不同来源、性质的所得进行分类,分别按照不同计税方法计算课征。

目前,我国个人所得税已初步建立分类与综合相结合的征收模式,即混合征收制。其在组织财政收入、提高公民纳税意识,尤其在调节个人收入分配差距方面具有重要作用。

(二) 超额累进税率与比例税率并用

分类征收制一般采用比例税率,综合征收制通常采用超额累进税率。比例税率计算简便,便于实行源泉扣缴;超额累进税率可以合理调节收入分配,体现公平。

(三) 费用扣除额较宽

计算个人应纳税所得额,需要进行一定的费用扣除,我国本着费用扣除从宽、从简的原则,对费用扣除采用定额扣除、定率扣除和核算扣除等方法。

(四) 采取源泉扣缴和自行申报纳税

我国个人所得税的纳税方法,有自行申报纳税和全员全额扣缴申报两种。对凡是可以在应税所得的支付环节扣缴个人所得税的,均由扣缴义务人履行代扣代缴义务;对于没有扣缴义务人的,以及取得综合所得(含工资、薪金所得,劳务报酬所得,稿酬所得和特许权使用费)需要办理汇算清缴的,由纳税人自行申报纳税和年终汇算清缴。此外,对其他不便于扣缴税款的,亦规定由纳税人自行申报纳税。

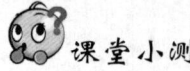 **课堂小测**

【多选题】

1. 目前,我国个人所得税的征收类型有(　　　)。

A. 分类征收制　　　　　　　　　　　B. 综合征收制

C. 混合征收制　　　　　　　　　　　D. 分类与综合相结合的模式

2. 个人所得税是世界各国普遍征收的一个税种,但各国的个人所得税规定有所不同。下列表述中,属于我国现行个人所得税特点的有(　　　)。

A. 实行的是综合征收制　　　　　　　B. 累进税率和比例税率并用

C. 实行的是分类征收制　　　　　　　D. 费用扣除范围较宽

第二节　纳税义务人、征税范围和税率

一、纳税义务人

个人所得税的纳税义务人,包括中国公民、个体工商业户、个人独资企业、合伙企业投资者、在中国有所得的外籍人员(包括无国籍人员,下同)、香港、澳门、台湾同胞。上述纳税义务人依据住所和居住时间两个标准,区分为居民个人和非居民个人,分别承担不同的纳税义务。

(一) 居民个人

根据《个人所得税法》规定,居民个人是指在中国境内有住所,或者无住所而一个纳税年度在中国境内居住累计满 183 天的个人。居民个人承担无限纳税义务,其所取得的应纳税所得,无论是来源于中国境内还是中国境外任何地方,都要在中国缴纳个人所得税。

在中国境内有住所的个人,是指因户籍、家庭、经济利益关系,在中国境内习惯性居住的个人。习惯性居住,是指个人在学习、工作、探亲等原因消除,没有理由在其他地方继续居留时,所要回到的地方,而不是指实际居住或在某一个特定时期内的居住地。如某纳税人因学习、工作、探亲、旅游等在中国境外居住,但如果在这些因素消除后,纳税人必须回到中国境内居住,则中国为该纳税人的习惯性居住地。

一个纳税年度在境内居住累计满 183 天,是指在一个纳税年度(即公历 1 月 1 日至12 月 31 日,下同)内,在中国境内居住累计满 183 天。在计算居住天数时,按其一个纳税年度在境内的实际居住时间确定。境内无住所的某人在一个纳税年度内无论出境多少次,只要在我国境内累计住满 183 天,就可判定为我国的居民个人。个人所得税的居民个人包括以下两类:

(1) 在中国境内定居的中国公民和外国侨民。但不包括虽具有中国国籍,却不在中

国大陆定居,而是侨居海外的华侨和居住在香港、澳门、台湾的同胞。

(2) 从公历1月1日至12月31日,在中国境内累计居住满183天的外国人、海外侨胞和香港、澳门、台湾同胞。

值得注意的是,现行税法中关于"中国境内"的概念,是指中国大陆地区,并不包括香港、澳门和台湾地区。

 小试牛刀

【单选题】

根据个人所得税法的相关规定,在中国境内无住所但取得境内所得的下列外籍个人中,属于居民个人的是(　　)。

A. M国甲,从未来过中国但因持有中国某企业股权而取得分配的股息

B. N国乙,202×年1月10日入境,202×年5月10日离境

C. X国丙,202×年1月10日入境,202×年10月10日离境,期间未离境

D. Y国丁,202×年1月10日入境202×年10月10日离境,期间离境100天

(二) 非居民个人

非居民个人,是指不符合居民个人判定标准(条件)的纳税义务人。非居民个人,承担有限纳税义务,即仅就其来源于中国境内的所得,向中国缴纳个人所得税。根据《个人所得税法》的规定,非居民个人是在中国境内无住所又不居住,或者无住所而一个纳税年度内在境内居住累计不满183天的个人。即非居民个人,是指习惯性居住地不在中国境内,而且不在中国居住;或者在一个纳税年度内,在中国境内居住累计不满183天的个人。在现实生活中,习惯性居住地不在中国境内的个人,只有外籍人员、华侨或香港、澳门和台湾同胞。因此,非居民个人,实际上只能是在一个纳税年度中,没有在中国境内居住,或者在中国境内居住天数累计不满183天的外籍人员、华侨或香港、澳门、台湾同胞。

无住所个人一个纳税年度内在中国境内累计居住天数,按照个人在中国境内累计停留的天数计算。在中国境内停留的当天满24小时的,计入中国境内居住天数,在中国境内停留的当天不足24小时的,不计入中国境内居住天数。不同纳税人个人所得税的判断标准和纳税义务,如表5-1所示。

表5-1　　　　　　　　　不同纳税人个人所得税判断标准和纳税义务

纳税人	判断标准	纳税义务
居民个人	二者满足其一: (1) 在中国境内有住所 (2) 境内无住所而一个纳税年度内在中国境内居住累计满183天	无限纳税义务(即就中国境内、境外取得的所得纳税)
非居民个人	二者满足其一: (1) 在中国境内无住所又不居住 (2) 境内无住所而一个纳税年度内在中国境内居住累计不满183天	有限纳税义务(即仅就中国境内取得的所得纳税)

 小试牛刀

【单选题】

下列选项中,属于非居民个人的是( )。

A. 在中国境内有住所的甲

B. 在中国境内无住所,于 2019 年 9 月 1 日入境、2020 年 3 月 31 日离境的乙

C. 在中国境内无住所,于 2019 年 3 月 1 日入境、2019 年 10 月 31 日离境的丙

D. 在中国境内无住所,于 2019 年 2 月 1 日入境、2019 年 10 月 31 日离境,期间 5 月 1 日回国探亲、5 月 20 日返回的丁

【多选题】

根据个人所得税法律制度的规定,个人所得税的纳税义务人可被区分为居民纳税人和非居民纳税人,依据的标准有( )。

A. 境内有无住所　　　　　　　　B. 境内工作时间

C. 取得收入的工作地　　　　　　D. 境内居住时间

二、征税范围

居民个人取得下列第一项至第四项所得(以下称综合所得),按纳税年度合并计算个人所得税;非居民个人取得下列第一项至第四项所得,按月或者按次分项计算个人所得税。纳税人取得下列第五项至第九项所得,分别计算个人所得税。

(一)工资、薪金所得

工资、薪金所得,是指个人因任职或者受雇而取得的工资、薪金、奖金、年终加薪、劳动分红、津贴、补贴以及与任职或者受雇有关的其他所得。

工资、薪金所得属于非独立个人劳动所得。所谓非独立个人劳动,是指个人所从事的且由他人指定、安排并接受管理的劳动,工作服务于公司、工厂、行政事业单位的人员(私营企业主除外)均为非独立劳动者。

除此以外,还有一些所得的发放被视为取得工资、薪金所得的情形:

(1)公司职工取得的用于购买企业国有股权的劳动分红,按"工资、薪金所得"项目计征个人所得税。

(2)出租汽车经营单位对出租车驾驶员采取单车承包或承租方式运营,出租车驾驶员从事客货营运取得的收入,按"工资、薪金所得"项目征税。

(3)退休人员再任职取得的收入,按"工资、薪金所得"项目征税。

根据规定,以下项目不属于工资、薪金所得收入,不予征税:

(1)独生子女补贴。

(2)执行公务员工资制度未纳入基本工资总额的补贴、津贴差额和家属成员的副食品补贴。

(3)托儿补助费。

(4)差旅费津贴、误餐补助。其中,误餐补助,是指按照财政部规定,个人因公在城

区、郊区工作,不能在工作单位或返回就餐的,根据实际误餐顿数,按规定的标准领取的误餐费。单位以误餐补助名义发给职工的补助、津贴不包括在内。

(5) 外国来华留学生,领取的生活津贴费、奖学金,不属于工资、薪金范畴,不征个人所得税。

 小试牛刀

【单选题】

1. 下列各项中,属于工资、薪金所得的是(　　)。

A. 年终奖金　　　　B. 托儿补助费　　　C. 独生子女补贴　　D. 差旅费津贴

2. 出租汽车经营单位对出租车驾驶员采取单车承包或承租方式运营,出租车驾驶员从事客货营运取得的收入,按(　　)税目缴纳个人所得税。

A. "个体工商户的生产、经营所得"

B. "工资、薪金所得"

C. "劳务报酬所得"

D. "对企事业单位的承包经营、承租经营所得"

(二) 劳务报酬所得

劳务报酬所得,是指个人独立从事各种非雇用的各种劳务所取得的所得,包括从事设计、装潢、安装、制图、化验、测试、医疗、法律、会计、咨询、讲学、翻译、审稿、书画、雕刻、影视、录音、录像、演出、表演、广告、展览、技术服务、介绍服务、经纪服务、代办服务以及其他劳务取得的所得。

区分"劳务报酬所得"和"工资、薪金所得",主要看是否存在雇佣与被雇佣的关系。"工资、薪金所得",是指个人从事非独立劳动,从所在单位(雇主)领取的报酬,存在雇佣与被雇佣的关系,即在机关、团体、学校、部队、企事业单位及其他组织中任职、受雇而得到的报酬。而"劳务报酬所得"则是指个人独立从事某种技艺,独立提供各项劳务取得的报酬。

个人兼职取得的收入应按照"劳务报酬所得"项目缴纳个人所得税。

个人因担任董事职务而取得的董事费收入,属于劳务报酬所得性质,按照"劳务报酬所得"项目缴纳个人所得税。但这仅适用于个人担任公司董事、监事,且不在公司任职、受雇的情形。

律师以个人名义再聘请其他人员为其工作而支付的报酬,应由该律师按"劳务报酬所得"项目扣缴个人所得税。

演员参加非任职单位组织的演出而取得的报酬,应按"劳务报酬所得"项目征收个人所得税;演员参加任职单位组织的演出而取得的报酬,应按"工资、薪金所得"项目征收个人所得税。

 小试牛刀

【单选题】

1. 下列选项中,属于个人所得税"劳务报酬所得"应税项目的是(　　)。

A. 个人兼职取得的所得

B. 退休人员再任职取得的所得

C. 任职于杂志社的记者在本单位杂志上发表作品取得的所得

D. 个人在公司任职并兼任董事取得的董事费所得

2. 下列所得中,属于劳务报酬所得的是(　　)。

A. 个人独立从事制图取得的所得　　B. 教师为受雇任职学校讲课取得的所得

C. 临时工为单位安装作业取得的所得　　D. 雇员取得的年终劳动分红

【多选题】

1. 下列个人所得按"劳务报酬所得"项目缴纳的有(　　)。

A. 外部董事的董事费收入　　B. 个人兼职收入

C. 教师自办培训班取得的收入　　D. 员工退休再任职取得的收入

2. 下列属于个人所得税劳务报酬所得的有(　　)。

A. 笔译翻译收入　　B. 审稿收入

C. 现场书画收入　　D. 雕刻收入

(三) 稿酬所得

稿酬所得,是指个人因其作品以图书、报刊形式出版、发表而取得的所得。作品包括文学作品、书画作品、摄影作品,以及其他作品。作者去世后,财产继承人取得的遗作稿酬,也应按"稿酬所得"项目征收个人所得税。

任职、受雇于报纸、杂志等单位的记者、编辑等专业人员,因在本单位的报纸、杂志上发表作品而取得的所得,属于因任职、受雇而取得的所得,按"工资、薪金所得"项目征收个人所得税。除上述专业人员外,其他人员在本单位的报纸、杂志上发表作品取得的所得,应按"稿酬所得"项目征收个人所得税。

出版社的专业作者撰写、编写的作品,由本社以图书的形式出版取得的所得,应按"稿酬所得"项目征收个人所得税。

 小试牛刀

【单选题】

1. 下列属于"稿酬所得"项目的是(　　)。

A. 记者在本单位刊物发表文章取得的报酬

B. 某杂志编辑在外单位兼职获得的报酬

C. 将国外的作品翻译出版取得的报酬

D. 民间艺人现场雕饰取得的所得

2. 某画家202×年8月将其精选的书画作品交由某出版社出版,并从出版社取得报酬10万元。该笔报酬在缴纳个人所得税时适用的税目是(　　)。

A. "工资薪金所得"　　B. "劳务报酬所得"

C. "稿酬所得"　　D. "特许权使用费所得"

【多选题】

下列收入中,应按照"稿酬所得"项目缴纳个人所得税的有( )。

A. 出版社专业作者翻译作品后,由本社以图书形式出版而取得的收入

B. 某作家将自己的文字作品手稿复印件公开拍卖取得的收入

C. 某人在报刊上发表作品取得的收入

D. 大学生为翻译公司翻译外文资料而取得的翻译收入

（四）特许权使用费所得

特许权使用费所得,是指个人提供专利权、商标权、著作权、非专利技术以及使用其他特许权取得的所得。提供著作权的使用权取得的所得,不包括稿酬所得。

（1）作者将自己的文字作品手稿原件或复印件拍卖取得的所得,按照"特许权使用费所得"项目缴纳个人所得税。

（2）个人取得专利赔偿所得,应按"特许权使用费所得"项目缴纳个人所得税。

（3）对于剧本作者从电影、电视剧的制作单位取得的剧本使用费,不再区分剧本的使用方是否为其任职单位,统一按"特许权使用费所得"项目计征个人所得税。

 小试牛刀

【单选题】

1. 下列各项中,不应按"特许权使用费所得"项目征收个人所得税的是( )。

A. 专利权 　　　　　　　　　　B. 著作权

C. 稿酬 　　　　　　　　　　　D. 非专利技术

2. 提供著作权的使用权而取得的所得,属于( )。

A. 劳务报酬所得 　　　　　　　B. 稿酬所得

C. 偶然所得 　　　　　　　　　D. 特许权使用费所得

【多选题】

下列收入中,应按照"特许权使用费所得"项目计算缴纳个人所得税的有( )。

A. 个人取得的特许权的经济赔偿收入

B. 作家公开拍卖自己的文字作品手稿复印件的收入

C. 编剧从其任职的电视剧制作中心获得的剧本使用费收入

D. 某演员自行"走穴"演出取得的收入

（五）经营所得

1. 一般规定

经营所得,是指:①个体工商户从事生产、经营活动取得的所得,个人独资企业投资人、合伙企业的个人合伙人来源于境内注册的个人独资企业、合伙企业生产、经营的所得。②个人依法从事办学、医疗、咨询以及其他有偿服务活动取得的所得。③个人对企业、事业单位承包经营、承租经营以及转包、转租取得的所得。④个人从事其他生产、经营活动取得的所得。

2. 特殊规定

特殊规定有：①个人因从事彩票代销业务而取得的所得，应按"经营所得"项目征收个人所得税。②个人独资企业、合伙企业的个人投资者用企业资金为本人、家庭成员及相关人员购买房屋、汽车等财产，应按"经营所得"项目征收个人所得税。③从事个体出租车运营的出租车驾驶员取得的收入，应按"经营所得"项目征收个人所得税。以上所指的从事出租车运营收入是指：出租车属于驾驶员个人所有，但挂靠在出租汽车经营单位或企事业单位，驾驶员向挂靠单位缴纳管理费的；出租汽车经营单位将出租车的所有权转移给驾驶员的。

 小试牛刀

【单选题】

个人因从事彩票代销业务而取得的所得，应按照（　　）税目缴纳个人所得税。

A．"工资、薪金所得"　　　　　　　B．"劳务报酬所得"

C．"经营所得"　　　　　　　　　　D．"利息、股息、红利所得"

【多选题】

下列各项中，应按"经营所得"项目征收个人所得税的有（　　）。

A．从事个体出租车运营的出租车驾驶员取得的收入

B．个人因某项专利被侵害获得的经济赔偿所得

C．股份公司（非个人独资企业、合伙企业）的个人投资者以企业资金为本人购买的住房

D．个人独资企业的个人投资者以企业资金为本人购买的汽车

（六）利息、股息、红利所得

利息、股息、红利所得，是指个人拥有债权、股权而取得的利息、股息、红利所得。

利息，是指个人拥有债权而取得的利息，包括存款利息、贷款利息和各种债券的利息。除国债和国家发行的金融债券利息外，个人取得的利息所得均应当依法缴纳个人所得税。2008 年 10 月 9 日起，暂免征收储蓄存款利息的个人所得税。

股息、红利，是指个人拥有股权取得的股息、红利。按照一定的比率对每股金额发给的息金叫股息；公司、企业应分配的利润，按股份分配的叫红利。

除个人独资企业、合伙企业外的其他企业的个人投资者，以企业资金为本人、家庭成员及其相关人员支付与企业生产经营无关的消费性支出和购买汽车、住房等的财产性支出，视为企业对个人投资者的红利分配，依照"利息、股息、红利所得"项目计征个人所得税。企业的上述支出不允许在所得税前扣除。

 小试牛刀

【多选题】

下列利息中，不需要计算缴纳个人所得税的有（　　）。

A．员工对外借款取得的利息

B．居民获得孳生的储蓄存款利息

C. 个人取得的国家发行的金融债券利息

D. 个人取得的教育储蓄存款利息

（七）财产租赁所得

财产租赁所得，是指个人出租不动产、机器设备、车船以及其他财产取得的所得。

（1）个人取得的财产转租收入，属于"财产租赁所得"的征税范围，由财产转租人缴纳个人所得税。

（2）房地产开发企业与商店购买者个人签订协议，以优惠价格出售其商店给购买者个人，购买者个人在一定期限内必须将购买的商店无偿提供给房地产开发企业以对外出租使用。该行为实质上是购买者个人以所购商店交由房地产开发企业出租，后取得的房屋租赁收入支付了部分购房价款。对购买者个人少支出的购房价款，应视同个人财产租赁所得，按照"财产租赁所得"项目征收个人所得税。每次财产租赁所得的收入额，按照少支出的购房价款和协议规定的租赁月份数平均计算确定。

（八）财产转让所得

财产转让所得，是指个人转让有价证券、股权、合伙企业中的财产份额、不动产、机器设备、车船以及其他财产取得的所得。

（1）股票转让所得。对个人转让境内上市公司的股票转让所得暂不征收个人所得税。内地个人投资者通过沪港通、深港通投资香港联交所上市股票而取得的转让差价所得，2019年12月5日至2022年12月31日，继续对其暂免征收个人所得税。

（2）个人自有住房转让所得。①自2010年10月1日起，对出售自有住房并在1年内重新购房的纳税人不再减免个人所得税。②对个人转让自用5年以上，并且是家庭唯一生活用房取得的所得，继续免征个人所得税。

 小试牛刀

【多选题】

1. 下列各项所得中，应按照"财产转让所得"项目征收个人所得税的有（　　）。

A. 个人转让公司债券取得的所得

B. 个人在杂志上发表散文取得的所得

C. 个人将收藏多年的古董拍卖取得的所得

D. 个人将自己的商业用房转让取得的所得

2. 下列收入中，应按"财产租赁所得"缴纳个人所得税的有（　　）。

A. 房产转租收入

B. 将房产提供给债权人使用而放弃的租金收入

C. 将非专利技术的使用权让渡给他人使用而获得的收入

D. 个体工商户将私有住房对外出租而获得的租金收入

（九）偶然所得

偶然所得，是指个人得奖、中奖、中彩以及其他偶然性质的所得。得奖是指参加各种

有奖竞赛活动，取得名次得到的奖金；中奖、中彩是指参加各种有奖活动，经过规定程序，抽中、摇中号码而取得的奖金。偶然所得应缴纳的个人所得税税款，一律由发奖单位或机构代扣代缴。

（1）个人为单位或他人提供担保获得的收入，按照"偶然所得"项目计算缴纳个人所得税。

（2）房屋产权所有人将房屋产权无偿赠与他人的，受赠人因无偿受赠房屋取得的受赠收入，按照"偶然所得"项目计算缴纳个人所得税。符合以下情形的，对当事双方不征收个人所得税：①房屋产权所有人将房屋产权无偿赠与配偶、父母、子女、祖父母、外祖父母、孙子女、外孙子女、兄弟姐妹。②房屋产权所有人将房屋产权无偿赠与对其承担直接抚养或者赡养义务的抚养人或者赡养人。③房屋产权所有人死亡，依法取得房屋产权的法定继承人、遗嘱继承人或者受遗赠人。

（3）企业在业务宣传、广告等活动中，随机向本单位以外的个人赠送礼品（包括网络红包），以及企业在年会、座谈会、庆典以及其他活动中向本单位以外的个人赠送礼品、个人取得的礼品收入，按照"偶然所得"项目计算缴纳个人所得税，但企业赠送的具有价格折扣或折让性质的消费券、代金券、抵用券、优惠券等礼品除外。

 小试牛刀

【单选题】

下列情形中，应按照"偶然所得"征收个人所得税的是（　　）。

A. 个人处置打包债权取得的收入

B. 个人取得的担保收入

C. 个人取得的不在公司任职的董事费收入

D. 个人转让限售股所得

三、税率

（一）综合所得适用税率

综合所得适用七级超额累进税率，税率的变化范围为3%～45%（见表5-2）。

居民个人每一纳税年度内取得的综合所得包括：工资、薪金所得，劳务报酬所得，稿酬所得和特许权使用费所得。

表5-2　　　　　　　　　　综合所得个人所得税税率表

级数	全年应纳税所得额	税率
1	不超过36 000元的部分	3%
2	超过36 000元至144 000元的部分	10%
3	超过144 000元至300 000元的部分	20%
4	超过300 000元至420 000元的部分	25%

（续表）

级数	全年应纳税所得额	税率
5	超过 420 000 元至 660 000 元的部分	30%
6	超过 660 000 元至 960 000 元的部分	35%
7	超过 960 000 元的部分	45%

注：本表中的全年应纳税所得额，是指依照税法的规定，居民个人取得综合所得以每一纳税年度收入额减除费用6 万元以及专项扣除、专项附加扣除和依法确定的其他扣除后的余额。非居民个人取得工资、薪金所得，劳务报酬所得，稿酬所得和特许权使用费所得，依照本表按月换算后计算应纳税额。

（二）经营所得适用税率

经营所得适用 5%～35% 的超额累进税率，如表 5-3 所示。

表 5-3 经营所得个人所得税税率表

级数	全年应纳税所得额	税率
1	不超过 30 000 元的部分	5%
2	超过 30 000 元至 90 000 元的部分	10%
3	超过 90 000 元至 300 000 元的部分	20%
4	超过 300 000 元至 500 000 元的部分	30%
5	超过 500 000 元的部分	35%

注：本表中的全年应纳税所得额，是指依照法律规定，以每一纳税年度的收入总额减除成本、费用以及损失后的余额。

（三）其他所得适用税率

利息、股息、红利所得，财产租赁所得，财产转让所得和偶然所得，适用税率为 20% 的比例税率。

 小试牛刀

【多选题】

根据个人所得税法的相关规定，下列所得中，适用超额累进税率的有（ ）。

A. 经营所得   B. 利息所得

C. 居民个人的综合所得   D. 偶然所得

四、所得来源地的确定

除国务院财政、税务主管部门另有规定外，不论支付地点是否在中国境内，下列所得均为来源于中国境内的所得：

（1）因任职、受雇、履约等在中国境内提供劳务取得的所得。

（2）将财产出租给承租人，在中国境内使用而取得的所得。

（3）转让中国境内的不动产等财产，或者在中国境内转让其他财产取得的所得。

（4）许可各种特许权在中国境内使用而取得的所得。

（5）从中国境内企业、事业单位、其他组织以及居民个人取得的利息、股息、红利所得。

 课堂小测

【单选题】

1. 下列各项所得中，属于工资、薪金所得的是（　　）。

A. 李某投资 A 公司同时兼任 A 公司董事取得的董事费收入

B. 在校学生参加勤工俭学活动取得的收入

C. 李某在关联公司任职同时兼任董事的收入

D. 拍卖苏东坡书法作品的收入

2. 根据个人所得税法相关规定，下列收入中，按"劳务报酬所得"纳税的是（　　）。

A. 来源于非任职公司的董事费收入

B. 退休人员再任职取得的收入

C. 担任任职公司的关联企业的监事取得的监事费收入

D. 在任职公司担任监事的监事费收入

3. 任职、受雇于报纸、杂志等单位的记者、编辑等专业人员，因在本单位的报纸、杂志上发表作品取得的所得，按（　　）项目征收个人所得税。

A. "工资、薪金所得"　　　　　　　　　B. "稿酬所得"

C. "劳务报酬所得"　　　　　　　　　　D. "偶然所得"

4. 下列各项中，应当按照"特许权使用费所得"项目征收个人所得税的是（　　）。

A. 作者去世后，财产继承人取得的遗作稿酬

B. 个人取得特许权的经济赔偿收入

C. 个人出租土地使用权取得的收入

D. 个人发表摄影作品取得的所得

5. 企业为股东购买车辆并将车辆所有权办到股东个人名下，股东个人应按（　　）项目计算缴纳个人所得税。

A. "工资、薪金所得"　　　　　　　　　B. "劳务报酬所得"

C. "经营所得"　　　　　　　　　　　　D. "利息、股息、红利所得"

【多选题】

1. 根据个人所得税法律制度的规定，下列各项中，属于个人所得税居民纳税人的有（　　）。

A. 在中国境内有住所的个人

B. 在中国境内无住所而在境内居住满 1 年的个人

C. 在中国境内无住所又不居住

D. 在中国境内无住所且在中国境内居住不满 183 天的个人

2. 下列各项中，属于个人所得税中居民纳税人的有（　　）。

A. 在中国境内无住所,但一个纳税年度中在中国境内累计居住满 365 天的个人

B. 在中国境内无住所且不居住的个人

C. 在中国境内无住所,而在境内居住超过 183 天但不满 1 年的个人

D. 在中国境内有住所的个人

3. 下列所得按照"稿酬所得"计算个人所得税的有(　　)。

A. 出版社的专业作者翻译的作品在本社以图书形式出版,后取得的稿费收入

B. 某学校老师在自己任职学校的校报上发表作品,后取得的稿费收入

C. 新华社的记者在自己报社发表作品取得的所得

D. 某大学教授在某国家级刊物上发表作品取得的所得

4. 以下应按照"利息、股息、红利所得"项目征收个人所得税的有(　　)。

A. 个人从上市公司得到的年终劳动分红

B. 合伙企业的个人投资者以企业资金为本人购买住房

C. 股份有限公司的个人投资者以企业资金为本人购买汽车

D. 单位经批准向个人集资,个人取得的集资利息

5. 以下应按照"财产转让所得"项目征收个人所得税的有(　　)。

A. 个人转让债券取得的所得

B. 个人出版小说获得的收入

C. 个人将其收藏的已故作家文字作品手稿拍卖取得的所得

D. 个人将自己的汽车转让取得的所得

6. 下列所得中,应按"偶然所得"项目征收个人所得税的有(　　)。

A. 个人购买福利彩票中奖 2 万元

B. 个人转让房产所得

C. 个人购买商品的中奖奖金

D. 个人因购物达到一定数量而获得抽奖机会的中奖所得

第三节　应纳税所得额的确定

一、每次收入的确定

我国现行个人所得税采取混合征收方法,不同的应税项目对应着不同的应纳税所得额确定方法。其中,居民个人取得工资、薪金所得,劳务报酬所得,稿酬所得和特许权使用费所得的四项所得(简称综合所得),按纳税年度合并汇算个人所得税;非居民个人取得上述四项所得,按月或者按次分项计算个人所得税。纳税人取得的其他五项所得,按年或者按次分项计算个人所得税。

(一) 所得的计量单位

各项所得的计量,以人民币为单位。所得为人民币以外的货币的,按照办理纳税申

报或者扣缴申报的上一月最后一日人民币汇率中间价,折合成人民币以计算应纳税所得额。

(二) 收入金额的确定

个人取得收入的形式,包括现金、实物、有价证券和其他形式的经济利益。纳税人的所得为实物的,应当按照凭证上注明的价格计算应纳税所得额;无凭证的实物或者凭证上所注明的价格明显偏低的,参照市场价格核定应纳税所得额;纳税人的所得为有价证券的,根据票面价格和市场价格核定应纳税所得额;所得为其他形式的经济利益的,参照市场价格核定应纳税所得额。

(三) 纳税期限的确定

根据《个人所得税法》第六条的规定,个人所得税分项目规定了三种纳税期:①按年计税,包括居民个人的综合所得、经营所得。②按月计税,包括非居民个人的工资、薪金所得。③按次计税,包括利息、股息、红利所得,财产租赁所得,偶然所得和非居民个人取得的劳务报酬、稿酬所得、特许权使用费所得等。

(1) 劳务报酬所得、稿酬所得、特许权使用费所得,属于一次性收入的,以取得该项收入为一次;属于同一项目连续性收入的,以一个月内取得的收入为一次。

(2) 财产租赁所得,以一个月内取得的收入为一次。

(3) 利息、股息、红利所得,以支付利息、股息红利时取得的收入为一次。

(4) 偶然所得,以每次取得该项收入为一次。

二、应纳税所得额和费用扣除标准

(一) 居民个人综合所得

居民个人的综合所得,以每一纳税年度的收入额减除费用 60 000 元、专项扣除、专项附加扣除和依法确定的其他扣除后的余额,为应纳税所得额。①专项扣除,包括居民个人按照国家规定的范围和标准缴纳的基本养老保险、基本医疗保险、失业保险等社会保险费和住房公积金。②专项附加扣除,包括 3 岁以下婴幼儿照护、子女教育、继续教育、大病医疗、住房贷款利息、住房租金、赡养老人等支出。其具体范围、标准和实施步骤由国务院确定,并报全国人民代表大会常务委员会备案。

专项附加扣除标准是新个人所得税法修订引入的新费用扣除标准,遵循公平合理、利于民生、简便易行的原则,目前包含了 3 岁以下婴幼儿照护、子女教育、继续教育、大病医疗、住房贷款利息、住房租金、赡养老人 7 项支出。取得综合所得和经营所得的居民个人可以享受专项附加扣除。

1) 3 岁以下婴幼儿照护

纳税人照护 3 岁以下婴幼儿子女的相关支出,按照每个婴幼儿每月 1 000 元的标准定额扣除。

自 2022 年 1 月 1 日起,从婴幼儿出生的当月至满 3 周岁的前一个月,纳税人可以享受这项专项附加扣除。如 2022 年 5 月出生的婴幼儿,一直到 2025 年 4 月,其父母都可以按规定享受此项专项附加扣除政策。

父母可以选择由其中一方按扣除标准的 100% 扣除,也可以选择由双方分别按扣除标准的 50% 扣除,具体扣除方式在一个纳税年度内不能变更。

纳税人享受 3 岁以下婴幼儿照护专项附加扣除,可以直接在个人所得税 APP 上按照引导填报,也可以填写纸质的信息报告表,填报内容包括配偶及子女的姓名、身份证件类型(如身份证、子女出生医学证明等)及号码以及本人与配偶之间扣除分配比例等信息。

2) 子女教育

纳税人年满 3 岁的子女接受学前教育和学历教育的相关支出,按照每个子女每月 1 000 元(每年 12 000 元)的标准定额扣除。

学前教育包括年满 3 岁至小学入学前教育;学历教育包括义务教育(小学、初中教育)、高中阶段教育(普通高中、中等职业、技工教育)、高等教育(大学专科、大学本科、硕士研究生、博士研究生教育)。

父母可以选择由其中一方按扣除标准的 100% 扣除,也可以选择由双方分别按扣除标准的 50% 扣除,具体扣除方式在一个纳税年度内不能变更。

纳税人子女在中国境外接受教育的,纳税人应当留存境外学校录取通知书、留学签证等相关教育的证明资料以存档备查。

3) 继续教育

纳税人在中国境内接受学历(学位)继续教育的支出,在学历(学位)教育期间按照每月 400 元(每年 4 800 元)定额扣除。同一学历(学位)继续教育的扣除期限不能超过 48 个月(4 年)。

纳税人接受技能人员职业资格继续教育、专业技术人员职业资格继续教育支出,在取得相关证书的当年,按照 3 600 元定额扣除。

个人接受本科及以下学历(学位)继续教育,符合税法规定扣除条件的,可以选择由其父母扣除,也可以选择由本人扣除。

纳税人接受技能人员职业资格继续教育、专业技术人员职业资格继续教育的,应当留存相关证书等资料以存档备查。

4) 大病医疗

在一个纳税年度内,纳税人发生的与基本医保相关的医药费用支出,扣除医保报销后个人负担(指医保目录范围内的自付部分)累计超过 15 000 元的部分,由纳税人在办理年度汇算清缴时,在 80 000 元限额内据实扣除。

纳税人发生的医药费用支出可以选择由本人或者其配偶扣除;未成年子女发生的医药费用支出可以选择由其父母一方扣除。纳税人及其配偶、未成年子女发生的医药费用支出,应按前述规定分别计算扣除额。

纳税人应当留存医药服务收费及医保报销相关票据原件(或复印件)等资料以存档备查。医疗保障部门应当向患者提供在医疗保障信息系统记录的本人年度医药费用信息查询服务。

【例 5-1】　张某为个人所得税居民个人,在 202× 年 11 月张某发生医疗支出(自费部分)110 000 元。

要求:计算张某可扣除的医疗支出费用。

【解析】 超过政策规定的个人负担部分为 95 000 元(110 000－15 000),由于扣除限额为 80 000 元,因此张某发生的医疗支出中按照最高限额 80 000 元在年度汇算清缴时扣除。

4)住房贷款利息

纳税人本人或配偶,单独或共同使用商业银行或住房公积金个人住房贷款,为本人或其配偶购买中国境内住房,发生的首套住房贷款利息支出,在实际发生贷款利息的年度,按照每月 1 000 元(每年 12 000 元)的标准定额扣除,扣除期限最长不超过 240 个月(20 年)。纳税人只能享受一套首套住房贷款利息扣除。

首套住房贷款,是指购买住房享受首套住房贷款利率的住房贷款。

经夫妻双方约定,可以选择由其中一方扣除,具体扣除方式在确定后,一个纳税年度内不得变更。

夫妻双方婚前分别购买住房发生的首套住房贷款,其贷款利息支出,婚后可以选择其中一套住房,由购买方按扣除标准的 100% 扣除,也可以由夫妻双方对各自购买的住房分别按扣除标准的 50% 扣除,具体扣除方式在一个纳税年度内不能变更。纳税人应当留存住房贷款合同、贷款还款支出凭证以存档备查。

5)住房租金

纳税人在主要工作城市没有自有住房而发生的住房租金支出,可以按照以下标准定额扣除:直辖市、省会(首府)城市、计划单列市以及国务院确定的其他城市,扣除标准为每月 1 500 元(每年 18 000 元)。除上述所列城市外,市辖区户籍人口超过 100 万的城市,扣除标准为每月 1 100 元(每年 13 200 元);市辖区户籍人口不超过 100 万的城市,扣除标准为每月 800 元(每年 9 600 元)。市辖区户籍人口,以国家统计局公布的数据为准。

主要工作城市,是指纳税人任职受雇的直辖市、计划单列市、副省级城市、地级市(地区、州、盟)全部行政区域范围;纳税人无任职受雇单位的,为受理其综合所得汇算清缴的税务机关所在城市。

夫妻双方主要工作城市相同的,只能由一方扣除住房租金支出。住房租金支出由签订租赁住房合同的承租人扣除。纳税人及其配偶在一个纳税年度内,不得同时享受住房贷款利息和住房租金专项附加扣除。纳税人应当留存住房租赁合同、协议等有关资料以存档备查。

6)赡养老人

纳税人赡养一位及以上被赡养人的赡养支出,统一按以下标准等额扣除:纳税人为独生子女的,按照每月 2 000 元(每年 24 000 元)的标准定额扣除;纳税人为非独生子女的,由其与兄弟姐妹分摊每月 2 000 元(每年 24 000 元)的扣除额度,每人分摊的额度最高不得超过每月 1 000 元(每年 12 000 元)。可以由赡养人均摊或者约定分摊,也可以由被赡养人指定分摊。约定或者指定分摊的须签订书面分摊协议,指定分摊优于约定分摊。具体分摊方式和额度在一个纳税年度内不得变更。被赡养人,是指年满 60 岁的父母,以及子女均已去世的年满 60 岁的祖父母、外祖父母。个人所得税专项附加扣除标准,如表 5-4 所示。

表 5-4　　　　　　　　　　　个人所得税专项附加扣除标准一览表

专项附加扣除项目		具体内容	
3 岁以下婴幼儿照护	扣除标准	1 000 元/婴幼儿/月	
	扣除范围	婴幼儿出生当月至满 3 周岁的前一个月	
	扣除方法	选择后一个纳税年度不变	父母双方分别扣除 500 元
			父母某一方单独扣除 1 000 元
子女教育	扣除标准	1 000 元/子女/月	
	扣除范围	学前:三岁到小学前	
		学历:小学到博士	
	扣除方法	选择后一个纳税年度不变	父母分别扣除 500 元
			父母某一方扣除 1 000 元
		境外教育的留存录取通知书、留学凭证	
继续教育	学历继续教育	扣除标准	400 元/月(4 800 元/年),48 个月为限
		扣除方法	本科及以下可选择	由父母扣除
				由本人扣除
			本科以上	由本人扣除
	职业资格继续教育、专业技术人员职业资格继续教育	扣除标准	取得证书当年 3 600 元/年
		扣除方法	留存相关证书等资料以存档备查
大病医疗	扣除标准	8 万元/年为限额扣除	
	扣除范围	扣除医保报销后个人负担超过 15 000 元的部分	
	扣除方法	本人或配偶扣除	
		未成年人子女由父母一方扣除	
		留存医疗票据原件或复印件	
住房贷款利息	扣除标准	1 000 元/月(12 000 元/年),240 个月(20 年)为限	
	扣除范围	本人或配偶	首套住房贷款利息支出
			商业银行或住房公积金贷款
	扣除方法	婚后住房夫妻选择一方扣除,一个纳税年度不变更	
		婚前各自首套住房贷款利息	婚后由一方扣 1 000 元/月
			婚后双方各扣 500 元/月
		只允许扣除一次	
		留存住房贷款合同、贷款还款支出凭证以存档备查	

（续表）

专项附加扣除项目		具体内容	
住房租金	扣除标准	1 500 元/月：直辖市、省会（首府）、计划单列市	
		1 100 元/月：城市人口＞100 万	
		800 元/月：城市人口＜100 万	
	扣除范围	夫妻在工作城市没有自有住房而发生的住房租金支出	
	扣除方法	夫妻工作城市	相同城市工作：选择一方扣除
			不同城市工作：各自扣除
		不得分别扣除住房贷款利息和住房租金，留存租赁合同以存档备查	
赡养老人	扣除标准	独生子女，2 000 元/月	
		2 个子女以上，扣除总额依然为 2 000 元/月	
	扣除范围	60 周岁以上的父母	
		子女均去世的 60 周岁以上的祖父母、外祖父母	
	扣除方法	非独生子女	平均（指定）分摊，每人最高不超过 1 000 元/月，一个纳税年度不变

依法确定的其他扣除，包括个人缴付符合国家规定的企业年金、职业年金，个人购买符合国家规定的商业健康保险、税收递延型商业养老保险的支出，以及国务院规定可以扣除的其他项目。

专项扣除、专项附加扣除和依法确定的其他扣除，以居民个人一个纳税年度的应纳税所得额为限额；一个纳税年度扣除不完的，不再结转以后年度扣除。

（二）非居民个人的工资、薪金所得

非居民个人的工资、薪金所得，以每月收入额减除 5 000 元后的余额为应纳税所得额；劳务报酬所得、稿酬所得、特许权使用费所得，以每次收入额为应纳税所得额。

（三）经营所得

经营所得，以每一纳税年度的收入总额减除成本、费用以及损失后的余额，为应纳税所得额。其中，成本、费用，是指生产、经营活动中发生的各项直接支出和分配计入成本的间接费用以及销售费用、管理费用、财务费用。所称损失，是指生产、经营活动中发生的固定资产和存货的盘亏、毁损、报废损失，转让财产损失，坏账损失，自然灾害等不可抗力因素造成的损失以及其他损失。

取得经营所得的个人，没有综合所得的，在计算其每一纳税年度的应纳税所得额时，应当减除费用 60 000 元、专项扣除、专项附加扣除以及依法确定的其他扣除。专项附加扣除在办理汇算清缴时减除。

从事生产、经营活动，未提供完整、准确的纳税资料，不能正确计算应纳税所得额的，由主管税务机关核定应纳税所得额或者应纳税额。

（四）财产租赁所得

财产租赁所得，每次收入不超过 4 000 元的，减除费用 800 元；每次收入在 4 000 元以上的，减除 20％的费用，其余额为应纳税所得额。

（五）财产转让所得

财产转让所得，以转让财产的收入额减除财产原值和合理费用后的余额为应纳税所得额。

其中，财产原值，按照下列方法确定：

（1）有价证券，为买入价以及买入时按照规定交纳的有关费用。

（2）建筑物，为建造费或者购进价格以及其他有关费用。

（3）土地使用权，为取得土地使用权所支付的金额、开发土地的费用以及其他有关费用。

（4）机器设备、车船，为购进价格、运输费、安装费以及其他有关费用。

其他财产，参照上述规定的方法确定财产原值。

纳税人未提供完整、准确的财产原值凭证，不能按照本条第一款规定的方法确定财产原值的，由主管税务机关核定财产原值。

（六）利息、股息、红利所得和偶然所得

利息、股息、红利所得和偶然所得以每次收入额为应纳税所得额。

三、应纳税所得额的其他规定

（一）收入额的规定

劳务报酬所得、稿酬所得、特许权使用费所得以收入减除 20％的费用后的余额为收入额。稿酬所得的收入额减按 70％计算。个人兼有不同的劳务报酬所得，应当分别减除费用，计算缴纳个人所得税。

（二）慈善捐赠扣除规定

个人将其所得对教育、扶贫、济困等公益慈善事业进行捐赠，捐赠额未超过纳税人申报的应纳税所得额 30％的部分，可以从其应纳税所得额中扣除；国务院规定对公益慈善事业捐赠实行全额税前扣除的，从其规定。

（三）境外已纳税款抵免规定

居民个人从中国境外取得的所得，可以从其应纳税额中抵免已在境外缴纳的个人所得税税额，但抵免额不得超过该纳税人境外所得依照本法规定计算的应纳税额。

（四）中介费扣除规定

对个人从事技术转让、提供劳务等过程中所支付的中介费，如能提供有效、合法凭证的，允许从其所得中扣除。

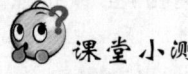 课堂小测

【单选题】

1. 根据税法规定，纳税人在中国境内接受学历（学位）继续教育的支出，在学历（学

位)教育期间按照每月(　　)元定额扣除。

A. 200　　　　　　　B. 300　　　　　　　C. 400　　　　　　　D. 500

2. 居民个人的下列所得,不并入综合所得计税的是(　　)。

A. 稿酬所得　　　　B. 劳务报酬所得　　C. 财产租赁所得　　D. 工资薪金所得

3. 根据个人所得税法律制度的规定,下列各项中,不属于专项附加扣除的是(　　)。

A. 3 岁以下婴幼儿照护　　　　　　B. 子女抚养

C. 赡养老人　　　　　　　　　　　D. 子女教育

4. 下列各项中,属于专项扣除的是(　　)。

A. 基本养老保险费　　　　　　　　B. 继续教育支出

C. 赡养老人支出　　　　　　　　　D. 符合国家规定的商业健康保险

5. 下列关于专项附加扣除的表述中,正确的是(　　)。

A. 同一学历(学位)继续教育的扣除期限不能超过 24 个月

B. 纳税人接受技能人员职业资格继续教育的支出,在取得相关证书的当年,按照每月 3 600 元的标准定额扣除

C. 纳税人发生的首套住房贷款利息支出,扣除期限最长不超过 240 个月

D. 赡养老人支出中的被赡养人仅指年满 60 岁的父母

6. 李某和妻子钱某婚后购买一套住房,属于首套住房贷款,下列说法正确的是(　　)。

A. 李某和钱某均可以扣除住房贷款利息

B. 李某和钱某每月均可扣除的额度是 1 000 元

C. 李某和钱某可以由其中一人扣除,每月扣除额度是 1 000 元

D. 李某、钱某购买的住房如果在北上广深等城市,扣除的标准要高于 1 000 元

7. 纳税人赡养(　　)父母以及其他法定赡养人的赡养支出,可以按照标准定额扣除。

A. 50 岁以上　　　B. 60 岁以上　　　C. 50 岁(含)以上　　D. 60 岁(含)以上

8. 纳税人在深圳工作,名下没有住房,每个月租房租金支出为 5 000 元。每月可扣除的住房租金专项附加扣除为(　　)元。

A. 1 500　　　　　　B. 1 100　　　　　　C. 800　　　　　　　D. 5 000

【多选题】

下列关于各专项附加扣除项目的扣除金额的表述中,正确的有(　　)。

A. 纳税人的子女接受全日制学历教育的相关支出,按照每个子女每月 1 000 元的标准定额扣除

B. 纳税人在中国境内接受学历(学位)继续教育的支出,在学历(学位)教育期间按照每月 400 元定额扣除

C. 在一个纳税年度内,纳税人发生的与基本医保相关的医药费用支出,全额按照 80 000 元的标准定额扣除

D. 纳税人为独生子女的赡养老人支出,按照每月 2 000 元的标准定额扣除

第四节 税 收 优 惠

一、法定免税项目

根据《个人所得税法》及其实施条例相关规定,对下列个人所得项目,免征个人所得税:

(1) 省级人民政府、国务院部委和中国人民解放军军以上单位,以及外国组织颁发的科学、教育、技术、文化、卫生、体育、环境保护等方面的奖金(奖学金)。

(2) 国债和国家发行的金融债券利息。其中,国债利息,是指个人持有中华人民共和国财政部发行的债券而取得的利息;国家发行的金融债券利息,是指个人持有经国务院批准发行的金融债券而取得的利息所得。

(3) 按照国家统一规定发给的补贴、津贴。这是指按照国务院规定发给的政府特殊津贴、院士津贴,以及国务院规定免予缴纳个人所得税的其他补贴、津贴。

(4) 福利费、抚恤金、救济金。其中,福利费,是指根据国家有关规定,从企业、事业单位、国家机关、社会团体提留的福利费或者从工会经费中支付给个人的生活补助费;救济金,是指各级人民政府民政部门支付给个人的生活困难补助费。

(5) 保险赔款。

(6) 军人的转业费、复员费、退役金。

(7) 按照国家统一规定发给干部、职工的安家费、退职费、基本养老金或者退休费、离休费、离休生活补助费。

(8) 依照有关法律规定应予免税的各国驻华使馆、领事馆的外交代表、领事官员和其他人员的所得。

(9) 中国政府参加的国际公约、签订的协议中规定免税的所得。

(10) 国务院规定的其他免税所得。

二、法定减税项目

根据《个人所得税法》规定,有下列情形之一的,可以减征个人所得税,具体幅度和期限,由省、自治区、直辖市人民政府规定,并报同级人民代表大会常务委员会备案:

(1) 残疾、孤老人员和烈属的所得。

(2) 因自然灾害造成重大损失的。

国务院可以规定其他减税情形,报全国人民代表大会常务委员会备案。

三、其他减免项目

根据财政部、国家税务总局的若干规定,对下列个人所得免征或暂免征收个人所得税:

（1）外籍个人以非现金形式或实报实销形式取得的住房补贴、伙食补贴、搬迁费、洗衣费。

（2）外籍个人按合理标准取得的境内、境外出差补贴。

（3）外籍个人取得的探亲费、语言训练费、子女教育费等，经当地税务机关审核批准为合理的部分。

（4）凡符合下列条件之一的外籍专家取得的工资薪金所得，可免征个人所得税：①根据世界银行专项贷款协议，由世界银行直接派往我国工作的外国专家；②联合国组织直接派往我国工作的专家；③为联合国援助项目来华工作的专家；④援助国派往我国专为该国援助项目工作的专家，其取得的无论我方或外国支付的工资、薪金和生活补贴；⑤根据两国政府签订的文化交流项目来华工作2年以内的文教专家，其工资、薪金所得由该国负担的；⑥根据我国大专院校国际交流项目来华工作2年以内的文教专家，其工资、薪金所得由该国负担的；⑦通过民间科研协定来华工作的专家，其工资、薪金所得由该国政府机构负担的。

（5）个人举报、协查各种违法、犯罪行为而获得的奖金。

（6）个人办理代扣代缴税款手续，按规定取得的扣缴手续费。

（7）个人转让自用有5年以上，并且是唯一的家庭生活用房取得的所得。

（8）对个人购买社会福利有奖募捐奖券、体育彩票，一次中奖收入在1万元以下（含）的暂免征收个人所得税，超过1万元的，全额征收个人所得税。

（9）达到离休、退休年龄，但确因工作需要，适当延长离休、退休年龄的高级专家（指享受国家发放的政府特殊津贴的专家、学者），其在延长离休、退休期间的工资、薪金所得，视同离休费、退休费免征个人所得税。

（10）对个人取得的教育储蓄存款利息所得，以及国务院财政部门确定的其他专项储蓄存款或储蓄型专项基金存款的利息所得，免征个人所得税。

（11）生育妇女按照县级以上人民政府根据国家有关规定制定的生育保险办法，取得的生育津贴、生育医疗费或其他属于生育保险性质的津贴、补贴，免征个人所得税。

（12）对工伤职工及其近亲属按照《中华人民共和国工伤保险条例》规定取得的一次性伤残保险待遇，免征个人所得税。

（13）对个人取得的2012年及以后年度发行的地方政府债券利息收入，免征个人所得税。

（14）对个人投资者持有2019—2023年发行的铁路债券取得的利息收入，减按50%计入应纳税所得额计算征收个人所得税。

（15）沪港、深港股票市场交易互联互通和内地与香港基金互认的税收优惠：①对内地个人投资者通过沪港通、深港通投资香港联交所上市股票取得的转让差价所得和通过基金互认买卖香港基金份额取得的转让差价所得，自2019年12月5日至2022年12月31日，继续暂免征收个人所得税。②对香港市场投资者（包括企业和个人）投资上海证券交易所（简称上交所）上市A股所取得的转让差价所得，暂免征收所得税。

（16）个人在上海、深圳证券交易所转让从上市公司公开发行和转让市场取得的股票,转让所得暂不征收个人所得税。

（17）自 2018 年 11 月 1 日(含)起,对个人转让全国中小企业股份转让系统(以下简称"新三板")挂牌公司非原始股所取得的所得,暂免征收个人所得税。

（18）支持新型冠状病毒感染的肺炎疫情防控的税收优惠。

为支持新型冠状病毒感染的肺炎疫情防控工作,自 2020 年 1 月 1 日起,下列所得免征个人所得税:①对参加疫情防治工作的医务人员和防疫工作者按照政府规定标准取得的临时性工作补助和奖金,免征个人所得税。政府规定标准包括各级政府规定的补助和奖金标准。对省级及省级以上人民政府规定的对参与疫情防控人员的临时性工作补助和奖金,比照执行。②单位发给个人用于预防新型冠状病毒感染的肺炎的药品、医疗用品和防护用品等实物(不包括现金),不计入工资、薪金收入,免征个人所得税。

 **课堂小测**

【单选题】

1. 在下列个人取得的所得中,准予减征个人所得税的是(　　)。

A. 残疾人张某兼职于某学校取得的劳动收入

B. 某公司职员李某转让其居住 10 年的唯一住房取得的收入

C. 王某从住房公积金处提取了 10 000 元的住房公积金

D. 外籍个人约翰以实报实销形式取得的搬迁费

2. 在下列国内某大学教授取得的所得中,免予征收个人所得税的是(　　)。

A. 因任某高校兼职教授取得的课酬

B. 个人取得的教育储蓄存款利息

C. 因拥有持有期不足 1 年的某上市公司股票取得的股息

D. 被学校评为校级优秀教师获得的奖金

3. 根据个人所得税法律制度的规定,下列各项中,不免征个人所得税的是(　　)。

A. 个人转让著作权所得　　　　　　　B. 国家规定的福利费

C. 保险赔款　　　　　　　　　　　　D. 退休费

【多选题】

1. 下列项目中,可以享受免征个人所得税的有(　　)。

A. 外籍个人按照合理标准取得的境外出差补贴

B. 个人举报犯罪行为获得的奖金

C. 退休人员再任职取得的收入

D. 个人购买体育彩票获得的中奖收入 8 000 元

2. 根据个人所得税法律制度的规定,下列所得中,免予缴纳个人所得税的有(　　)。

A. 保险赔款　　　B. 劳动分红　　　C. 退休工资　　　D. 军人转业费

第五节 应纳税额的计算

一、居民个人综合所得的计税方法

居民个人综合所得个人所得税的计算方法,包括预扣预缴税款的计算方法和综合所得汇算清缴的计算方法。

(一) 居民个人综合所得预扣预缴税款的计算方法

扣缴义务人在向居民个人支付工资、薪金所得,劳务报酬所得,稿酬所得,特许权使用费所得时,按以下方法预扣预缴个人所得税,并向主管税务机关报送《个人所得税扣缴申报表》。

(1) 居民个人工资、薪金所得预扣预缴税款计算方法。

扣缴义务人向居民个人支付工资、薪金所得时,应当按照累计预扣法计算预扣税款,并按月办理全员全额扣缴申报。

累计预扣法,是指扣缴义务人在一个纳税年度内预扣预缴税款时,以纳税人在本单位截至当前月份工资、薪金所得累计收入减除累计免税收入、累计减除费用、累计专项扣除、累计专项附加扣除和累计依法确定的其他扣除后的余额为累计预扣预缴应纳税所得额,适用个人所得税预扣率表,计算累计应预扣预缴税额,再减除累计减免税额和累计已预扣预缴税额,其余额为本期应预扣预缴税额。余额为负值时,暂不退税。纳税年度终了后余额仍为负值时,由纳税人通过办理综合所得年度汇算清缴,税款多退少补。具体计算公式如下:

$$\begin{matrix} \text{本期应预扣} \\ \text{预缴税额} \end{matrix} = \left(\begin{matrix} \text{累计预扣预缴} \\ \text{应纳税所得额} \end{matrix} \times \text{预扣率} - \begin{matrix} \text{速算} \\ \text{扣除数} \end{matrix} \right) - \begin{matrix} \text{累计减} \\ \text{免税额} \end{matrix} - \begin{matrix} \text{累计已预扣} \\ \text{预缴税额} \end{matrix}$$

$$\begin{matrix} \text{累计预扣预缴} \\ \text{应纳税所得额} \end{matrix} = \begin{matrix} \text{累计} \\ \text{收入} \end{matrix} - \begin{matrix} \text{累计免} \\ \text{税收入} \end{matrix} - \begin{matrix} \text{累计减} \\ \text{除费用} \end{matrix} - \begin{matrix} \text{累计专项扣除和} \\ \text{累计专项附加扣除} \end{matrix} - \begin{matrix} \text{累计依法确定} \\ \text{的其他扣除} \end{matrix}$$

上述公式中累计减除费用,按照 5 000 元/月乘以纳税人当年截至本月在本单位的任职受雇月份数计算。

在 7 项专项附加扣除中,除大病医疗之外,其他专项附加扣除可由纳税人选择在预扣预缴税款时进行扣除。大病医疗专项附加扣除只能在汇算清缴时才能扣除。

计算居民个人工资、薪金所得预扣预缴税额适用的预扣率、速算扣除数,按七级超额累进预扣率(见表 5-5)执行。

表 5-5 个人所得税预扣率表(一)

(居民个人工资、薪金所得预扣预缴适用)

级数	累计预扣预缴应纳税所得额	预扣率	速算扣除数
1	不超过 36 000 元的部分	3%	0

（续表）

级数	累计预扣预缴应纳税所得额	预扣率	速算扣除数
2	超过 36 000 元至 144 000 元的部分	10%	2 520
3	超过 144 000 元至 300 000 元的部分	20%	16 920
4	超过 300 000 元至 420 000 元的部分	25%	31 920
5	超过 420 000 元至 660 000 元的部分	30%	52 920
6	超过 660 000 元至 960 000 元的部分	35%	85 920
7	超过 960 000 元的部分	45%	181 920

【例 5-2】 中国居民陈某为某企业员工，202×年 1～3 月企业每月应发工资 12 000 元，每月公司按规定标准为其代扣代缴"三险一金"1 800 元，从 1 月起享受子女教育支出专项附加扣除 1 000 元，没有减免收入及减免税额等情况。

要求：依照现行税法规定，分别计算赵某 1～3 月应预扣预缴税额。

【解析】 陈某本期应预扣预缴税额＝（累计预扣预缴应纳税所得额×预扣率－速算扣除数）－累计减免税额－累计已预扣预缴税额

1 月应预扣预缴税额＝（12 000－5 000－1 800－1 000）×3%＝126（元）

2 月应预扣预缴税额＝（12 000×2－5 000×2－1 800×2－1 000×2）×3%－126＝126（元）

3 月应预扣预缴税额＝（12 000×3－5 000×3－1 800×3－1 000×3）×3%－126－126＝126（元）

陈某 1～3 月累计预扣预缴应纳税所得额均低于 36 000，适用 3%税率，因此各月应预扣预缴的税款相同。

【例 5-3】 中国居民李某为某公司职员，202×年 1～3 月公司每月应发工资为 35 000 元，每月公司按规定标准为其代扣代缴"三险一金"5 250 元，从 1 月起享受子女教育、赡养老人两项专项附加扣除共计 2 000 元，没有减免收入及减免税额等情况。

要求：依照现行税法规定，分别计算李某 1～3 月应预扣预缴税额。

【解析】

1 月应预扣预缴税额＝（35 000－5 000－5 250－2 000）×3%＝682.5（元）

2 月应预扣预缴税额＝（35 000×2－5 000×2－5 250×2－2 000×2）×10%－2 520－682.5＝1 347.5（元）

3 月应预扣预缴税额＝（35 000×3－5 000×3－5 250×3－2 000×3）×10%－2 520－682.5－1 347.5＝2 275（元）

由于李某 2 月累计预扣预缴的应纳税所得额为 45 500 元，适用 10%的税率，因此相比 1 月，李某 2 月的应预扣预缴税金有所增加。

 小试牛刀

【计算题】

居民个人张某为独生子女,父母均已年满65周岁,其独生子就读于某小学。202×年张某的收入及部分支出如下:

(1)每月从单位领取扣除社保费用和住房公积金后的工资10 000元。

(2)每月按首套住房贷款利率偿还房贷5 000元。

(其他相关资料:以上专项附加扣除由张某100%扣除。)

要求:分别计算202×年1～3月张某应预扣预缴税额。

(2)居民个人劳务报酬所得、稿酬所得、特许权使用费所得预扣预缴税款计算方法。

扣缴义务人向居民个人支付劳务报酬所得、稿酬所得、特许权使用费所得,以每次或每月收入额为预扣预缴应纳税所得额,其分别适用三级超额累进预扣率(见表5-6)和20%的比例预扣率,按次或按月计算每项所得应预扣预缴的个人所得税。

劳务报酬所得应预扣预缴税额 = 预扣预缴应纳税所得额(收入额)×预扣率－速算扣除数

稿酬所得、特许权使用费所得应预扣预缴税额 = 预扣预缴应纳税所得额(收入额)×20%

表5-6　　　　　　　　　　**个人所得税预扣率表(二)**

(居民个人劳务报酬所得预扣预缴适用)

级数	预扣预缴应纳税所得额	预扣率	速算扣除数
1	不超过20 000元的部分	20%	0
2	超过20 000元至50 000元的部分	30%	2 000
3	超过50 000元的部分	40%	7 000

劳务报酬所得、稿酬所得、特许权使用费所得以收入减除费用后的余额为收入额。其中,稿酬所得的收入额减按70%计算。劳务报酬所得、稿酬所得、特许权使用费所得每次收入不超过4 000元的,减除费用按800元计算;每次收入4 000元以上的,减除费用按20%计算。劳务报酬所得适用20%～40%的三级超额累进预扣率(见表5-6),稿酬所得、特许权使用费所得适用20%的比例预扣率。

【例5-4】 中国某居民个人一次性取得劳务报酬收入1 500元(不含增值税)。

要求:计算该所得应预扣预缴税额。

【解析】 应纳税所得额＝1 500－800＝700(元)

应预扣预缴税额＝700×20%＝140(元)

【例5-5】 假设中国某居民个人一次性取得稿酬收入80 000元(不含增值税)。

要求:计算该所得应预扣预缴税额。

【解析】 应纳税所得额＝80 000×70%×(1－20%)＝44 800(元)

应预扣预缴税额＝44 800×20%＝8 960(元)

 小试牛刀

【计算题】

某杂志社专职记者202×年1月取得工资8 000元,同时由于在本单位杂志上发表多篇文章,取得所得2 000元。

要求:计算该记者本月应预扣预缴个人所得税税额。

(二)居民个人综合所得汇算清缴的计算方法

居民个人办理年度综合所得汇算清缴时,应当依法计算劳务报酬所得、稿酬所得、特许权使用费所得的收入额,并入年度综合所得再计算应纳税款,税款多退少补。居民个人应当在取得所得的次年3月1日至6月30日办理年度汇算清缴。某年度综合所得汇算清缴计算公式如下所示:

$$\begin{aligned}\text{某年度汇算应退或应补税额} = &\Big[\Big(\text{综合所得收入额} - 60\,000 - \text{"三险一金"等专项扣除} - \text{子女教育等专项附加扣除} - \text{依法确定的其他扣除} - \text{捐赠}\Big) \times \\ &\text{适用税率} - \text{速算扣除数}\Big] - \text{当年已预缴税额}\end{aligned}$$

(1)综合所得收入额的确定。①工资、薪金所得,以年度工资、薪金收入减去不征税收入、免税收入的余额为收入额。②劳务报酬所得、稿酬所得、特许权使用费所得,以各自的收入减去20%的费用后的余额为收入额。其中,稿酬所得的收入额按70%计算。个人兼有不同的劳务报酬所得,应分别扣除费用,计算缴纳个人所得税。

(2)专项扣除、专项附加扣除,依法确定的其他扣除按前述规定处理。注意:专项扣除、专项附加扣除和依法规定的其他扣除,以居民个人一个纳税年度的应纳税所得额为限额。一个纳税年度抵扣不完的,不得结转抵扣。

(3)适用税率和速算扣除数,根据年度应纳税所得额查找综合所得七级超额累进税率表(见表5-7)确定。

表5-7 综合所得个人所得税税率表(含速算扣除数)

级数	全年应纳税所得额	税率	速算扣除数
1	不超过36 000元的	3%	0
2	超过36 000元至144 000元的部分	10%	2 520
3	超过144 000元至300 000元的部分	20%	16 920
4	超过300 000元至420 000元的部分	25%	31 920
5	超过420 000元至660 000元的部分	30%	52 920
6	超过660 000元至960 000元的部分	35%	85 920
7	超过960 000元的部分	45%	181 920

【例5-6】 假设中国居民陈某202×年每月应取得的工资收入为35 000元,缴纳"三

险一金"5 250元、享受子女教育和赡养老人两项专项附加扣除2 000元。202×年陈某只在本单位一处拿工资,没有其他收入、大病医疗和减免收入及减免税等情况。

　　要求:计算陈某每月应预扣预缴税额和年终综合所得应纳税额。

　　【解析】　每月应预扣预缴税额情况如下:

　　1月:(35 000−5 000−5 250−2 000)×3%=682.5(元)

　　2月:(35 000×2−5 000×2−5 250×2−2 000×2)×10%−2 520−682.5=1 347.5(元)

　　3月:(35 000×3−5 000×3−5 250×3−2 000×3)×10%−2 520−2 030=2 275(元)

　　4月:(35 000×4−5 000×4−5 250×4−2 000×4)×10%−2 520−4 305=2 275(元)

　　5月:(35 000×5−5 000×5−5 250×5−2 000×5)×10%−2 520−6 580=2 275(元)

　　6月:(35 000×6−5 000×6−5 250×6−2 000×6)×10%−2 520−8 855=2 275(元)

　　7月:(35 000×7−5 000×7−5 250×7−2 000×7)×20%−16 920−11 130=3 800(元)

　　8月:(35 000×8−5 000×8−5 250×8−2 000×8)×20%−16 920−14 930=4 550(元)

　　9月:(35 000×9−5 000×9−5 250×9−2 000×9)×20%−16 920−19 480=4 550(元)

　　10月:(35 000×10−5 000×10−5 250×10−2 000×10)×20%−16 920−24 030=4 550(元)

　　11月:(35 000×11−5 000×11−5 250×11−2 000×11)×20%−16 920−28 580=4 550(元)

　　12月:(35 000×12−5 000×12−5 250×12−2 000×12)×20%−16 920−33 130=4 550(元)

　　1~12月陈某所在单位共计预扣预缴税额为37 680元。

　　年终综合所得应纳税额:

　　当年综合所得应缴纳个人所得税=(35 000×12−60 000−5 250×12−2 000×12)×20%−16 920=37 680(元)

　　由于陈某只在一处取得工资、薪金,且足额享受专项附加扣除,单位已全额预扣预缴税款,故年终不须进行综合所得汇算清缴。

　　【例5-7】　居民个人周某为独生子女,父母均已年满65周岁,其独生子就读于某小学。202×年周某的收入及部分支出如下:

　　(1)每月从单位领取工资、薪金收入18 000元。

　　(2)任职单位每月按规定标准为其代缴"三险一金"2 700元。

　　(3)3月份从甲公司取得劳务报酬收入3 500元,稿酬收入2 000元。

　　(4)每月按首套住房贷款利率偿还房贷5 000元。

　　(其他相关资料:以上专项附加扣除由张某100%扣除。)

　　已知,当年取得三项所得时已被支付方足额预扣预缴税款合计5 748元,没有大病医疗和减免收入及减免税额等情况。

要求:为周某进行综合所得个人所得税的汇算清缴。(假设上述劳务报酬、稿酬、特许权使用费收入均为不含税收入)

【解析】

(1) 周某年综合所得年收入额=18 000×12+3 500×(1-20%)+2 000×70%×(1-20%)=219 920(元)

(2) 周某综合所得年应纳税所得额

=年收入额-60 000-专项扣除-专项附加扣除-其他扣除

=219 920-60 000-2 700×12-1 000×12-2 000×12-1 000×12

=79 520(元)

(3) 周某年综合所得应纳税额

=年应纳税所得额×适用税率-速算扣除数

=79 520×10%-2 520

=5 432(元)

(4) 周某年终汇算清缴应补(退)税额

=应纳税额-预扣预缴税额

=5 432-5 748

=-316(元)

周某年终汇算清缴应获退税款316元。

 小试牛刀

【计算题】

中国公民张先生为国内某企业高级技术人员,202×年1～12月取得的收入情况如下:

(1) 每月取得扣除社保费用和住房公积金后的工资收入28 400元。

(2) 出版小说获得稿酬收入10 000元。

已知,张先生的独生女就读于某大学二年级;张先生和妻子名下仅有一套自有住房,享受首套房贷款利率;张先生父母年纪均已过60周岁且张先生为独生子。(以上专项附加扣除均由张先生100%扣除)

要求:(1) 分别计算张先生工资薪金每月预扣预缴税额和稿酬收入预扣预缴税额。

(2) 为张先生进行综合所得个人所得税的汇算清缴。

(三) 无住所居民个人综合所得计税方法的特殊规定

无住所居民个人取得综合所得,年度终了后,应将年度工资、薪金收入额,劳务报酬收入额,稿酬收入额,特许权使用费收入额汇总,计算缴纳个人所得税。需要办理汇算清缴的,依法办理汇算清缴。

$$
\begin{aligned}
\text{年度综合所} \atop \text{得应纳税额} = & \left(\text{年度工资、} \atop \text{薪金收入额} + \text{年度劳务} \atop \text{报酬收入额} + \text{年度稿酬} \atop \text{收入额} + \text{年度特许权} \atop \text{使用费收入额} - \text{减除} \atop \text{费用} - \right. \\
& \left. \text{专项扣除专} \atop \text{项附加扣除} - \text{依法确定的} \atop \text{其他扣除} \right) \times \text{适用} \atop \text{税率} - \text{速算} \atop \text{扣除数}
\end{aligned}
$$

二、非居民个人四项所得的计税方法

非居民个人取得工资、薪金所得,劳务报酬所得,稿酬所得和特许权使用费所得,有扣缴义务人的,由扣缴义务人按以下方法按月或者按次代扣代缴个人所得税,不办理汇算清缴。

劳务报酬所得、稿酬所得、特许权使用费所得,以各自的收入减去20%的费用后的余额为收入额;稿酬所得的收入额减按70%计算。非居民个人的工资、薪金所得,以每月收入额减除费用5 000元后的余额为应纳税所得额;劳务报酬所得、稿酬所得、特许权使用费所得,以每次收入额为应纳税所得额,适用月度税率表(见表5-8)。

劳务报酬所得、稿酬所得、特许权使用费所得,属于一次性收入的,以取得该项收入为一次;属于同一项目连续性收入的,以一个月内取得的收入为一次。

表 5-8　　　　　　　　　　个人所得税税率表

(非居民个人工资、薪金所得,劳务报酬所得,稿酬所得,特许权使用费所得适用)

级数	应纳税所得额	税率	速算扣除数
1	不超过3 000元的部分	3%	0
2	超过3 000元至12 000元的部分	10%	210
3	超过12 000元至25 000元的部分	20%	1 410
4	超过25 000元至35 000元的部分	25%	2 660
5	超过35 000元至55 000元的部分	30%	4 410
6	超过55 000元至80 000元的部分	35%	7 160
7	超过80 000元的部分	45%	15 160

【例5-8】　假定在某外商投资企业中工作的英国专家(非居民纳税人),202×年3月取得由该企业发放的含税工资收入11 000元人民币,此外还从别处取得劳务报酬6 000元人民币。

要求:计算当月其应纳个人所得税税额。

【解析】　(1)该非居民个人当月工资、薪金所得应纳税额=(11 000-5 000)×10%-210=390(元)

(2)该非居民个人当月劳务报酬所得应纳税额=6 000×(1-20%)×10%-210=270(元)

 小试牛刀

【单选题】

非居民个人取得工资薪金所得的征收管理,下列说法正确的是( )。

A. 依据综合所得税率表,按月代扣代缴税款

B. 由扣缴义务人按月代扣代缴税款,不办理汇算清缴

C. 扣缴义务人可将同期的工资薪金和股息红利所得合并代扣代缴税款

D. 向扣缴义务人提供专项附加扣除信息的,可按扣除专项附加后的余额代扣税款

【计算题】

在我国无住所的非居民个人吉米,202×年 7 月在我国境内出版一篇小说,取得稿酬收入 60 000 元。

要求:计算吉米应缴纳的个人所得税税额。

三、经营所得的计税方法

(一) 个体工商户生产经营所得的计税方法

1. 计税基本规定

个体工商户的生产、经营所得,以每一纳税年度的收入总额,减除成本、费用、税金、损失、其他支出以及允许弥补的以前年度亏损后的余额,为应纳税所得额。计算公式为:

应纳税所得额 = 收入总额 − 成本 − 费用 − 税金 − 损失 − 其他支出 − 允许弥补的以前年度亏损

(1) 个体工商户因从事生产经营以及与生产经营有关的活动(以下简称生产经营)而取得的货币形式和非货币形式的各项收入,为收入总额,包括销售货物收入、提供劳务收入、转让财产收入、利息收入、租金收入、接受捐赠收入、其他收入。

(2) 成本,是指个体工商户在生产经营活动中发生的各种直接支出和分配计入成本的间接费用,具体包括销售成本、销货成本、业务支出以及其他耗费。

(3) 费用,是指个体工商户在生产经营活动中发生的销售费用、管理费用和财务费用,已经计入成本的有关费用除外。

(4) 税金,是指个体工商户在生产经营活动中发生的除个人所得税和允许抵扣的增值税以外的各项税金及其附加。

(5) 损失,是指个体工商户在生产经营活动中发生的,因为固定资产和存货的盘亏、毁损、报废损失,转让财产损失,坏账损失,自然灾害等不可抗力因素造成的损失以及其他损失。

(6) 亏损,是指个体工商户依照规定计算的应纳税所得额小于零的数额。

2. 个体工商户不得税前扣除的支出

(1) 个人所得税税款。

(2) 税收滞纳金。

(3) 罚金、罚款和被没收财物的损失。

（4）不符合扣除规定的捐赠支出。

（5）赞助支出，是指个体工商户发生的与生产经营活动无关的各种非广告性质支出。

（6）用于个人和家庭的支出。

（7）与取得生产经营收入无关的其他支出。

（8）国家税务总局规定不准扣除的支出。

3. 生产经营费用和个人、家庭费用的核算

个体工商户生产经营活动中，应当分别核算生产经营费用和个人、家庭费用。对于生产经营与个人、家庭生活混用难以分清的费用，其 40% 视为与生产经营有关费用，准予扣除。

4. 个体工商户纳税年度发生的亏损

个体工商户纳税年度发生的亏损，准予向以后年度结转，用以后年度的生产经营所得弥补，但结转年限最长不得超过 5 年。

 小试牛刀

【单选题】

下列选项中，关于个体工商户从事生产、经营活动取得的所得的说法，正确的是（　　）。

A. 个体工商户直接对受益人的捐赠可以限额扣除

B. 个体工商户违规经营被工商行政管理局罚款的支出可在税前扣除

C. 个体工商户生产经营与个人、家庭生活混用难以分清的费用全部准予在税前扣除

D. 个体工商户纳税年度发生的亏损，准予向以后年度结转

5. 扣除项目及标准

（1）个体工商户实际支付给从业人员的、合理的工资、薪金支出，准予扣除。

（2）个体工商户业主的工资、薪金支出不得税前扣除。取得经营所得的、没有综合所得的个人，在计算其每一纳税年度的应纳税所得额时，应当减除费用 60 000 元、专项扣除、专项附加扣除以及依法确定的其他扣除。其中，专项附加扣除在办理汇算清缴时减除。

（3）个体工商户按照国务院有关主管部门或者省级人民政府规定的范围和标准，为其业主和从业人员缴纳的基本养老保险费、基本医疗保险费、失业保险费、生育保险费、工伤保险费和住房公积金，准予扣除。

（4）个体工商户在生产经营活动中发生的合理的不需要资本化的借款费用，准予扣除。

（5）个体工商户在生产经营活动中发生的下列利息支出，准予扣除：①向金融企业借款的利息支出。②向非金融企业和个人借款的利息支出，不超过按照金融企业同期同类贷款利率计算的数额的部分。

（6）个体工商户向当地工会组织拨缴的工会经费、实际发生的职工福利费支出、职工教育经费支出，分别在工资、薪金总额的 2%、14% 和 2.5% 的标准内据实扣除。

职工教育经费的实际发生数额超出规定比例当期不能扣除的数额，准予在以后纳税年度结转扣除。

个体工商户业主本人向当地工会组织缴纳的工会经费、实际发生的职工福利费支出、职工教育经费支出,以当地(地级市)上年度社会平均工资的 3 倍为计算基数,在上述规定比例内据实扣除。

(7) 个体工商户发生的与生产经营活动有关的业务招待费,按照实际发生额的 60% 扣除,但最高不得超过当年销售(营业)收入的 5‰。

(8) 个体工商户每一纳税年度发生的、与其生产经营活动直接相关的广告费和业务宣传费不超过当年销售(营业)收入 15% 的部分,可以据实扣除;超过部分,准予在以后纳税年度结转扣除。

(9) 个体工商户参加财产保险,按照规定缴纳的保险费,准予扣除。

(10) 个体工商户发生的合理的劳动保护支出,准予扣除。

(11) 个体工商户按照规定缴纳的摊位费、行政性收费、协会会费等,按实际发生数额扣除。

(12) 个体工商户通过公益性社会团体或者县级以上人民政府及其部门,用于规定的公益事业的捐赠,捐赠额不超过其应纳税所得额 30% 的部分可以据实扣除。

6. 应纳税额的计算方法

个体工商户取得经营所得应纳税额的计算,适用五级超额累进税率(见表 5-9),采取按月或按季度预缴税款,按年汇算清缴的纳税方式。具体而言,由纳税人在月度或者季度终了后 15 日内向税务机关报送纳税申报表预缴税款,在取得所得的次年 3 月 31 日前办理年度个人所得税汇算清缴。其计算公式为:

$$全年应纳税额 = 全年应纳税所得额 \times 适用税率 - 速算扣除数$$

$$汇算清缴税额 = 全年应纳税额 - 全年累计已预缴税额$$

从事生产、经营活动,未提供完整、准确的纳税资料,不能正确计算应纳税所得额的,由主管税务机关核定应纳税所得额或者应纳税额。

表 5-9 个人所得税税率表

(经营所得适用)

级数	全年应纳税所得额	税率	速算扣除数
1	不超过 30 000 元的部分	5%	0
2	超过 30 000 元至 90 000 元的部分	10%	1 500
3	超过 90 000 元至 300 000 元的部分	20%	10 500
4	超过 300 000 元至 500 000 元的部分	30%	40 500
5	超过 500 000 元的部分	35%	65 500

【例 5-9】 某市 A 民宿是个体工商户,账证比较健全。202× 年 1~12 月累计应纳税所得额为 132 000(未扣除投资者费用),1~12 月累计已预缴个人所得税为 15 900 元。除经营所得外,投资者本人没有其他应税收入,202× 年全年享受一名子女教育和赡养老人的专项附加扣除金额合计 24 000 元。

要求：依照现行税法规定，分析计算该个体工商户202×年经营所得个人所得税的汇算清缴情况。

【解析】 （1）全年应纳税所得额＝132 000－60 000－24 000＝48 000（元）

（2）全年应缴纳个人所得税＝48 000×10％－1 500＝3 300（元）

（3）202×年汇算清缴应申请退税额＝15 900－3 300＝12 600（元）

 小试牛刀

【单选题】

下列费用中，在计算个体工商户个人所得税应纳税所得额时准予据实扣除的是（　　）。

A. 摊位费　　　　　　　　　　B. 广告费

C. 业务招待费　　　　　　　　D. 用于家庭的费用支出

【多选题】

在计算个体工商户生产经营所得应纳的个人所得税时，不允许在个人所得税税前扣除的项目有（　　）。

A. 支付给从业人员的合理工资　　B. 税收滞纳金

C. 被没收的财物、支付的罚款　　D. 个体工商户业主的工资支出

（二）个人独资企业和合伙企业投资者的计税方法

1. 个人独资企业、合伙企业纳税人

个人独资企业、合伙企业包括依法成立的独资、合伙性质的私营企业，合伙制律师事务所，负无限责任和无限连带责任的其他个人独资、个人合伙性质的机构或组织。个人独资企业以投资者为纳税义务人，合伙企业以每一个合伙人为纳税义务人。

2. 税率

实行查账征税办法的，其税率适用"经营所得"5％～35％的五级超额累进税率，计算征收个人所得税。

实行核定应税所得率征收方式的，按照应税所得率计算其应纳税所得额，再按其应纳税所得额的大小，适用5％～35％的五级超额累进税率计算征收个人所得税。

3. 应纳税所得额的确定原则

个人独资企业和合伙企业的应纳税所得额，等于每一纳税年度的收入总额减除成本费用以及损失后的余额。

合伙企业的合伙人应纳税所得额的确认原则如下：

（1）合伙企业的合伙人以合伙企业的生产经营所得和其他所得，按照合伙协议约定的分配比例确定应纳税所得额。

（2）合伙协议未约定或者约定不明确的，以全部生产经营所得和其他所得，按照合伙人协商决定的分配比例确定应纳税所得额。

（3）协商不成的，以全部生产经营所得和其他所得，按照合伙人实缴出资比例确定应纳税所得额。

（4）无法确定出资比例的，以全部生产经营所得和其他所得，按照合伙人数量平均计算每个合伙人的应纳税所得额。

（5）合伙协议不得约定将全部利润分配给部分合伙人。

4. 扣除项目及标准

实行查账征税办法的，计算生产经营所得时，扣除项目比照个体工商户相关规定执行。但下列项目扣除遵循如下规定：

（1）投资者本人的费用扣除标准统一确定为 60 000 元/年（即 5 000 元/月）。

（2）投资者及其家庭发生的生活费用不允许在税前扣除。家庭发生的生活费用与企业生产经营费用混合在一起的，并且难以划分的，全部视为投资者个人及家庭发生的生活费用，不允许在税前扣除。

（3）企业向其从业人员实际支付的合理的工资、薪金支出，允许在税前据实扣除。

（4）企业缴拨的工会经费、发生的职工福利费、职工教育经费支出，分别在工资、薪金总额 2%、14%、2.5% 的标准内据实扣除。

（5）每一纳税年度发生的、与其生产经营业务直接相关的业务招待费支出，按照实际发生额的 60% 扣除，但最高不得超过当年销售（营业）收入的 5‰。

（6）每一纳税年度发生的与其生产经营活动直接相关的广告费和业务宣传费，不超过当年销售（营业）收入 15% 的部分，可以据实扣除；超过部分，准予在以后纳税年度结转扣除。

（7）计提的各种准备金不得扣除。

5. 应纳税额的计算方法

（1）查账征收。实行查账征收的个人投资者，兴办一个企业的，比照个体工商户经营所得应纳税额的计算方法。

（2）核定征收。有下列情形之一的，主管税务机关应采取核定征收方式征收个人所得税：①企业依照国家有关规定应当设置但未设置账簿的。②企业虽设置账簿，但账目混乱或者成本资料、收入凭证、费用凭证残缺不全，难以查账的。③纳税人发生纳税义务，未按照规定的期限办理纳税申报，经税务机关责令限期申报，逾期仍不申报的。

核定征收方式，包括定额征收、核定应税所得率征收以及其他合理的征收方式。实行核定应税所得率征收方式的，应纳所得税额的计算公式如下：

$$应纳所得税额 = 应纳税所得额 \times 适用税率$$

或

$$应纳税所得额 = 收入总额 \times 应税所得率$$
$$= 成本费用支出额 \div (1 - 应税所得率) \times 应税所得率$$

各行业的应税所得率如表 5-10 所示。

表 5-10 各行业应税所得率

行业	应税所得率
工业、商业、交通运输业	5%～20%
建筑业、房地产开发业	7%～20%

（续表）

行业	应税所得率
饮食服务业	7%～25%
娱乐业	20%～40%
其他行业	10%～30%

（三）对企事业单位承包、承租经营所得的计税方法

1. 应纳税所得额的确定

对企事业单位承包经营、承租经营所得是以每一纳税年度的收入总额，减除必要费用后的余额，为应纳税所得额。其中，收入总额，是指纳税人按照承包经营、承租经营合同规定分得的经营利润和工资、薪金性质的所得。减除必要费用，是指按月减除 5 000 元，其计算公式如下：

应纳税所得额 = 个人承包、承租经营收入总额 − 每月费用扣除标准 × 实际承包或承租月数

2. 应纳税额的计算方法

对企事业单位承包经营、承租经营所得适用五级超额累进税率（见表 5-9），以其应纳税所得额按适用税率计算应纳税额。计算公式为：

应纳税额 = 应纳税所得额 × 适用税率 − 速算扣除数

【例 5-10】 中国居民陈某 202× 年 1～12 月承包某商店，承包期限为 1 年，取得承包经营所得 40 万元。此外，陈某每月从商店领取工资 12 000 元。202× 年除经营所得外，陈某没有其他应税收入，无专项附加扣除和其他减免税优惠。

要求：依照现行税法规定，计算陈某 202× 年应缴纳的个人所得税税额。

【解析】（1）202× 年承包经营应纳税所得额 =（400 000＋12×12 000）−12×5 000＝484 000（元）

（2）202× 年承包经营所得应缴纳个人所得税税额 = 484 000×30%−40 500＝104 700（元）

 小试牛刀

【计算题】

中国居民李某于 202× 年 1 月 1 日至 12 月 31 日，承包某单位门市部，经营期限 12 个月。取得不含税经营收入总额 300 000 元，准许税前扣除的与经营收入相关的支出总额 120 000 元。已知，张某当年没有综合所得，无专项附加扣除和其他减免税优惠。

要求：依照现行税法规定，计算李某 202× 年承包经营所得应缴纳的个人所得税。

四、利息、股息、红利所得的计税方法

（一）应纳税所得额的确定

利息、股息、红利所得以个人每次取得的收入额为应纳税所得额，不得从收入额中扣

除任何费用。每次收入额,是指支付单位或个人每次支付利息、股息、红利时,个人所取得的收入。股份制企业在分配股息、红利时,以股票形式向股东个人支付应得的股息、红利(即派发红股),应以派发红股的股票票面金额为收入额,计算征收个人所得税。

(二)应纳税额的计算

利息、股息、红利所得适用 20% 的比例税率。其应纳税额的计算公式为:

$$应纳税额 = 应纳税所得额(每次收入额) \times 适用税率$$

 小试牛刀

【计算题】

中国公民李某为某大学的教授,5 月份取得国债利息收入 2 000 元、企业债券利息收入 3 000 元。

要求:计算李某取得利息所得共应缴纳的个人所得税税额。

五、财产租赁所得的计税方法

(一)应纳税所得额的确定

财产租赁所得一般以个人每次取得的收入、定额或定率减除规定费用后的余额为应纳税所得额。每次收入不超过 4 000 元,定额减除费用 800 元;每次收入在 4 000 元以上,定额减除其 20% 的费用。财产租赁所得以一个月内取得的收入为一次。

个人出租财产取得的财产租赁收入,在计算缴纳个人所得税时,应依次扣除以下费用:

(1)财产租赁过程中缴纳的税费。

(2)向出租方支付的租金。

(3)由纳税人负担的该出租财产实际开支的修缮费用。允许扣除的修缮费用,以每次 800 元为限。一次扣除不完的,准予在下一次继续扣除,直到扣完为止。

(4)税法规定的费用扣除标准。

(5)个人转租房屋的,其向房屋出租方支付的租金及增值税额,在计算转租所得时予以扣除。

(二)应纳税额的计算

每次(月)收入不超过 4 000 元时,应纳税所得额的计算公式为:

$$应纳税所得额 = 每次(月)收入额 - 准予扣除项目 - 修缮费用(800 元为限) - 800 元$$

每次(月)收入超过 4 000 元时,应纳税所得额的计算公式为:

$$应纳税所得额 = [每次(月)收入额 - 准予扣除项目 - 修缮费用(800 元为限)] \times (1 - 20\%)$$

财产租赁所得适用 20% 的比例税率。但对个人按市场价格出租的居民住房取得的所得,暂减按 10% 的税率征收个人所得税。其应纳税额的计算公式为:

$$应纳税额 = 应纳税所得额 \times 适用税率$$

【例5-11】 中国居民林某于202×年3月将其自有的2间面积为120平方米的房屋出租给陈某居住,租期1年。林某每月取得租金收入7 000元,全年租金收入84 000元。

要求:计算林某全年租金收入应缴纳的个人所得税税额(不考虑其他税费)。

【解析】 (1)每月应纳税额=7 000×(1−20%)×10%=560(元)

(2)全年应纳税额=560×12=6 720(元)

 小试牛刀

【单选题】

中国公民王某将一套闲置住房出租给李某居住,按照市场价格每月收取租金3 500元,假定不考虑其他税费,王某每月租金收入应缴纳个人所得税( )元。

A. 350   B. 270   C. 540   D. 700

六、财产转让所得的计税方法

(一)应纳税所得额的确定

财产转让所得,是指个人转让有价证券、股权、合伙企业中的财产份额、不动产、机器设备、车船以及其他财产取得的所得。个人转让财产,按照一次转让财产的收入额减除财产原值和合理费用后的余额,为应纳税所得额计算纳税。其计算公式如下:

$$应纳税所得额 = 每次收入额 - 财产原值 - 合理费用$$

财产原值按照下列方法确定:

(1)有价证券,为买入价以及买入时按照规定交纳的有关费用。

(2)建筑物,为建造费、购进价格以及其他有关税费。

(3)土地使用权,为取得土地使用权所支付的金额、开发土地的费用以及其他有关税费。

(4)机器设备、车船,为购进价格、运输费、安装费,以及其他有关费用。

(二)应纳税额的计算

财产转让所得适用20%的比例税率。其应纳税额的计算公式为:

$$应纳税额 = 应纳税所得额 \times 适用税率$$

【例5-12】 中国居民胡某自行建造住房一套,造价30万元,支付其他相关费用3万元。202×年8月将该住房出售,不含税销售价格为50万元,卖出财产时按照规定支付相关税费16 000元。

要求:依照现行税法规定,计算胡某转让住房应缴纳的个人所得税税额。

【解析】 (1)住房转让应纳税所得额=500 000−(300 000+30 000)−16 000=154 000(元)

（2）住房转让应纳个人所得税额＝154 000×20％＝30 800(元)

 小试牛刀

【计算题】

周某将自己 1 年前购买的住房出售（购入价款 200 万元，增值税 10 万元），售价 300 万元（不含增值税），缴纳的增值税 15 万元。支付其他合理费用共计 5 万元（均取得合法票据）。

要求：计算周某出售住房应缴纳的个人所得税税额。（注：购买住房时发生的增值税计入房产原值）

七、偶然所得的计税方法

（一）应纳税所得额的确定

偶然所得以个人每次取得的收入额为应纳税所得额，不扣除任何费用。除有特殊规定外，每次收入额就是应纳税所得额，以每次取得该项收入为一次。

（二）应纳税额的计算

偶然所得适用 20％的比例税率，其应纳税额的计算公式为：

$$应纳税额 = 应纳税所得额（每次收入额）×适用税率$$

 小试牛刀

【计算题】

中国居民王某 202×年 3 月因一次购买社会福利有奖募捐奖券中奖收入 8 000 元；因在某商场消费达到一定额度而得到一次额外的抽奖机会，一次中奖 20 000 元。

要求：计算王某就上述中奖所得，应缴纳的个人所得税税额。

八、应纳税额计算的其他规定

（一）居民个人全年一次性奖金的计税方法

居民个人取得全年一次性奖金，符合相关规定的，在 2023 年 12 月 31 日前，不并入当年综合所得，以全年一次性奖金收入除以 12 个月得到的数额，按照按月换算后的综合所得税率表（见表 5-11），确定适用税率和速算扣除数，单独计算纳税。计算公式为：

$$应纳税额 = 全年一次性奖金收入×适用税率－速算扣除数$$

居民个人取得的全年一次性奖金，也可以选择并入当年综合所得计算纳税。

表 5-11   月度综合所得个人所得税税率表(含速算扣除数)

级数	月应纳税所得额	税率(%)	速算扣除数
1	不超过 3 000 元的部分	3	0
2	超过 3 000 元至 12 000 元的部分	10	210
3	超过 12 000 元至 25 000 元的部分	20	1 410
4	超过 25 000 元至 35 000 元的部分	25	2 660
5	超过 35 000 元至 55 000 元的部分	30	4 410
6	超过 55 000 元至 80 000 元的部分	35	7 160
7	超过 80 000 元的部分	45	15 160

【例 5-13】   中国居民刘某 202×年 10 月应发工资 12 000 元,每月公司按规定标准为其代扣代缴"三险一金"2 400 元,当月享受赡养老人专项附加扣除 1 200 元,没有减免收入及减免税额等情况,当月还取得 202×年全年一次性奖金 15 万元。

要求:分析刘某 10 月份纳税情况。

【解析】

方案一:选择全年一次性奖金并入工资计税。

工资、奖金合并应预扣预缴税额=(12 000+150 000−5 000−2 400−1 200)×20%−16 920=13 760(元)

方案二:选择全年一次性奖金单独计税。

(1) 确定一次性奖金适用税率和速算扣除数

每月奖金=150 000÷12=12 500(元),适用税率为 20%,速算扣除为 1 410。

(2) 全年一次性奖金应纳税额=150 000×20%−1 410=28 590(元)

(3) 工资应预扣预缴税额=(12 000−2 400−5 000−1 200)×3%=102(元)

 小试牛刀

【计算题】

中国公民李某 202×年全年工资薪金收入为 12 万元、全年一次性奖金收入为 6 万元,符合规定的专项扣除和专项附加扣除共计 5 万元。对于全年一次性奖金收入,李某选择单独计税。

要求:计算李某上述收入应缴纳的个人所得税税额。

(二)上市公司股权激励的征税规定

1. 居民个人取得股权激励的计税方法

居民个人取得股票期权、股票增值权、限制性股票、股权奖励等股权激励,符合规定的相关条件的,在 2021 年 12 月 31 日前,不并入当年综合所得,全额单独适用综合所得税率表(见表 5-7),计算纳税。计算公式为:

应纳税额 ＝ 股权激励收入×适用税率－速算扣除数

居民个人一个纳税年度内取得两次以上(含两次)股权激励的,应合并计算纳税。

【例5-14】　中国居民周先生为某上市公司的高层管理人员。202×年1月行权该公司3年前授予的股票期权6 000股(授予价每股10元),行权当日该股票每股收盘价为20元。

要求:依照现行税法规定,计算周先生股票期权行权应缴纳的个人所得税税额。

【解析】　股票期权行权的应纳税所得额＝(20－10)×6 000＝60 000(元)

股票期权行权应缴纳个人所得税额＝60 000×10％－2 520＝3 480(元)

【例5-15】　中国居民周先生为某上市公司的高层管理人员。202×年1月行权该公司3年前授予的股票期权6 000股(授予价每股10元),行权当日该股票每股收盘价为20元;202×年5月行权该公司3年前授予的剩余未行权股票期权5 000股,行权当日该股票每股收盘价为30元。

要求:依照现行税法规定,计算周先生股票期权行权应缴纳的个人所得税税额。

【解析】　第一次股票期权行权的应纳税所得额＝(20－10)×6 000＝60 000(元)

第一次股票期权行权应缴纳的个人所得税额＝60 000×10％－2 520＝3 480(元)

第二次股票期权行权的应纳税所得额＝(30－10)×5 000＝100 000(元)

两次行权合计的应纳税所得额＝100 000＋60 000＝160 000(元)

第二次股票期权行权的应缴纳的个人所得税额＝160 000×20％－16 920－3 480＝11 600(元)

 小试牛刀

【计算题】

中国公民赵某系国内某上市公司财务总监,202×年2月1日,张某将3年前公司授予的6 000份股票期权(授予价5元/份)中的3 000份实施第一次行权,当日公司股票收盘价为9.6元;同年3月1日,张某对剩余3 000份实施第二次行权,当日公司股票收盘价为12元。

要求:计算张某就两次行权应缴纳的个人所得税税额。

2. 非居民个人取得股权激励的计税方法

非居民个人取得股权激励,应按照规定计算境内计税的工资、薪金收入额,不与当月其他工资、薪金收入合并。其按6个月分摊,不减除费用,适用月度税率表计算应纳税额。非居民个人在一个纳税年度内取得多笔股权激励所得的,应当合并计算纳税。

(三)保险营销员、证券经纪人佣金收入的计税方法

保险营销员、证券经纪人取得的佣金收入,属于劳务报酬所得,以不含增值税的收入减除20％的费用后的余额为收入额,收入额减去展业成本以及附加税费后,并入当年综合所得,计算缴纳个人所得税。

（四）单位低价向职工出售住房的计税方法

单位按低于购置或建造成本价格出售住房给职工,职工因此而少支出的差价部分,符合相关规定的,不并入当年综合所得,以差价收入除以 12 个月得到的数额,按照月度税率表确定适用税率和速算扣除数(见表 5-11),单独计算纳税。差价部分,是指职工实际支付的购房款低于该房屋的购置或建造成本价格的差额。计算公式为:

$$应纳税额 = \frac{职工实际支付的购房价款低于该房屋的购置或建造成本价格的差额}{} \times 适用税率 - 速算扣除数$$

【例 5-16】 202×年 1 月,胡某所在的甲公司以 150 万元的价格向其出售一套 100 平方米的住房,房屋的市场价格为 290 万元,该住房系公司 3 年前以 210 万元的价格购置。

要求:计算胡某上述业务应缴纳的个人所得税额。

【解析】 单位低价出售住房给胡某的应纳税所得额 =(210 - 150)× 10 000 = 600 000(元)

计算适用税率:600 000÷12 = 50 000(元),适用 30% 税率,速算扣除数为 4 410。

胡某购得住房少支付差价部分应缴纳的个人所得税额 = 600 000 × 30% - 4 410 = 175 590(元)

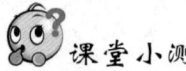 课堂小测

【计算题】

202×年 5 月,A 公司对考核优秀员工陈某以低价出售住房方式进行奖励,将一套 3 年前以 200 万元购入的普通住房,以 180 万元出售给陈某。

要求:计算陈某就该业务应缴纳的个人所得税税额。

（五）解除劳动关系一次性补偿收入的计税方法

个人与用人单位解除劳动关系取得一次性补偿收入(包括用人单位发放的经济补偿金、生活补助费和其他补助费),在当地上年职工平均工资 3 倍数额以内的部分,免征个人所得税;超过 3 倍数额的部分,不并入当年综合所得,单独适用综合所得税税率表(见表 5-7),计算纳税。

 小试牛刀

【计算题】

中国公民张某 202×年 12 月底与中国境内的甲公司解除了劳动关系,从甲公司取得了一次性补偿收入 36 万元。当地上年职工平均工资为 7 000 元/月。

要求:计算张某应就其取得的补偿收入缴纳个人所得税。

（六）提前退休一次性补贴收入的计税方法

个人办理提前退休手续而取得的一次性补贴收入,应按照办理提前退休手续至法定离退休年龄之间的实际年度数平均分摊,确定适用税率和速算扣除数,单独适用综合所得

税税率表(见表 5-7),计算纳税。其计算公式为:

$$应纳税额 = \left[\left(\begin{array}{c}一次性\\补贴收入\end{array} \div \begin{array}{c}办理提前退休手续至法定\\退休年龄的实际年度数\end{array}\right) - \begin{array}{c}费用扣\\除标准\end{array}\right] \times \begin{array}{c}适用\\税率\end{array} -$$

$$\begin{array}{c}速算\\扣除数\end{array} \times \begin{array}{c}办理提前退休手续至法定\\退休年龄的实际年度数\end{array}$$

【例 5-17】 中国公民李某为某事业单位的职员,202×年 1 月初办理了提前退休手续,取得一次性补贴收入 36 万元,李某办理提前退休手续时还有 2 年才到法定退休年龄。

要求:计算李某应就其一次性补贴收入缴纳的个人所得税。

【解析】 应纳税额＝[(360 000÷2－60 000)×10%－2 520]×2＝18 960(元)

 小试牛刀

【计算题】

某单位职员张某于 202×年 1 月初办理了提前退休手续,取得一次性补贴收入 45 万元,张某办理提前退休手续时离法定退休年龄还有 3 年。

要求:计算张某应就其一次性补贴收入缴纳的个人所得税。

(七) 内部退养一次性补贴收入的计税方法

(1) 实行内部退养的个人,在其办理内部退养手续后至法定离退休年龄之间从原任职单位取得的工资、薪金,不属于离退休工资,应按"工资、薪金所得"项目计征个人所得税。

(2) 个人在办理内部退养手续后从原任职单位取得的一次性收入,应按办理内部退养手续后至法定离退休年龄之间的所属月份进行平均,并与领取当月的工资、薪金所得合并后减除当月费用扣除标准,以余额为基数确定适用税率,再将当月工资、薪金加上取得的一次性收入,减去费用扣除标准,按适用税率计征个人所得税。

(3) 个人在办理内部退养手续后至法定离退休年龄之间重新就业取得的工资、薪金所得,应与其从原任职单位取得的同一月份的工资、薪金所得合并,并依法自行向主管税务机关申报缴纳个人所得税。

(八) 退休人员再任职取得收入的计税方法

退休人员再任职取得的收入,在减除按个人所得税法规定的费用扣除标准后,按"工资、薪金所得"应税项目缴纳个人所得税。

(九) 离退休人员从原任职单位取得各类补贴、奖金、实物的计税方法

离退休人员除按规定领取离退休工资或养老金外,另从原任职单位取得的各类补贴、奖金、实物,不属于免税的退休工资、离休工资、离休生活补助费,其应在减除费用扣除标准后,按"工资、薪金所得"应税项目缴纳个人所得税。

(十) 个人领取企业年金、职业年金的计税方法

个人达到国家规定的退休年龄,领取的企业年金、职业年金,符合相关规定的,不并入综合所得,全额单独计算应纳税款。其中按月领取的,适用月度税率表计算纳税;按季领

取的,平均分摊计入各月,按每月领取额适用月度税率表计算纳税;按年领取的,适用综合所得税率表计算纳税。部分特殊项目的计税规则,如表5-12所示。

表5-12　　　　　　　　　部分特殊项目的计税规则一览表

计税方式	特殊项目	计税规则	适用税率表
不并入当年综合所得,单独计算纳税	全年一次性奖金	全额÷12后,再定税率,全额计税	月度税率表
	单位低价向职工出售住房	差额÷12后,再定税率,差额计税	月度税率表
	上市公司股权激励	全额定税率并全额计税	综合税率表
	解除劳动关系一次性补偿收入	超过3倍数额的部分定税率并计税	综合税率表
	提前退休一次性补贴收入	平均到每年,计算税率并计税	综合税率表

(十一) 个人取得公务交通、通讯补贴收入的计税方法

个人因公务用车和通讯制度改革而取得的公务用车、通讯补贴收入,扣除一定标准的公务费用后,按照"工资、薪金所得"项目计征个人所得税。

 **课堂小测**

【单选题】

1. 根据个人所得税的有关规定,个体工商户的业主在计算其经营所得时,下列费用准予在个人所得税税前据实扣除的是( )。

A. 个人所得税税款

B. 向金融企业借款的利息支出

C. 增值税税款

D. 生产经营与家庭生活混用难以分清的费用

2. 某个体工商户202×年为其从业人员实际发放工资105万元,业主领取劳动报酬20万元,向当地工会组织拨缴的工会经费3.15万元。202×年该个体工商户允许税前扣除的工会经费为( )万元。

A. 2.1　　　　　　B. 3.15　　　　　　C. 2.5　　　　　　D. 3.75

3. 下列有关个体工商户计算缴纳个人所得税的表述,正确的是( )。

A. 个体工商户业主的工资、薪金支出,允许税前据实扣除

B. 每一纳税年度发生的与其生产经营活动直接相关的业务招待费支出,均应按照发生额的60%扣除

C. 每一纳税年度发生的广告费和业务宣传费,不超过当年销售(营业)收入15%的部分,可据实扣除,超过部分,准予在以后纳税年度结转扣除

D. 取得经营所得的个体工商户业主,没有综合所得的,计算其每一纳税年度的应纳税所得额时,应当减除费用6万元、专项扣除、专项附加扣除以及依法确定的其他扣除

4. 在2021年12月31日前,对于居民个人取得股票期权等股权激励的个人所得税,

处理正确的是( )。

    A. 并入当年综合所得计算纳税

    B. 不作为应税所得征收个人所得税

    C. 不并入当年综合所得,全额单独适用综合所得税率计算纳税

    D. 不并入当年综合所得,单独适用综合所得税率按月份数分摊计算纳税

【计算题】

1. 中国公民张先生为国内某企业高级技术人员,202×年1~12月每月取得扣除社保费用和住房公积金后的工资收入28 400元。

已知:张先生的独生女就读于某大学二年级;张先生和妻子名下仅有一套自有住房,享受首套房贷款利率;张先生父母年纪均已过60周岁且张先生为独生子。(以上专项附加扣除均由张先生100%扣除)

要求:分别计算张先生202×年1~3月应预扣预缴税额。

2. 居民个人赵某一次性取得稿酬收入2万元。

要求:按现行个人所得税的相关规定,计算赵某应预扣预缴个人所得税税额。

3. 某歌手应邀到某酒吧进行演出,演出的出场费5万元。

要求:计算该歌手应预扣预缴个人所得税税额。

4. 李华202×年3月份取得财政部发行国债的利息1 200元,取得某国内上市公司发行的公司债券利息750元。

要求:计算3月份李华取得的各项利息收入应缴纳的个人所得税税额。

5. 202×年1月杨女士将自有住房按市场价格出租给张某用于居住,租期1年,每月取得不含税租金收入5 000元,当年8月发生房屋修缮费用500元。

要求:计算杨女士当年的应纳个人所得税税额。(不考虑出租房屋的其他税费)

6. 王某202×年4月1日将一套居住了2年的普通住房出售,原值12万元,售价30万元,售房中发生费用1万元。

要求:计算王某出售房屋应纳个人所得税税额。

7. 周某购买彩票的中奖奖金为40 000元,周某领奖时支付食宿费400元。

要求:计算周某中奖奖金应缴纳的个人所得税税额。

8. 中国公民李某202×年全年工资薪金收入为12万元、全年一次性奖金收入为6万元,符合规定的专项扣除和专项附加扣除共计5万元。对于全年一次性奖金收入,李某选择并入当年综合所得计算纳税。

要求:计算李某上述收入应缴纳的个人所得税税额。

第六节 征 收 管 理

我国现行的个人所得税纳税申报方式,有自行申报纳税和全员全额扣缴申报纳税两种方式。

一、自行申报纳税

自行申报纳税，是指在税法规定的纳税期限内，由纳税人自行向税务机关申报取得的应税所得项目和数额，如实填写《个人所得税纳税申报表》，并按税法规定计算应纳税额，据此缴纳个人所得税的一种纳税方法。

（一）应当自行申报纳税的情形

根据《个人所得税法》规定，有下列情形之一的，纳税人应当依法办理纳税申报：

（1）取得综合所得需要办理汇算清缴。

（2）取得应税所得没有扣缴义务人。

（3）取得应税所得，扣缴义务人未扣缴税款。

（4）取得境外所得。

（5）因移居境外注销中国户籍。

（6）非居民个人在中国境内从两处以上取得工资、薪金所得。

（7）国务院规定的其他情形。

（二）取得综合所得需要办理汇算清缴的纳税申报

取得综合所得且符合下列情形之一的纳税人，应当依法办理汇算清缴：

（1）从两处以上取得综合所得，且综合所得年收入额减除专项扣除后的余额超过6万元。

（2）取得劳务报酬所得、稿酬所得、特许权使用费所得中一项或者多项所得，且综合所得年收入额减除专项扣除的余额超过6万元。

（3）纳税年度内预缴税额低于应纳税额。

（4）纳税人申请退税。

需要办理汇算清缴的纳税人，应当在取得所得的次年3月1日至6月30日内，向任职、受雇单位所在地主管税务机关办理纳税申报，并报送《个人所得税年度自行纳税申报表》。

纳税人办理综合所得汇算清缴，应当准备与收入、专项扣除、专项附加扣除、依法确定的其他扣除、捐赠、享受税收优惠等相关的资料，并按规定留存备查或报送。

（三）取得经营所得的纳税申报

个体工商户业主、个人独资企业投资者、合伙企业个人合伙人、承包承租经营者个人以及其他从事生产、经营活动的个人取得经营所得，按年计算个人所得税，由纳税人在月度或季度终了后15日内，向经营管理所在地主管税务机关办理预缴纳税申报，并报送《个人所得税经营所得纳税申报表（A表）》。在取得所得的次年3月31日前，向经营管理所在地主管税务机关办理汇算清缴，并报送《个人所得税经营所得纳税申报表（B表）》。

（四）取得应税所得，扣缴义务人未扣缴税款的纳税申报

纳税人取得应税所得，扣缴义务人未扣缴税款的，应当区别以下情形办理纳税申报：

（1）居民个人取得综合所得的，按照前述"取得综合所得需要办理汇算清缴的纳税申报"相关规定办理。

（2）非居民个人取得工资、薪金所得，劳务报酬所得，稿酬所得，特许权使用费所得的,应当在取得所得的次年 6 月 30 日前,向扣缴义务人所在地主管税务机关办理纳税申报,并报送《个人所得税自行纳税申报表(A 表)》。

(3)纳税人取得利息、股息、红利所得,财产租赁所得,财产转让所得和偶然所得的,应当在取得所得的次年 6 月 30 日前,按相关规定向主管税务机关办理纳税申报,并报送《个人所得税自行纳税申报表(A 表)》。

(五)取得境外所得的纳税申报

居民个人从中国境外取得所得的,应当在取得所得的次年 3 月 1 日至 6 月 30 日内,向中国境内任职、受雇单位所在地主管税务机关办理纳税申报;在中国境内没有任职、受雇单位的,向户籍所在地或中国境内经常居住地的主管税务机关办理纳税申报。

(六)非居民个人在中国境内从两处以上取得工资、薪金所得的纳税申报

非居民个人在中国境内从两处以上取得工资、薪金所得的,应当在取得所得的次月 15 日内,向其中一处任职、受雇单位所在地主管税务机关办理纳税申报,并报送《个人所得税自行纳税申报表(A 表)》。

(七)申报纳税方式

纳税人可以采用远程办税端、邮寄等方式申报,也可以直接到主管税务机关申报。

二、全员全额扣缴申报纳税

根据《个人所得税法》规定,扣缴义务人向个人支付应税款项时,应当依照个人所得税法规定预扣或者代扣税款,按时缴库,并专项记载备查。

全员全额扣缴申报,是指扣缴义务人应当在代扣税款的次月 15 日内,向主管税务机关报送其支付所得的所有个人的有关信息、支付所得数额、扣除事项和数额、扣缴税款的具体数额和总额以及其他相关涉税信息资料。

(一)扣缴义务人和代扣预扣税款的范围

实行个人所得税全员全额扣缴申报的应税所得包括:

(1)工资、薪金所得。

(2)劳务报酬所得。

(3)稿酬所得。

(4)特许权使用费所得。

(5)利息、股息、红利所得。

(6)财产租赁所得。

(7)财产转让所得。

(8)偶然所得。

(二)扣缴义务人的责任与义务

(1)支付工资、薪金所得的扣缴义务人应当于年度终了后的两个月内,向纳税人提供其个人所得和已扣缴税款等信息。纳税人年度中间需要提供上述信息的,扣缴义务人应当提供。

(2)扣缴义务人应当按照纳税人提供的信息计算税款、办理扣缴申报,不得擅自更改纳税人提供的信息。

（3）扣缴义务人对纳税人提供的《个人所得税专项附加扣除信息表》，应当按照规定妥善保存备查。

（4）扣缴义务人应当依法对纳税人报送的专项附加扣除等相关涉税信息和资料保密。

（5）对扣缴义务人按照规定扣缴的税款，按年付给2%的手续费，不包括税务机关、司法机关等查补或者责令补扣的税款。

（6）扣缴义务人依法履行代扣代缴义务，纳税人不得拒绝。纳税人拒绝的，扣缴义务人应当及时报告税务机关。

（7）扣缴义务人有未按照规定向税务机关报送资料和信息、未按照纳税人提供信息虚报虚扣专项附加扣除、应扣未扣税款、不缴或少缴已扣税款、借用或冒用他人身份等行为的，依照《中华人民共和国税收征收管理法》等相关法律、行政法规处理。

（三）代扣代缴期限

扣缴义务人每月或者每次预扣、代扣的税款，应当在次月15日内缴入国库，并向税务机关报送《个人所得税扣缴申报表》。

 **课堂小测**

【单选题】

1. 扣缴义务人每月或者每次预扣、代扣的税款，应当在次月（　　）日内缴入国库，并向税务机关报送《个人所得税扣缴申报表》。

A. 10　　　　　　　B. 15　　　　　　　C. 30　　　　　　　D. 60

2. 根据个人所得税法的相关规定，对扣缴义务人按照规定扣缴的税款，按年付给（　　）的手续费。

A. 1%　　　　　　　B. 2%　　　　　　　C. 3%　　　　　　　D. 5%

【多选题】

1. 下列情形中，纳税人应当依法自行办理纳税申报的有（　　）。

A. 取得综合所得需要办理汇算清缴　　　B. 取得经营所得

C. 因移居境外注销中国户籍　　　D. 取得应税所得，扣缴义务人未扣缴税款

2. 根据个人所得税法的相关规定，纳税人应当依法办理纳税申报的情形有（　　）。

A. 公民甲202×年取得综合所得需要办理汇算清缴

B. 公民乙取得境外所得

C. 公民丙移居境外但尚未注销中国户籍

D. 公民丁取得股息所得，但扣缴义务人未扣缴税款

第六章　关税和船舶吨税

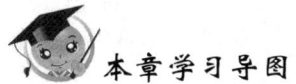本章学习导图

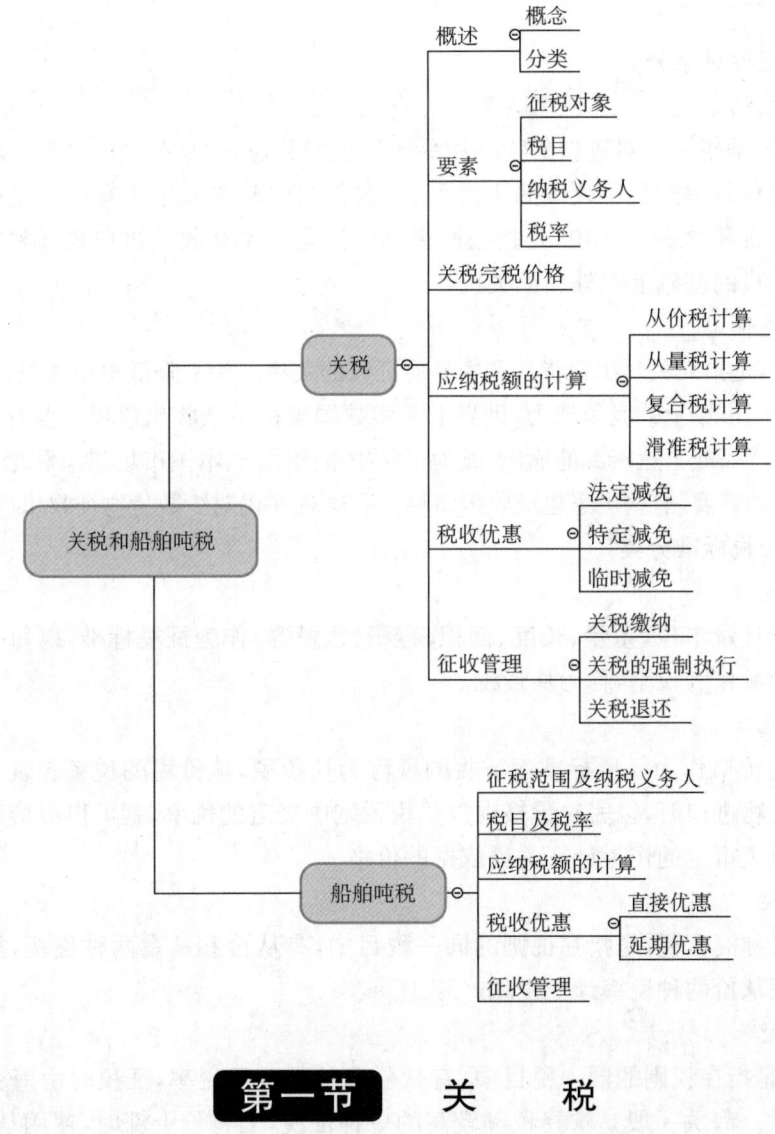

第一节　关　税

一、关税的概念

关税,是指由海关根据国家制定的有关法律,以进出关境的货物和物品为征税对象而

征收的一种商品税。所谓"境"是指关境,又称"海关境域"或"关税领域",是国家《海关法》全面实施的领域。通常情况下,一国关境与国境是一致的,包括国家全部的领土、领海、领空。但当某一国家在国境内设立了自由港、自由贸易区等,这些区域就进出口关税而言处在关境之外,这时,该国家的关境小于国境。如我国根据《中华人民共和国香港特别行政区基本法》和《中华人民共和国澳门特别行政区基本法》规定,香港和澳门保持自由港地位,为我国单独的关税地区。

二、关税的分类

(一) 按征税对象分类

1. 进口关税

进口关税,是指海关对进口货物和物品所征收的关税,它是关税中最主要的一种征税形式。进口关税是保护关税政策的主要手段,在各国财政收入中占有一定地位。进口关税有正税和附加税之分。正税,是指按照税则中法定税率征收的进口税;附加税,则是指在征收进口正税的基础上额外加征关税。

2. 出口关税

出口关税,是指海关对出口货物和物品所征收的关税。为了降低出口货物的成本,提高本国货物在国际市场上的竞争能力,世界上大多数国家都不征收出口税。但有些国家为了限制本国某些产品或自然资源的输出,或为了保护本国生产、本国市场供应和增加财政收入以及某些特定的需要,有些国家也征收出口税。我国现在仍对少数货物征收出口税。

(二) 按征税标准分类

1. 从量税

以货物的计量单位(重量、长度、面积、容积、数量等)作为征税标准,以每一计量单位应纳的关税金额作为税率,称为从量税。

2. 从价税

以货物的价格作为征税标准而征收的税称为从价税,从价税的税率表现为货物价格的百分比。货物进口时,以完税价格乘以关税税则中规定的税率,就可得出应纳税额。完税价格是经海关审定的作为计征关税依据的价格。

3. 复合税

复合税又称混合税,是指在税则的同一税目中,有从价和从量两种税率,征税时既采用从量又采用从价两种税率计征税款。

4. 选择税

选择税,是指在税则的同一税目中,有从价和从量两种税率,征税时由海关选择其中一种计征税款。海关一般是选择税额较高的一种征税,当物价上涨时,使用从价税;在物价下跌时,使用从量税。这样,不仅能保证国家的财政收入,还可较好地发挥其保护本国产业的作用。

5. 滑准税

滑准税又称滑动税,是指在税则中预先按产品的价格高低分档,制定若干不同的税率,后根据进出口商品价格的变动而增减进出口税率的一种关税。

(三)按征税性质分类

1. 普通关税

普通关税又称一般关税,是指对与本国没有签署贸易或经济互惠等友好协定的国家原产的货物征收的非优惠性关税。

2. 优惠关税

优惠关税一般是指互惠关税,即优惠协定的双方互相给对方优惠关税待遇,但也有单向优惠关税,即只对受惠国给予优惠待遇,而没有反向优惠。优惠关税一般有特定优惠关税、普遍优惠关税和最惠国待遇三种。

3. 差别关税

一般意义上的差别关税主要分为加重关税、反补贴关税、反倾销关税、报复关税等。

(1)加重关税,是指出于某种原因或为达到某种目的,而对某国货物或某种货物的输入加重征收的关税,如间接输入货物加重税等。

(2)反补贴关税,是指对接受任何津贴或补贴的外国进口货物所附加征收的种关税,是差别关税的重要形式之一。

(3)反倾销关税,是指针对实行商品倾销的进口商品而征收的一种进口附加税。凡是一国产品向另一国出口时,该产品出口价格低于正常贸易中用于国内消费的类似产品可比价格,就视为倾销。正常可比价格,是指出口国国内市场批发价格。

(4)报复关税,是指针对某一国家对本国出口商品的不公正、不平等待遇,对该国输入本国的商品加重征收的关税。目前,报复关税往往成了"贸易战"的手段之一。

(四)按保护形式和程度分类

1. 关税壁垒

关税壁垒,是指一国政府以提高关税的办法限制外国商品进口的措施。关税壁垒的目的是抵制外国商品进入本国市场,最大限度地削弱外国商品在本国市场上的竞争能力,保护本国商品竞争优势,垄断国内市场。高额关税就像高墙一样阻止或限制外国商品输入此称之为关税壁垒。

2. 非关税壁垒

非关税壁垒,是指除关税以外的一切限制进口的措施,包括非关税壁垒和间接非关税壁垒。

三、关税的征税对象和税目

关税的征税对象是准许进出境的货物和物品。货物是指贸易性商品;物品指入境旅客随身携带的行李物品、个人邮递物品、各种运输工具上的服务人员携带进口的自用物品、馈赠物品以及其他方式进境的个人物品。

关税的税目、税率都由《海关进出口税则》规定。它包括三个主要部分:归类总规则、进口税率表、出口税率表,其中归类总规则是进出口货物分类的具有法律效力的原则和方法。

进出口税则中的商品分类目录为关税税目。按照税则归类总规则及其归类方法,每种商品都能找到一个最适合的对应税目。

四、关税的纳税义务人

进口货物的收货人、出口货物的发货人、进出境物品的所有人，是关税的纳税义务人。进出口货物的收、发货人是依法取得对外贸易经营权，并进口或者出口货物的法人或者其他社会团体。进出境物品的所有人，包括该物品的所有人和推定为所有人的人。具体情况如下：

（1）对于携带进境的物品，推定其携带人为所有人。

（2）对分离运输的行李，推定相应的进出境旅客为所有人。

（3）对以邮递方式进境的物品，推定其收件人为所有人。

（4）对以邮递或其他运输方式出境的物品，推定其寄件人或托运人为所有人。

接受纳税人委托办理货物报关等有关手续的代理人，可以代办纳税手续。

五、关税的税率

（一）进口货物税率

根据《进出口关税条例》，我国进口关税设有最惠国税率、协定税率、特惠税率、关税配额税率、普通税率和暂定税率。进口货物适用何种关税税率是以进口货物的原产地为标准的。进口关税一般采用比例税率，实行从价计征的办法，但对啤酒、原油等少数货物实行从量计征，对广播用录像机、摄像机等实行从价加从量的复合税率。

适用最惠国税率、协定税率、特惠税率的国家或者地区名单，由国务院关税税则委员会决定。

1. 最惠国税率

最惠国税率适用原产于与我国共同适用最惠国待遇条款的 WTO 成员国或地区的进口货物，或原产于与我国签订有相互给予最惠国待遇条款的双边商业协定的国家或地区进口的货物，以及原产于我国境内的进口货物。

2. 关税配额税率

对小麦等 8 类商品实施关税配额管理，税率不变。其中，对尿素、复合肥、磷酸氢铵 3 种化肥的配额税率继续实施 1% 的暂定税率。

3. 协定税率和特惠税率

协定税率适用原产于与我国签订含有关税优惠条款的区域性贸易协定的国家或地区的进口货物；特惠税率适用原产于与我国签订含有特殊关税优惠条款的贸易协定的国家或者地区的进口货物。

4. 普通税率

普通税率适用原产于上述国家或地区以外的其他国家或地区的进口货物，以及原产地不明的进口货物。

（二）进境物品税率

准许应税进口的旅客行李物品，个人邮递物品以及其他个人自用物品，除另有规定外,均由海关按照《入境旅客行李物品和个人邮递物品进口税税率表》征收进口税。进口税,包括关税、进口环节海关代征增值税和代征消费税。《中华人民共和国进境物品进口税税率表》如表 6-1 所示。

表 6-1　　　　　　　　中华人民共和国进境物品进口税税率表

税目序号	物品名称	税率
1	书报、刊物、教育用影视资料;计算机、视频摄录一体机、数字照相机等信息技术产品;食品、饮料;金银;家具;玩具,游戏品、节日或其他娱乐用品;药品	13%
2	运动用品(不含高尔夫球及球具)、钓鱼用品;纺织品及其制成品;电视摄像机及其他电器用具;自行车;税目 1、3 中未包含的其他商品	20%
3	烟、酒;贵重首饰及珠宝玉石;高尔夫球及球具;高档手表;高档化妆品	50%

(三) 出口关税税率

我国出口税则为一栏税率,即出口税率。国家仅对少数资源性产品及易于竞相杀价、盲目进口、需要规范出口秩序的半制成品征收出口关税。现行税则对 100 余种商品计征出口关税,同时对计征范围内的部分商品实行 0～25% 的暂定税率。此外,根据需要对其他 200 多种商品征收暂定税率。与进口暂定税率一样,出口暂定税率优先适用于出口税则中规定的出口税率。

(四) 税率的确定

进出口货物应当依照《海关进出口税则》规定的归类原则归入合适的税号,按照适用的税率征税。其中:

(1) 进出口货物,应当按照收发货人或者他们的代理人申报进口或者出口之日实施的税率征税。

(2) 进口货物到达前,经海关核准先行申报的,应当按照装载此货物的运输工具申报进境之日实施的税率征税。

(3) 进出口货物的补税和退税,适用该进出口货物原申报进口或者出口之日所实施的税率,但下列情况除外:①按照特定减免税办法批准予以减免税的进口货物,后因情况改变经海关批准转让或出售需予补税的,应按其原进口之日实施的税率征税。②加工贸易进口料、件等属于保税性质的进口货物,如经批准转为内销,应按向海关申报转为内销当日实施的税率征税;如未经批准擅自转为内销的,则按海关查获日期所施行的税率征税。③对经批准缓税进口的货物以后交税时,不论是分期或一次交清税款,都应按货物原进口之日实施的税率计征税款。④分期支付租金的租赁进口货物,分期付税时,都应按该项货物原进口之日实施的税率征税。⑤溢卸、误卸货物事后确定需予征税时,应按其原运输工具申报进口日期所实施的税率征税。如原进口日期无法查明的,可按确定补税当天实施的税率征税。⑥对由于《海关进出口税则》归类的改变、完税价格的审定或其他工作差错而需补征税款的,应按原征税日期实施的税率征税。⑦查获的走私进口货物需予补税时,应按查获日期实施的税率征税。⑧暂时进口货物转为正式进口需予补税时,应按其转为正式进口之日实施的税率征税。

六、关税完税价格

《海关法》规定,进出口货物的完税价格,由海关以该货物的成交价格为基础审查确定。成交价格不能确定时,完税价格由海关依法估定。我国对进出口货物征收关税,主要采取从价计征的办法,以商品价格为标准征收关税。因此,关税主要以进出口货物的完税价格为计税依据。

(一) 一般进口货物的完税价格

根据《海关法》规定,一般贸易项下进口货物的完税价格,是以海关审定的成交价格为基础的到岸价格。

成交价格,是指进口货物的买方为购买该项货物向卖方实际支付或应当支付的价格。成交过程中,进口人在成交价格外另支付给卖方的佣金,应计入成交价格,而向境外采购代理人支付的买方佣金则不能计入。

到岸价格,是指包括货价以及货物运抵我国关境内输入地点,起卸前的包装费、运费、保险费和其他劳务费等费用构成的一种价格,还应包括为在境内制造、使用、出版或者发行的目的,而向境外支付的与该进口货物有关的专利、商标、著作权以及专用技术、计算机软件和资料等费用。

纳税义务人向海关申报的价格并不一定等于完税价格,只有经过海关审定并接受的申报价格才能作为完税价格。

(二) 出口货物的完税价格

出口货物的完税价格,由海关以该货物向境外销售的成交价格为基础审查确定,并应包括货物运至我国境内输出地点,装载前的运输及其相关费用、保险费,但其中包含的出口关税税额,应当扣除。

出口货物的成交价格,是指该货物出口销售到我国境外时买方向卖方实付或应付的价格。出口货物的成交价格中含有支付给境外的佣金的,如果单独列明,应当扣除。

七、关税应纳税额的计算

(一) 从价税计算方法

从价税是最普遍的关税计征方法,它是以进(出)口货物的完税价格作为计税依据。计算公式如下:

$$应纳税额 = 应税进(出)口货物数量 \times 单位完税价格 \times 适用税率$$
$$= 进(出)口货物完税价格 \times 适用税率$$

【例 6-1】 某位于市区的外贸公司 202× 年进口一批货物,到岸价 12 万欧元,另支付包装费 4 050 欧元、港口到厂区的公路运费 2 000 元人民币,取得国际货物运输发票。当期欧元与人民币汇率为 1∶7.9,关税税率为 28%。

要求:计算进口环节应缴纳的关税税额。

【解析】 进口环节应缴纳的关税税额 = (120 000 + 4 050) × 7.9 × 28% = 274 398.6(元)

（二）从量税计算方法

从量税是以进口商品的数量为计税依据的一种关税计征方法。其计算公式如下：

$$应纳税额 = 应税进口货物数量 \times 关税单位税额$$

【例6-2】 某公司从法国进口啤酒300万升,假设进口关税的税率为7.50元/升。

要求:计算进口啤酒应缴纳的进口关税税额。

【解析】 应纳税额＝300×7.50＝2 250(万元)

（三）复合税计算方法

复合税是对某种进口货物同时使用从价和从量计征的一种关税计征方法。其计算公式如下:

$$应纳税额 = 应税进口货物数量 \times 关税单位税额 + 应税进口货物数量 \times 单位完税价格 \times 适用税率$$

【例6-3】 某企业202×年12月进口原产于美国的放像机20台,该批放像机单价为每台2 500美元(人民币外汇牌价1：6.525),运费及保险费共6万元。已知放像机关税税率为:每台完税价格低于或等于2 000美元,执行单一从价税,税率为30％;每台完税价格高于2 000美元,每台征收从量税,税额4 482元,加上3％从价税。

要求:计算该企业应缴纳的关税税额。

【解析】 应纳关税税额＝(2 500×20×6.525＋60 000)×3％＋20×4 482＝101 227.5(元)

（四）滑准税计算方法

滑准税,是指关税的税率随进口商品价格的变动而反方向变动的一种税率形式,即价格越高,税率越低,税率为比例税率。因此,对实行滑准税率的进口商品应纳关税税额的计算方法与从价税的计算方法相同。

八、关税的税收优惠

关税的减税、免税分为法定减免税、特定减免税和临时减免税。根据《海关法》规定,除法定减免税外的其他减免税均由国务院决定。

（一）法定减免税

《海关法》和《进出口关税条例》中规定的减免税,称为法定性减免税。主要有下列情形:

(1)关税税额在人民币50元以下的一票货物,可免征关税。

(2)无商业价值的广告品和货样,可免征关税。

(3)外国政府、国际组织无偿赠送的物资,可免征关税。

(4)进出境运输工具装载的途中必需的燃料、物料和饮食用品,可予免税。

(5)在海关放行前损失的货物,可免征关税。

(6)在海关放行前遭受损坏的货物,可以根据海关认定的受损程度减征关税。

(7)我国缔结或者参加的国际条约规定减征、免征关税的货物、物品,按照规定予以减免关税。

(8)法律规定减征、免征关税的其他货物、物品。

（二）特定减免税

特定减免税也称政策性减免税。在法定减免税之外，国家按照国际通行规则和我国实际情况，制定发布的有关进出口货物减免关税的政策，称为特定或政策性减免税。主要有：

（1）科教用品。对科学研究机构和学校、以科学研究和教学为目的、在合理数量范围内进口国内不能生产或者性能不能满足需要的科学研究和教学用品，免征进口关税和进口环节增值税、消费税。

（2）残疾人专用品。对规定的残疾人个人专用品免征进口关税和进口环节增值税、消费税。

（3）慈善捐赠物资。境外自然人、法人或者其他组织等境外捐赠人，无偿向国务院有关部门和各省、自治区、直辖市人民政府以及特定慈善组织捐赠的直接用于慈善事业的物资，免征进口关税和进口环节增值税。

（三）临时减免税

临时减免税，是指以上法定和特定减免税以外的其他减免税，即由国务院根据《海关法》对某个单位、某个项目或某批进出口货物的特殊情况给予特别照顾，一案一批，专文下达的减免税。

九、关税的征收管理

（一）关税的缴纳

进口货物自运输工具申报进境之日起 14 日内，出口货物在货物运抵海关监管区后、装货的 24 小时以前，应由进出口货物的纳税义务人向货物进（出）境地海关申报，海关根据税则归类和完税价格计算应缴纳的关税和进口环节代征税，并填发税款缴款书。纳税义务人应当在海关填发税款缴款书之日起 15 日内（星期日和法定节假日除外），向指定银行缴纳税款。

纳税义务人因不可抗力或者国家税收政策调整不能按期缴纳税款的，依法提供税款担保后，可以直接向海关办理延期缴纳税款手续。延期纳税最长不超过 6 个月。

 小试牛刀

【单选题】

关税纳税义务人因不可抗力或者在国家税收政策调整的情形下，不能按期缴纳税款的，经海关总署批准，可以延期缴纳税款，但最多不得超过（　　）个月。

A. 3　　　　　　　　B. 6　　　　　　　　C. 9　　　　　　　　D. 12

（二）关税的强制执行

纳税义务人未在关税缴纳期限内缴纳税款，即构成关税滞纳。逾期不缴的，除依法追缴外，由海关自到期次日起至缴清税款之日止，按日征收欠缴税额 0.5‰ 的滞纳金。其具体计算公式为：

$$关税滞纳金金额 = 滞纳关税税额×滞纳金征收比率×滞纳天数$$

【例 6-4】　某公司进口一批货物,海关于 202×年 3 月 1 日填发税款缴款书,但公司迟至 3 月 27 日才缴纳 500 万元的关税。

要求:计算海关应征收关税滞纳金金额。

【解析】　滞纳天数为 3 月 16 日～27 日,共 12 天。滞纳金＝500×0.5‰×12＝3 (万元)。

如纳税义务人自缴纳税款期限届满之日起,3 个月内仍未缴纳的税款,经直属海关关长或者其授权的隶属海关关长批准,海关可以采取强制扣缴、变价抵缴等强制措施。

(三) 关税退还

关税退还,是关税纳税义务人按海关核定的税额缴纳关税后,因某种原因的出现,海关将实际征收多于应当征收的税额(称为溢征关税)退还给原纳税义务人的一种行政行为。

海关多征的税款,海关发现后应当立即退还;纳税义务人发现多缴税款的,自缴纳税款之日起 1 年内,可以书面形式要求海关退还多缴的税款并计算银行同期活期存款利息。

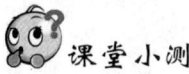 **课堂小测**

【单选题】

1. 在关税税则中,预先按产品的价格高低分别制定若干不同的税率,根据进出口商品价格的变动而增减进出口税率的关税是(　　　)。

A. 选择税　　　　　　B. 滑准税　　　　　　C. 复合税　　　　　　D. 差别税

2. 下列各项中,表述正确的是(　　　)。

A. 进出口货物,按照收发货人申报进口或者出口之日实施的税率征税

B. 进出口货物的补税和退税,适用该进出口货物原货物实际到达之日所实施的税率

C. 进口货物到达前,经海关核准先行申报的,应当按照货物实际到达之日实施的税率征税

D. 进出口货物,按照货物实际进口或者出口之日实施的税率征税

3. 根据《海关法》规定,进出口货物的完税价格,由海关以进出口货物的(　　　)为基础审定完税价格。

A. 到岸价格　　　　　　　　　　　B. 申报价格

C. 实际成交价格　　　　　　　　　D. 离岸价格

4. 下列项目中,应计入进口货物完税价格的是(　　　)。

A. 机器设备进口后的安装费用

B. 运抵我国境内起卸点后的保险费

C. 运抵我国境内起卸点前的包装费

D. 向境外采购代理人支付的买方佣金

5. 以下进口的货物,海关可以酌情减免关税的是(　　　)。

A. 进口 1 年内在境内使用的货样

B. 为制造外销产品而进口的原材料

C. 在境外运输途中遭受损坏的物品

D. 外国政府赠送的物品

6. 我国关税法规定,减免进出口关税的权限属于(   )。

A. 中央   B. 地方   C. 省   D. 市

7. 根据规定,一张票据上应税货物的关税税额在人民币(   )元以下的,可以免征关税。

A. 10   B. 30   C. 50   D. 100

【多选题】

1. 差别关税实际上是保护主义政策的产物,是保护一国产业所采取的特别手段。差别关税主要分为(   )。

A. 加重关税   B. 反倾销关税   C. 反补贴关税   D. 报复关税

2. 下列关于关税分类的相关说法中,正确的有(   )。

A. 按征税标准分类,关税可分为从量税、从价税、复合税、选择税和滑准税

B. 按征税对象分类,可将关税分为进口关税、出口关税

C. 按保护形式和程度分类,可将关税分为关税壁垒和非关税壁垒

D. 选择税的优点在于它能平衡物价,保护国内产业发展

3. 下列关于关税的表述中,正确的有(   )。

A. 关税的征税主体是国家

B. 其他税收主要是由税务机关负责征收,而关税是由海关负责征收

C. 关税是对有形的货品征税,对无形的货品不征关税

D. 一国的关境和国境可能是一致的,也可能不一致

4. 下列各项中,属于我国关税纳税人的有(   )。

A. 进口货物的发货人   B. 进口货物的收货人

C. 出口货物的发货人   D. 出口货物的收货人

5. 进境物品的纳税义务人包括(   )。

A. 携带物品进境的入境人员   B. 进境邮递物品的收件人

C. 以其他方式进口物品的收件人   D. 进境物品的邮寄人

6. 法定免纳关税的进口货物有(   )。

A. 进口科教用品   B. 残疾人专用品

C. 无商业价值的广告品和货样   D. 国际组织无偿赠送的物资

7. 下列进出口货物,可免征关税的有(   )。

A. 无商业价值的广告品和货样

B. 外国政府、国际组织无偿赠送的物资

C. 在海关放行前损失的货物

D. 进出境运输工具装载的途中必须的燃料、物料和饮食用品

8. 下列货物中,属于特定减免税的有(　　)。

A. 残疾人专用品

B. 境外捐赠用于扶贫、慈善性捐赠物资

C. 出口加工区进出口货物

D. 无商业价值的广告品和货样

9. 义务人应当自海关填发税款缴款书之日起(　　)内向指定银行缴纳税款。纳税义务人未按期缴纳税款的,从滞纳税款之日起,按日加收滞纳税款(　　)的滞纳金。

A. 7 日,0.5‰　　　　B. 7 日,0.3‰　　　　C. 15 日,0.5‰　　　　D. 15 日,0.3‰

【计算题】

1. 某商场于 202×年 2 月进口一批化妆品。该批货物在国外的买价为 120 万元,货物运抵我国关境起卸点前发生的运输费、保险费和其他费用分别为 10 万元、6 万元、4 万元。(假定化妆品进口关税税率为 20%)。

要求:计算该批化妆品进口环节应缴纳的关税税额。

2. 某公司进口美国某品牌啤酒 600 箱,每箱 24 瓶,每瓶容积 500 毫升,价格为到岸价为 3 000 美元(人民币外汇牌价 1∶6.7),适用优惠税率为 3 元人民币/升。

要求:计算该公司应缴纳的关税税额。

3. 某公司进口 2 台日本产电视摄像机,价格为到岸价 13 000 美元(人民币外汇牌价 1∶6.7),计算应纳关税适用优惠税率为:每台完税价格高于 5 000 美元的,从量税为每台 13 280 元人民币,再征从价税,税率为 3%。

要求:计算该公司应缴纳的关税税额。

4. 某外贸公司 3 月 1 日进口一批应税消费品,该批货物的货价为 350 万元人民币,支付途中运输费 40 万元,保险费 10 万元;关税税率 10%。3 月 1 日海关填了税款缴纳证,但该公司 3 月 30 日才一次缴清关税。

要求:分别计算关税和滞纳金。

第二节　船舶吨税

船舶吨税,是指对自中国境外港口进入境内港口的船舶征收的一种税。其源于明清时期的"船料",第一次鸦片战争后,海关对出入中国口岸的商船按船舶吨位计征税款,故称船舶吨税。

一、征税范围及纳税义务人

自中华人民共和国境外港口进入境内港口的船舶(以下简称应税船舶),应当缴纳船舶吨税(以下简称吨税)。应税船舶负责人为纳税义务人。

二、税目及税率

吨税的税目、税率依照《吨税税目税率表》执行。吨税设置优惠税率和普通税率。中华人民共和国国籍的应税船舶,船籍国(地区)与中华人民共和国签订含有相互给予船舶税费最惠国待遇条款的条约或者协定的应税船舶,适用优惠税率。其他应税船舶,适用普通税率(见表6-2)。

表6-2　　　　　　　　　　　　　　吨税税目税率表

税目 (按船舶净吨位划分)	税率(元/净吨)					
	普通税率(按执照期限划分)			优惠税率(按执照期限划分)		
	1年	90日	30日	1年	90日	30日
不超过2 000净吨	12.6	4.2	2.1	9.0	3.0	1.5
超过2 000净吨,但不超过10 000净吨	24.0	8.0	4.0	17.4	5.8	2.9
超过10 000净吨,但不超过50 000净吨	27.6	9.2	4.6	19.8	6.6	3.3
超过50 000净吨	31.8	10.6	5.3	22.8	7.6	3.8

注:1. 拖船按照发动机功率每千瓦折合净吨位0.67吨。
　　2. 无法提供净吨位证明文件的游艇,按照发动机功率每千瓦折合净吨位0.05吨。
　　3. 拖船和非机动驳船分别按相同净吨位船舶税率的50%计征。

三、应纳税额的计算

吨税按照船舶净吨位和吨税执照期限征收。

净吨位,是指由船籍国(地区)政府授权签发的船舶吨位证明书上标明的净吨位;吨税执照期限,是指按照公历年、日计算的期间。应税船舶负责人在每次申报纳税时,可以按照《吨税税目税率表》选择申领一种期限的吨税执照。吨税的应纳税额按照船舶净吨位乘以定额税率计算,其计算公式为:

$$应纳税额 = 船舶净吨位 \times 定额税率$$

吨税由海关负责征收。海关征收吨税应当制发缴款凭证。应税船舶负责人缴纳吨税或者提供担保后,海关按照其申领的执照期限填发吨税执照。

【例6-5】　A国某运输公司一艘货轮驶入我国某港口,该货轮净吨位为3万吨。货轮负责人已向我国该海关领取了吨税执照,货轮在港口停留期限为30天,A国已与我国签订有相互给予船舶税费最惠国待遇条款。

要求:计算该货轮负责人应向我国海关缴纳的船舶吨税。

【解析】　(1)根据船舶吨税的相关规定,该货轮应享受优惠税率,每净吨位为3.3元。

(2)应缴纳船舶吨税=30 000×3.3=99 000(元)

四、税收优惠

(一)直接优惠

下列船舶免征吨税:

(1)应纳税额在人民币50元以下的船舶。

（2）自境外以购买、受赠、继承等方式取得船舶所有权的初次进口到港的空载船舶。

（3）吨税执照期满后的 24 小时内不上下客货的船舶。

（4）非机动船舶（不包括非机动驳船）。其是指自身没有动力装置，依靠外力驱动的船舶。非机动驳船，是指在船舶登记机关登记为驳船的非机动船舶。

（5）捕捞、养殖渔船。其是指在中华人民共和国渔业船舶管理部门登记为捕捞船或者养殖船的船舶。

（6）避难、防疫隔离、修理、改造、终止运营或者拆解，并不上下客货的船舶。

（7）军队、武装警察部队专用或者征用的船舶。

（8）警用船舶。

（9）依照法律规定应当予以免税的，外国驻华使领馆、国际组织驻华代表机构及其有关人员的船舶。

（10）国务院规定的其他船舶。本条免税规定，由国务院报全国人民代表大会常务委员会备案。

（二）延期优惠

在吨税执照期限内，应税船舶发生下列情形之一的，海关按照实际发生的天数批注延长吨税执照期限：①避难、防疫隔离、修理，并不上下客货。②军队、武装警察部队征用。

五、征收管理

税收优惠的相关征收管理规则，有下列几点：

（1）吨税纳税义务发生时间为应税船舶进入港口的当日。

（2）应税船舶负责人应当自海关填发吨税缴款凭证之日起 15 日内缴清税款。未按期缴清税款的，自滞纳税款之日起至缴清税款之日止，按日加收滞纳税款万分之五的税款滞纳金。

（3）应税船舶在吨税执照期限内，因修理、改造导致净吨位变化的，吨税执照继续有效。

（4）吨税执照在期满前毁损或者遗失的，应当向原发照海关书面申请核发吨税执照副本，不再补税。

（5）海关发现少征或者漏征税款的，自应税船舶应当在缴纳税款之日起的 1 年内，补征税款。但因应税船舶违反规定造成少征或者漏征税款的，海关可以自应当缴纳税款之日起 3 年内追征税款，并自应当缴纳税款之日起按日加征少征或者漏征税款万分之五的税款滞纳金。

（6）海关发现多征税款的，应当在 24 小时内通知应税船舶办理退还手续，并加算银行同期活期存款利息。

 **课堂小测**

【单选题】

1. 下列各项中，属于船舶吨税计税依据的是（　　）。

A. 船舶净吨位　　　B. 船舶数量　　　　C. 整备质量　　　　D. 船舶长度

2. （　　）是海关对自中华人民共和国境外港口进入境内港口的船舶所征收的一种税。

A. 关税　　　　　　B. 船舶吨税　　　　C. 车船税　　　　　D. 进口增值税

【多选题】

1. 下列船舶中,免征船舶吨税的有(　　)。

A. 应纳税额在人民币 50 元以下的船舶

B. 非机动驳船

C. 警用船舶

D. 吨税执照期满后 24 小时内不上下客货的船舶

2. 根据《船舶吨税暂行条例》的有关规定,下列各项免征船舶吨税的有(　　)。

A. 捕捞、养殖渔船

B. 自境外以购买方式取得船舶所有权的初次进口到港的空载船舶

C. 非机动驳船

D. 在吨税执照期限内,避难、防疫隔离、修理、改造,并不上下客货的船舶

3. 根据船舶吨税的相关规定,下列表述不正确的有(　　)。

A. 应税船舶在吨税执照期限内,因修理导致净吨位变化的,吨税执照继续有效

B. 吨税执照在期满前毁损或者遗失的,应当向原发照海关书面申请核发吨税执照副本,并补缴税款

C. 海关发现少征或者漏征税款的,应当自应税船舶缴纳税款之日起 1 年内,补征税款

D. 海关发现多征税款的,应当立即通知应税船舶办理退还手续,不计算银行同期存款利息

【计算题】

202×年 5 月 1 日,甲国某公司一艘货轮驶入我国某港口,该货轮净吨位为 8 000 吨,货轮负责人已向我国该海关领取了"吨税执照",货轮在港口停留期限为 90 日(吨税执照期限为 90 日,普通税率为每净吨位 8.0 元,优惠税率为每净吨位 5.8 元),该国已与我国签订有相互给予船舶税费最惠国待遇条款的协定。

要求:计算该货轮负责人应向我国海关缴纳的船舶吨税税额。

第七章　城市维护建设税和教育费附加

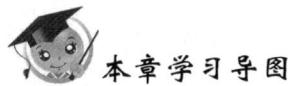 本章学习导图

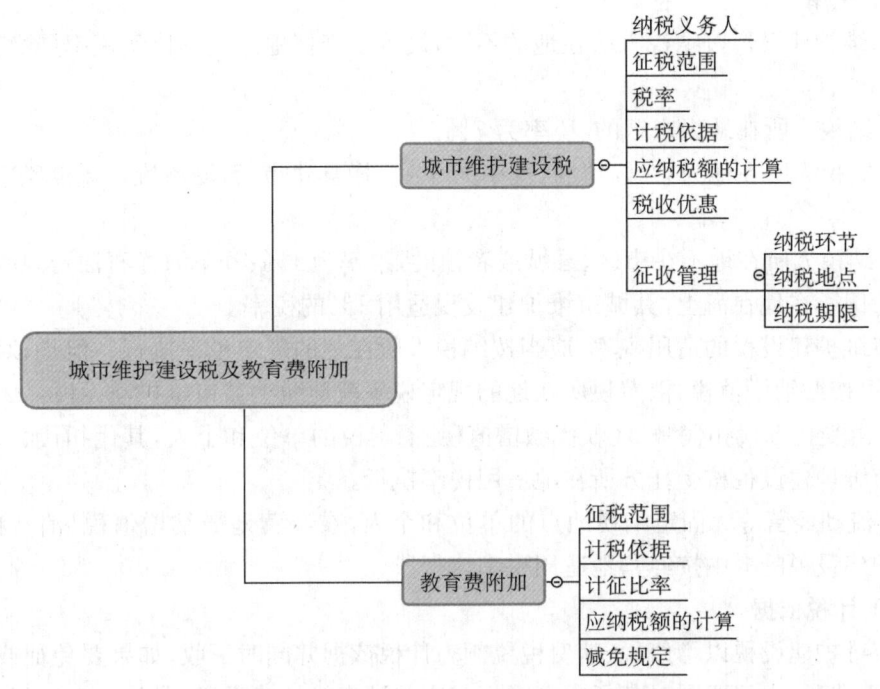

第一节　城市维护建设税

城市维护建设税,是指对从事工商经营,缴纳增值税、消费税的单位和个人征收的一种附加税。

城市维护建设税的特点主要体现在以下几方面:首先,它是税款专款专用,所征的税款要求用于城市公用事业和公共设施的维护和建设。其次,它属于一种附加税,城市维护建设税是以纳税人实际缴纳的增值税、消费税税额为计税依据,与增值税、消费税同时缴纳,其本身没有特定的课税对象,其征管方法也完全比照增值税、消费税的有关规定办理。最后,它是根据城镇规模及其维护建设资金需要有不同比例税率。

一、纳税义务人与征税范围

城市维护建设税的纳税义务人,是指负有缴纳增值税、消费税义务的单位和个人,包

括国有企业、集体企业、私营企业、股份制企业、其他企业,行政单位、事业单位、军事单位、社会团体、其他单位,以及个体工商户、其他个人。

城市维护建设税的代扣代缴、代收代缴,比照增值税、消费税的有关规定办理。增值税、消费税的代扣代缴、代收代缴义务人同时也是城市维护建设税的代扣代缴、代收代缴义务人。

二、税率与计税依据

(一)税率

城市维护建设税按纳税人所在地的不同,设置了三档地区差别比例税率(除特殊规定外),即:

(1)纳税人所在地为市区的,税率为7%。

(2)纳税人所在地为县城、镇的,税率为5%。撤县建市后,城市维护建设税适用税率为7%。

(3)纳税人所在地不在市区、县城或者镇的,税率为1%;开采海洋石油资源的中外合作油(气)田所在地在海上,其城市维护建设税适用1%的税率。

城市维护建设税的适用税率,应当按纳税人所在地的规定税率执行。但是,对下列两种情况,可按缴纳增值税、消费税所在地的规定税率就地缴纳城市维护建设税:

(1)由受托方代扣代缴、代收代缴增值税、消费税的单位和个人,其代扣代缴、代收代缴的城市维护建设税按受托方所在地适用税率执行。

(2)流动经营等无固定纳税地点的单位和个人,在经营地缴纳增值税、消费税的,其城市维护建设税的缴纳按经营地适用税率执行。

(二)计税依据

城市维护建设税以增值税、消费税税额为计税依据并同时征收,如果要免征或者减征增值税、消费税,也就要同时免征或者减征相应的城市维护建设税。但对出口产品退还增值税、消费税的,不退还已缴纳的城市维护建设税。

自2005年1月1日起,经国家税务局正式审核批准的、当期免抵的增值税税额,应纳入城市维护建设税和教育费附加的计征范围,分别按规定的税(费)率征收城市维护建设税和教育费附加。2005年1月1日前,已按抵免的增值税税额征收的城市维护建设税和教育费附加不再退还,未征的不再补征。

三、应纳税额的计算

城市维护建设税纳税人的应纳税额的大小,是由纳税人实际缴纳的增值税、消费税税额决定的,其计算公式为:

$$应纳税额 = (实际缴纳的增值税 + 实际缴纳的消费税) \times 适用税率$$

【例7-1】 某企业位于县城,该企业202×年9月实际缴纳增值税50万元,缴纳消费税40万元。

要求:计算该企业应缴纳的城市维护建设税税额。

【解析】

应纳城市维护建设税税额＝（实际缴纳的增值税＋实际缴纳的消费税）×适用税率

$$＝（500\ 000＋400\ 000）×5\%$$
$$＝45\ 000（元）$$

四、税收优惠

城市维护建设税原则上不单独减免，但因城市维护建设税又具附加税性质，因此当主税发生减免时，城市维护建设税相应发生税收减免。城市维护建设税的税收减免具体有以下几种情况：

（1）城市维护建设税按减免后实际缴纳的增值税、消费税税额计征，即随增值税、消费税的减免而减免。

（2）对于因减免税而须进行增值税、消费税退库的，城市维护建设税也可同时退库。

（3）海关对进口产品代征的增值税、消费税，不征收城市维护建设税。

（4）对增值税、消费税实行先征后返、先征后退、即征即退办法的，除另有规定外，对随增值税、消费税附征的城市维护建设税和教育费附加，一律不退（返）还。

（5）为支持国家重大水利工程建设，对国家重大水利工程建设基金免征城市维护建设税。

（6）对实行增值税期末留抵退税的纳税人，允许其从城市维护建设税、教育费附加和地方教育附加的计税（征）依据中扣除退还的增值税税额。

（7）由省、自治区、直辖市人民政府根据本地区实际情况，以及宏观调控需要确定，对于增值税小规模纳税人、小型微利企业和个体工商户可以在50%的税额幅度内减征资源税、城市维护建设税、房产税、城镇土地使用税、印花税（不含证券交易印花税）、耕地占用税和教育费附加、地方教育附加。（注：本条款所涉及其他税种的优惠政策将在本书其他地方陈述。）

五、征收管理

（一）纳税环节

城市维护建设税的纳税环节，实际就是纳税人缴纳增值税、消费税的环节。纳税人只要发生增值税、消费税的纳税义务，就要在同样的环节，分别计算缴纳城市维护建设税。

（二）纳税地点

纳税人缴纳增值税、消费税的地点，就是该纳税人缴纳城市维护建设税的地点。但是，属于下列情况的，纳税地点将有所不同。

（1）代扣代缴、代收代缴增值税和消费税的单位和个人，同时也是城市维护建设税的代扣代缴、代收代缴义务人，其城市维护建设税的纳税地点在代扣代收地。

（2）纳税人跨地区提供建筑服务、销售和出租不动产的，应在建筑服务发生地、不动产所在地预缴增值税时，以预缴增值税税额为计税依据，并按预缴增值税所在地的城市维护建设税适用税率和教育费附加征收率，就地计算缴纳城市维护建设税和教育费附加。

(3) 对流动经营等无固定纳税地点的单位和个人,应随同增值税、消费税在经营地按适用税率缴纳。

（三）纳税期限

由于城市维护建设税是由纳税人在缴纳增值税、消费税时缴纳的,所以其纳税期限与增值税、消费税的纳税期限一致。根据增值税法和消费税法规定,增值税、消费税的纳税期限分别为 1 日、3 日、5 日、10 日、15 日或者 1 个月。增值税、消费税的纳税人的具体纳税期限,由主管税务机关根据纳税人应纳税额大小分别核定;不能按照固定期限纳税的,可以按次纳税。

 课堂小测

【单选题】

1. 下列项目中,可以作为城建税计税依据的是(   )。

A. 增值税税金   B. 消费税滞纳金

C. 房产税罚款   D. 补缴的企业所得税税金

2. 目前,我国城建税的税率实行的是(   )的方法。

A. 纳税人所属行业差别比例税率   B. 纳税人所在地差别比例税率

C. 纳税人所属行业累进税率   D. 纳税人所在地统一累进税率

3. 关于城市维护建设税的特点,下列说法错误的是(   )。

A. 税款专款专用   B. 属于附加税

C. 根据城镇规模设计税率   D. 征收范围较窄

4. 根据城市维护建设税的规定,下列企业属于城市维护建设税纳税人的是(   )。

A. 缴纳资源税的国有企业   B. 缴纳城镇土地使用税的私营企业

C. 缴纳消费税的外商投资企业   D. 缴纳房产税的外国企业

5. 下列属于城市维护建设税计税依据的是(   )。

A. 进口环节缴纳的增值税   B. 进口环节缴纳的关税

C. 进口环节缴纳的消费税   D. 国内销售环节缴纳的增值税、消费税

6. 根据城市维护建设税的规定,被代扣代收增值税和消费税的纳税人未被代扣代收城市维护建设税的,其城市维护建设税的纳税地点是(   )。

A. 纳税人应税行为发生地   B. 扣缴义务人所在地

C. 扣缴义务人应税行为发生地   D. 纳税人所在地

【计算题】

某市生产企业为增值税一般纳税人,本期在国内销售甲产品实际缴纳增值税 30 万元、消费税 50 万元,消费税滞纳金 1 万元;本期出口乙产品一批,按规定退回增值税 5 万元。

要求:计算该企业本期应缴纳的城市维护建设税税额。

第二节　教育费附加

教育费附加和地方教育附加是对缴纳增值税、消费税的单位和个人,以其实际缴纳的税额为计算依据而征收的一种附加费。教育费附加是为加快地方教育事业发展、扩大地方教育经费的资金来源而征收的一项专用基金。

一、征收范围及计税依据

教育费附加和地方教育附加对缴纳增值税和消费税的单位和个人征收,以其实际缴纳的增值税、消费税税款为计征依据,分别与增值税、消费税同时缴纳。

二、计征比率

现行教育费附加征收比率为3%,地方教育费附加征收比率为2%。

三、应纳税额的计算

应纳教育费附加或地方教育费附加的计算公式为:

应纳教育费附加或地方教育附加 =(实际缴纳的增值税 + 实际缴纳的消费税)× 征收比率

【例7-2】　某企业202×年3月实际缴纳增值税30万元,缴纳消费税30万元。

要求:计算该企业应缴纳的教育费附加和地方教育附加。

【解析】　应纳教育费附加 =(实际缴纳的增值税 + 实际缴纳的消费税)× 征收比率
　　　　　　　　　　 =(300 000 + 300 000)× 3%
　　　　　　　　　　 = 18 000(元)

应纳地方教育附加 =(实际缴纳的增值税 + 实际缴纳的消费税)× 征收比率
　　　　　　　　 =(300 000 + 300 000)× 2%
　　　　　　　　 = 12 000(元)

四、减免规定

教育费附加的减免规定,有如下几条:

(1)对海关进口的产品征收的增值税、消费税,不征收教育费附加。

(2)对由于减免增值税、消费税而发生退税的,可同时退还已征收的教育费附加。但对出口产品退还增值税、消费税的,不退还已征的教育费附加。

(3)对国家重大水利工程建设基金免征教育费附加。

(4)自2016年2月1日起,按月纳税的月销售额或营业额不超过10万元(按季度纳税的季度销售额或营业额不超过30万元)的缴纳义务人,免征教育费附加、地方教育附加。

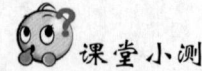课堂小测

【计算题】

1. 某市一家企业 202×年 3 月实际缴纳增值税 40 万元,缴纳消费税 20 万元。

要求:计算该企业应缴纳的教育费附加和地方教育附加。

2. 某企业地处市区,202×年 10 月被税务机关查补增值税 45 000 元、消费税 25 000 元、所得税 30 000 元;还被加收滞纳金 20 000 元、被处罚款 50 000 元。

要求:计算该企业应补缴的城市维护建设税和教育费附加。

第八章　资源税和环境保护税

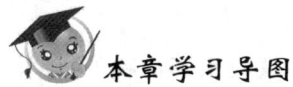本章学习导图

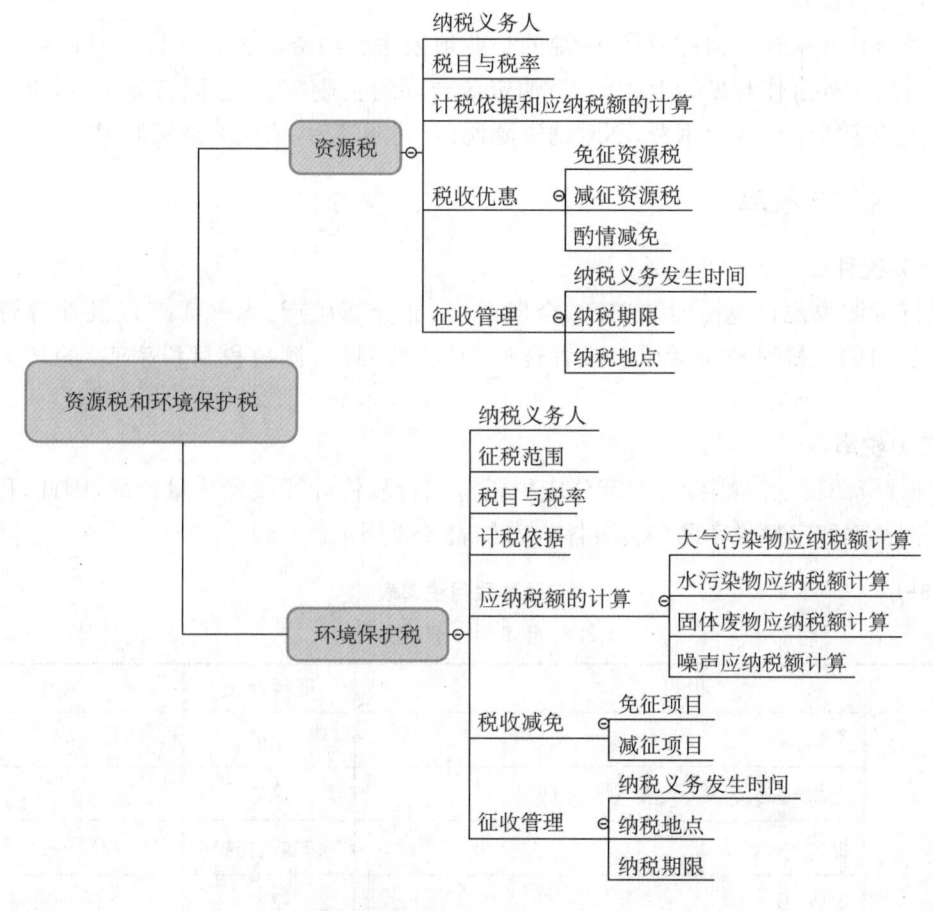

第一节　资源税

　　资源税，是对在我国境内从事应税矿产品开采和生产盐的单位和个人课征的一种税，其属于对自然资源占用课税的范畴。目前，我国开征的资源税是以部分自然资源为课税对象。征收资源税有利于促进企业间开展公平竞争，促进自然资源的合理开发和有效配置。2019年8月26日，第十三届全国人民代表大会常务委员会第十二次会议通过《中华人民共和国资源税法》(以下简称《资源税法》)，并于2020年9月1日起施行。

一、纳税义务人

在中华人民共和国领域和中华人民共和国管辖的其他海域开发应税资源的单位和个人,为资源税的纳税人。单位,是指国有企业、集体企业、私营企业、股份制企业、其他企业,行政单位、事业单位、军事单位、社会团体及其他单位;个人,是指个体经营者和其他个人。

对取用地表水或者地下水的单位和个人试点征收水资源税。征收水资源税的,停止对其征收水资源费。

中外合作开采陆上、海上石油资源的企业须依法缴纳资源税。2011年11月1日前,已依法订立中外合作开采陆上、海上石油资源合同的企业,在该合同有效期内,继续依照国家有关规定缴纳矿区使用费,不缴纳资源税;合同期满后,依法缴纳资源税。

二、税目与税率

(一) 税目

现行资源税税目包括能源矿产、金属矿产、非金属矿产、水气矿产以及盐等资源品目。各税目的征税对象包括原矿或者选矿,具体按照《资源税税目税率表》的相关规定执行。

(二) 税率

根据《资源税法》规定,对大部分应税资源实行从价计征或者从量计征,因此,税率形式有比例税率和定额税率两种。具体内容如表8-1所示。

表 8-1　　　　　　　　　　　　资源税税目税率表

(2020年9月1日起执行)

税目		征税对象	税率
能源矿产	原油	原矿	6％
	天然气、页岩气、天然气水合物	原矿	6％
	煤	原矿或者选矿	2％～10％
	煤成(层)气	原矿	1％～2％
	铀、钍	原矿	4％
	油页岩、油砂、天然沥青、石煤	原矿或者选矿	1％～4％
	地热	原矿	1％～20％或者每立方米1～30元
金属矿产	黑色金属	铁、锰、铬、钒、钛	原矿或者选矿	1％～9％
	有色金属	铜、铅、锌、锡、镍、锑、镁、钴、铋、汞	原矿或者选矿	2％～10％
		铝土矿	原矿或者选矿	2％～9％

（续表）

税目			征税对象	税率
金属矿产	有色金属	钨	选矿	6.5%
		钼	选矿	8%
		金、银	原矿或者选矿	2%～6%
		铂、钯、钌、锇、铱、铑	原矿或者选矿	5%～10%
		轻稀土	选矿	7%～12%
		中重稀土	选矿	20%
		铍、锂、锆、锶、铷、铯、铌、钽、锗、镓、铟、铊、铪、铼、镉、硒、碲	原矿或者选矿	2%～10%
非金属矿产	矿物类	高岭土	原矿或者选矿	1%～6%
		石灰岩	原矿或者选矿	1%～6%或者每吨（或者每立方米）1～10元
		磷	原矿或者选矿	3%～8%
		石墨	原矿或者选矿	3%～12%
		萤石、硫铁矿、自然硫	原矿或者选矿	1%～8%
		天然石英砂、脉石英、粉石英、水晶、工业用金刚石、冰洲石、蓝晶石、硅线石（矽线石）、长石、滑石、刚玉、菱镁矿、颜料矿物、天然碱、芒硝、钠硝石、明矾石、砷、硼、碘、溴、膨润土、硅藻土、陶瓷土、耐火粘土、铁矾土、凹凸棒石粘土、海泡石粘土、伊利石粘土、累托石粘土	原矿或者选矿	1%～12%
		叶蜡石、硅灰石、透辉石、珍珠岩、云母、沸石、重晶石、毒重石、方解石、蛭石、透闪石、工业用电气石、白垩、石棉、蓝石棉、红柱石、石榴子石、石膏	原矿或者选矿	2%～12%
		其他粘土（铸型用粘土、砖瓦用粘土、陶粒用粘土、水泥配料用粘土、水泥配料用红土、水泥配料用黄土、水泥配料用泥岩、保温材料用粘土）	原矿或者选矿	1%～5%或者每吨（或者每立方米）0.1～5元
	岩石类	大理岩、花岗岩、白云岩、石英岩、砂岩、辉绿岩、安山岩、闪长岩、板岩、玄武岩、片麻岩、角闪岩、页岩、浮石、凝灰岩、黑曜岩、霞石正长岩、蛇纹岩、麦饭石、泥灰岩、含钾岩石、含钾砂页岩、天然油石、橄榄岩、松脂岩、粗面岩、辉长岩、辉石岩、正长岩、火山灰、火山渣、泥炭	原矿或者选矿	1%～10%

（续表）

税目		征税对象	税率
非金属矿产	宝石类：砂石（天然砂、卵石、机制砂石）	原矿或者选矿	1%～5%或者每吨（或者每立方米）0.1～5元
	宝石、玉石、宝石级金刚石、玛瑙、黄玉、碧玺	原矿或者选矿	4%～20%
水气矿产	二氧化碳气、硫化氢气、氦气、氡气	原矿	2%～5%
	矿泉水	原矿	1%～20%或者每立方米1～30元
盐	钠盐、钾盐、镁盐、锂盐	选矿	3%～15%
	天然卤水	原矿	3%～15%或者每吨（或者每立方米）1～10元
	海盐		2%～5%

表8-1中的幅度比例税率，其具体由省、自治区、直辖市人民政府提出，报同级人民代表大会常务委员会决定，并报全国人民代表大会常务委员会和国务院备案。《资源税税目税率表》中规定征税对象为原矿或选矿的，应当分别确定具体适用税率。

纳税人开采或者生产不同税目应税产品的，应当分别核算不同税目应税产品的销售额或者销售数量；未分别核算或者不能准确提供不同税目应税产品的销售额或者销售数量的，从高适用税率。

三、计税依据和应纳税额的计算

资源税的计税依据为应税产品的销售额或销售量，各税目的征税对象包括原矿、精矿等，根据《资源税税目税率表》的规定，地热、砂石、矿泉水和天然卤水的能源税计算可采用从价计征或从量计征的方式，其他应税产品统一适用从价定率征收的方式。

原矿和精矿的销售额或者销售量应当分别核算，未分别核算的，从高确定计税销售额或销售数量。

（一）从价定率征收的计税依据及应纳税额的计算

从价计征资源税的计税依据为应税资源产品（以下称应税产品）的销售额。资源税应纳税额按销售额和比例税率计算，计算公式如下：

$$应纳税额 = 应税产品的销售额 × 适用的比例税率$$

1. 销售额的基本规定

从价定率征收的计税依据为计税销售额。计税销售额，是指纳税人销售应税产品、向购买方收取的全部价款和价外费用，不包括增值税销项税额。价外费用，包括价外向购买方收取的手续费、补贴、基金、集资费、返还利润、奖励费、违约金、滞纳金、延期付款利息、赔偿金、代收款项、代垫款项、包装费、包装物租金、储备费、优质费以及其他各种性质的价外收费。但下列项目不包括在内：

（1）同时符合以下条件的代垫运输费用：①承运部门的运输费用发票开具给购买方的；②纳税人将该项发票转交给购买方的。

（2）同时符合以下条件代为收取的政府性基金或者行政事业性收费：①由国务院或者财政部批准设立的政府性基金，由国务院或者省级人民政府及其财政、价格主管部门批准设立的行政事业性收费。②收取时开具省级以上财政部门印制的财政票据。③所收款项全额上缴财政。

2. 销售额的货币计价规定

纳税人以人民币以外的货币结算销售额的，应当折合成人民币计算。其销售额的人民币折合率可以选择销售额发生的当天或者当月1日的人民币汇率中间价。纳税人应事先确定采用何种折合率计算方法，确定后1年内不得变更。

3. 销售额的特殊规定

纳税人有视同销售应税产品行为而无销售价格的，或者申报的应税产品销售价格明显偏低且无正当理由的，税务机关应按下列顺序确定其应税产品计税价格：①按纳税人最近时期同类产品的平均销售价格确定；②按其他纳税人最近时期同类产品的平均销售价格确定；③按应税产品组成计税价格确定。组成计税价格的计算公式为：

$$组成计税价格 = 成本 \times (1 + 成本利润率) \div (1 - 资源税税率)$$

公式中的成本，是指应税产品的实际生产成本。公式中的成本利润率由省、自治区、直辖市税务机关确定。

【例8-1】 某油气田开采企业为增值税一般纳税人，202×年3月销售天然气90万立方米，取得不含增值税的收入135 000元，另向购买方收取手续费1 800元，延期付款利息2 015元，天然气的资源税税率为6%，增值税税率9%。

要求：计算该企业202×年3月销售天然气应缴纳的资源税税额。

【解析】 应缴纳资源税税额＝[135 000＋(1 800＋2 015)÷(1＋9%)]×6%＝8 310(元)

（二）从量定额征收的计税依据及应纳税额的计算

资源税应纳税额按销售数量和定额税率计算，公式如下：

$$应纳税额 = 应税产品的销售数量 \times 适用的定额税率$$

实行从量定额征收的，以销售数量为计税依据。销售数量的具体规定为：

（1）纳税人开采或者生产应税产品销售的，以实际销售数量为销售数量。

（2）纳税人开采或者生产应税产品自用的，以移送时的自用数量为销售数量。自产自用包括生产自用和非生产自用。

（3）纳税人不能准确提供应税产品销售数量或移送使用数量的，以应税产品的产量或按主管税务机关确定的折算比，换算成的数量为计税销售数量。

（4）纳税人的减税、免税项目，应当单独核算销售额和销售数量；未单独核算或者不能准确提供销售额和销售数量的，不予减税或者免税。

【例 8-2】　假设某矿泉水生产企业 202×年 9 月开发生产矿泉水 6 900 立方米,本月销售 6 000 立方米。该企业所在省政府规定,矿泉水实行定额征收资源税,资源税税率为 5 元/立方米。

要求:计算该企业 202×年 9 月应缴纳的资源税税额。

【解析】　该企业 9 月应缴纳资源税税额＝5×6 000＝30 000(元)

四、税收优惠

(一) 免征资源税

有下列情形之一的,免征资源税:

(1) 开采原油以及在油田范围内运输原油过程中用于加热的原油、天然气。

(2) 煤炭开采企业因安全生产需要抽采的煤成(层)气。

(二) 减征资源税

有下列情形之一的,减征资源税:

(1) 从低丰度油气田开采的原油、天然气,减征 20％资源税。

(2) 高含硫天然气、三次采油和从深水油气田开采的原油、天然气,减征 30％资源税。

(3) 稠油、高凝油减征 40％资源税。

(4) 从衰竭期矿山开采的矿产品,减征 30％资源税。

(三) 酌情减免

有下列情形之一的,省、自治区、直辖市可以决定免征或者减征资源税:

(1) 纳税人开采或者生产应税产品过程中,因意外事故或者自然灾害等原因遭受重大损失的。

(2) 纳税人开采共伴生矿、低品位矿、尾矿。

五、征收管理

(一) 纳税义务发生时间

(1) 纳税人销售应税产品,其纳税义务发生时间为:①纳税人采取分期收款结算方式的,其纳税义务发生时间,为销售合同规定的收款日期的当天;②纳税人采取预收货款结算方式的,其纳税义务发生时间,为发出应税产品的当天;③纳税人采取除分期收款和预收货款以外其他结算方式的,其纳税义务发生时间,为收讫销售款或者取得索取销售款凭据的当天。

(2) 纳税人自产自用应税产品的纳税义务发生时间,为移送使用应税产品的当天。

(3) 扣缴义务人代扣代缴税款的纳税义务发生时间,为支付首笔货款或首次开具支付货款凭据的当天。

(二) 纳税期限

资源税按月或者按季申报缴纳;不能按固定期限计算缴纳的,可以按次申报缴纳。纳税人按月或按季申报缴纳的,应当自月度或者季度终了之日起 15 日内,向税务机关办理纳税申报并缴纳税款。

（三）纳税地点

纳税人应当向应税产品开采地或者生产地税务机关申报缴纳资源税。

课堂小测

【多选题】

1. 资源税的纳税义务人包括(　　)。

A. 在中国境内开采并销售煤炭的个人

B. 在中国境内生产销售天然气的国有企业

C. 在中国境内生产自用应税资源的个人

D. 进口应税资源的国有企业

2. 下列各项中,属于资源税纳税义务人的有(　　)。

A. 进口盐的外贸企业　　　　　　　　B. 开采原煤的私营企业

C. 生产盐的外商投资企业　　　　　　D. 中外合作开采石油的企业

3. 下列关于资源税税目的说法,正确的有(　　)。

A. 天然原木,不包括加工的板材　　　B. 天然原油,不包括人造石油

C. 非金属矿产,包括煤　　　　　　　D. 水气矿产,包括矿泉水

4. 下列各项中,属于资源税征税范围的有(　　)。

A. 进口的天然气　　　　　　　　　　B. 在我国境内陆地专门开采的天然气

C. 煤层气　　　　　　　　　　　　　D. 与原油同时开采的天然气

5. 根据资源税法的规定,以下减征30%资源税的有(　　)。

A. 从低丰度油气田开采的原油、天然气

B. 高含硫天然气

C. 从深水油气田开采的原油

D. 从衰竭期矿山开采的矿产品

6. 下列各项中,可以由省、自治区、直辖市决定免征或者减征资源税的有(　　)。

A. 纳税人在开采或者生产应税产品过程中,因意外事故或者自然灾害等遭受重大损失

B. 纳税人开采共伴生矿

C. 纳税人开采低品位矿、尾矿

D. 纳税人用选矿工艺生产选矿

7. 下列说法中,符合资源税征收管理规定的有(　　)。

A. 纳税人销售应税产品,纳税义务发生时间为收讫销售款或者取得索取销售款凭据的当日

B. 自用应税产品的,纳税义务发生时间为移送应税产品的当日

C. 纳税人应当向应税产品开采地或者生产地的税务机关申报缴纳资源税

D. 资源税按月或者按季申报缴纳;不能按固定期限计算缴纳的,可以按次申报缴纳

【计算题】

1. 某油气田开采企业202×年2月开采天然气300万立方米,开采成本为400万元,

全部对外销售,取得的含增值税销售额为 545 万元。已知天然气资源税税率为 6%。

要求:计算该油气田企业当月应缴纳的资源税税额。

2. 某油田开采原油 80 万吨,202×年销售原油 70 万吨,非生产性自用 5 万吨,5 万吨待售。已知,该油田每吨原油不含税售价为 5 000 元,适用的资源税税率为 6%。

要求:计算该油田当年应缴纳的资源税税额。

3. 某砂石厂 202×年 9 月开采砂石 5 000 立方米,对外销售 4 000 立方米,当地省政府规定,砂石实行定额征收资源税且砂石资源税率为 3 元/立方米。

要求:计算该厂当月应缴纳的资源税税额。

第二节　环境保护税

环境保护税,是指为保护和改善环境、减少污染物排放、推进生态文明建设而征收的一种税。环境保护税的法律规范是于 2016 年 12 月 25 日第十二届全国人民代表大会常务委员会第二十五次会议通过的《中华人民共和国环境保护税法》(以下简称《环境保护税法》)。2018 年 10 月 26 日,第十三届全国人大常委会第六次会议审议通过《环境保护税法》修订。

一、纳税义务人

环境保护税的纳税义务人,是在中华人民共和国领域和中华人民共和国管辖的其他海域中,直接向环境排放应税污染物的企业事业单位和其他生产经营者。

二、征税范围

环境保护税的征税范围是《环境保护税法》所附的《环境保护税税目税额表》《应税污染物和当量值表》规定的大气污染物、水污染物、固体废物和噪声。

有下列情形之一的,不属于直接向环境排放污染物,不缴纳相应污染物的环境保护税:

(1) 企业事业单位和其他生产经营者向依法设立的污水集中处理场所、生活垃圾集中处理场所排放应税污染物的。

(2) 企业事业单位和其他生产经营者在符合国家和地方环境保护标准的设施、场所贮存处置固体废物的。

(3) 达到省级人民政府确定的规模标准并且有污染物排放口的畜禽养殖场,应当依法缴纳环境保护税,但依法对畜禽养殖废弃物进行综合利用和无害化处理的除外。

三、税目与税率

环境保护税税目包括大气污染物、水污染物、固体废物和噪声四大类。

环境保护税实行定额税率。税目、税额依照《环境保护税税目税额表》执行,具体如

表 8-2 所示。

表 8-2		环境保护税税目税率表		
税目		计税单位	税额	备注
大气污染物		每污染当量	1.2～12 元	—
水污染物		每污染当量	1.4～14 元	—
固体废物	煤矸石	每吨	5 元	—
	尾矿	每吨	15 元	
	危险废物	每吨	1 000 元	
	冶炼渣、粉煤灰、炉渣、其他固体废物（含半固态、液态废物）	每吨	25 元	
噪声	工业噪声	超标 1～3 分贝	每月 350 元	(1) 一个单位边界上有多处噪声超标，根据最高一处超标声级计算应纳税额；当沿边界长度超过 100 米有两个以上噪声超标，按照两个单位计算应纳税额 (2) 一个单位有不同地点作业场所的，应当分别计算应纳税额，合并计征 (3) 昼、夜均超标的环境噪声，昼、夜分别计算应纳税额，累计计征 (4) 声源一个月内超标不足 15 天的，减半计算应纳税额 (5) 夜间频繁突发和夜间偶然突发厂界超标噪声，按等效声级和峰值噪声两种指标中超标分贝值高的一项计算应纳税额
		超标 4～6 分贝	每月 700 元	
		超标 7～9 分贝	每月 1 400 元	
		超标 10～12 分贝	每月 2 800 元	
		超标 13～15 分贝	每月 5 600 元	
		超标 16 分贝以上	每月 11 200 元	

注：应税大气污染物和水污染物规定了的幅度定额税率，具体适用税额的确定和调整由省、自治区、直辖市人民政府决定，在统筹考虑本地区环境承载能力、污染物排放现状和经济社会生态发展目标要求后，在规定的税额幅度内提出，报同级人民代表大会常务委员会决定，并报全国人民代表大会常务委员会和国务院备案。

四、计税依据与应纳税额的计算

(一) 计税依据

应税污染物的计税依据，按照下列方法确定：

(1) 应税大气污染物，按照污染物排量折合的污染当量数确定。

(2) 应税水污染物，按照污染物排放量折合的污染当量数确定。

(3) 应税固体废物，按照固体废物的排放量确定。

(4) 应税噪声按照超过国家规定标准的分贝数确定。

污染当量数，以该污染物的排放量除以该污染物的污染当量值计算。其计算公式为：

应税大气、水污染物的污染当量数 = 该污染物的排放量 ÷ 该污染物的污染当量值

纳税人有下列情形之一的，以其当期应税大气污染物、水污染物的产生量作为污染物的排放量：

（1）未依法安装、使用污染物自动监测设备，或者未将污染物自动监测设备与环境保护主管部门的监控设备联网。

（2）损毁或者擅自移动、改变污染物自动监测设备。

（3）篡改、伪造污染物监测数据。

（4）以暗管、渗井、渗坑、灌注或者稀释排放以及不正常运行防治污染设施等方式违法排放应税污染物。

（5）进行虚假纳税申报。

纳税人有下列情形之一的，以其当期应税固体废物的产生量作为固体废物的排放量：

（1）非法倾倒应税固体废物。

（2）进行虚假纳税申报。

（二）应纳税额的计算

1. 应税大气污染物应纳税额的计算

应税大气污染物的应纳税额为污染当量数乘以具体适用税额。其计算公式为：

$$应税大气污染物的应纳税额 = 污染当量数 \times 适用税额$$

【例8-3】 某企业202×年3月向大气直接排放二氧化硫100千克，假设当地大气污染物每污染当量税额为1.2元，折算的污染当量为105.26千克。

要求：计算该企业应缴纳的环境保护税税额。

【解析】 应纳税额＝105.26×1.2＝126.31（元）

2. 应税水污染物应纳税额的计算

应税水污染物的应纳税额为污染当量数乘以具体适用税额。其计算公式为：

$$应税水污染物的应纳税额 = 污染当量数 \times 具体适用税额$$

【例8-4】 某餐饮公司，通过安装水流量计测量得到，202×年3月排放污水量为80吨，污染当量值为0.5吨。假设当地水污染物适用税额为每污染当量2.8元。

要求：计算当月该企业应缴纳的环境保护税税额。

【解析】 水污染物当量数＝80÷0.5＝160（吨）

应纳税额＝160×2.8＝448（元）

3. 固体废物应纳税额的计算

固体废物的应纳税额为固体废物排放量乘以具体适用税额，其排放量为当期应税固体废物的产生量减去当期应税固体废物的贮存量、处置量、综合利用量后的余额。其计算公式为：

$$固体废物的应纳税额 = \left(当期固体废物的产生量 - 当期固体废物的综合利用量 - 当期固体废物的贮存量 - 当期固体废物的处置量\right) \times 适用税额$$

【例8-5】 假设某企业202×年3月产生尾矿1 000吨，其中综合利用的尾矿300吨（符合国家相关规定），在符合国家和地方环境保护标准的设施贮存300吨。尾矿环境保护税适用税额为每吨15元。

要求：计算该企业当月尾矿应缴纳的环境保护税税额。

【解析】 固体废物排放量＝1 000－300－300＝400(吨)

尾矿环境保护税应纳税额＝400×15＝6 000(元)

4. 应税噪声应纳税额的计算

应税噪声的应纳税额为超过国家规定标准的分贝数对应的具体适用税额。其计算公式为：

$$应税噪声的应纳税额 ＝ 超过国家规定标准的分贝数对应的具体适用税额$$

【例8-6】 假设某工业企业只有一个生产场所，只在昼间生产，边界处声环境功能区类型为1类，生产时产生的噪声为60分贝，《工业企业厂界环境噪声排放标准》规定1类功能区昼间的噪声排放限值为55分贝，当月超标天数为18天。

要求：计算该企业当月噪声污染应缴纳的环境保护税税额。

【解析】 超标分贝数：60－55＝5(分贝)

根据《环境保护税税目税额表》，可得出该企业当月噪声污染应纳环境保护税700元。

五、税收减免

(一) 暂免征税项目

有下列情形之一的，暂予免征环境保护税：

(1) 农业生产(不包括规模化养殖)排放应税污染物的。

(2) 机动车、铁路机车、非道路移动机械、船舶和航空器等流动污染源排放应税污染物。

(3) 在依法设立的城乡污水集中处理场所、生活垃圾集中处理场所排放相应应税污染物，且不超过国家和地方规定的排放标准的。

(4) 纳税人综合利用的固体废物，符合国家和地方环境保护标准的。

(5) 国务院批准免税的其他情形。

(二) 减征税额项目

(1) 纳税人排放的应税大气污染物或者水污染物的浓度值低于国家和地方规定的污染物排放标准30%的，减按75%征收环境保护税。

(2) 纳税人排放的应税大气污染物或者水污染物的浓度值低于国家和地方规定的污染物排放标准50%的，减按50%征收环境保护税。

六、征收管理

(一) 纳税义务发生时间

环境保护税纳税义务发生时间为纳税人排放应税污染物的当日。

(二) 纳税地点

纳税人应当向应税污染物排放地的税务机关申报缴纳环境保护税，应税污染物排放地是指：①应税大气污染物、水污染物排放口所在地。②应税固体废物产生地。③应税噪声产生地。

纳税人跨区域排放应税污染物，税务机关对税收征收管辖有争议的，由争议各方按照有利于征收管理的原则协商解决;不能协商一致的,报请共同的上级税务机关决定。

(三) 纳税期限

环境保护税按月计算,按季申报缴纳。不能按固定期限计算缴纳的,可以按次申报缴纳。

纳税人按季申报缴纳的,应当自季度终了之日起 15 日内,向税务机关办理纳税申报并缴纳税款。纳税人按次申报缴纳的,应当自纳税义务发生之日起 15 日内,向税务机关办理纳税申报并缴纳税款。

 课堂小测

【单选题】

1. 下列情形中,应纳环境保护税的是( )。

A. 企业向依法设立的污水集中处理场所排放应税污染物

B. 个体户向依法设立的生活垃圾集中处理场所排放应税污染物

C. 事业单位在符合国家环境保护标准的设施贮存固体废物

D. 企业在不符合地方环境保护标准的场所处置固体废物

2. 企业事业单位和其他生产经营者向依法设立的污水集中处理场所、生活垃圾集中处理场所排放应税污染物的( )。

A. 属于直接向环境排放污染物,应缴纳相应污染物的环境保护税

B. 不属于直接向环境排放污染物,但应缴纳相应污染物的环境保护税

C. 属于直接向环境排放污染物的特殊行为,享受环境保护税免税政策

D. 不属于直接向环境排放污染物,不缴纳相应污染物的环境保护税

3. 应税污染物中,应税固体废物的计税依据为( )。

A. 按照固体废物的污染当量数确定　　B. 按照固体废物的排放量确定

C. 按照固体废物的污染值确定　　　　D. 按照固体废物的体积或容积确定

4. 以下关于环境保护税的税率规定,正确的是( )。

A. 环境保护税采用定额税率

B. 环境保护税全部应税污染物适用税额的确定和调整,均由省、自治区、直辖市人民政府统筹考虑,并在规定的税额幅度内提出

C. 环境保护税全部应税污染物适用税额的确定和调整均须国家税务总局决定

D. 环境保护税全部应税污染物适用税额的确定和调整均须报国务院备案

【计算题】

1. 某企业 202×年 3 月向大气直接排放氟化物 200 千克,假设当地大气污染物的每污染当量税额为 1.2 元,污染当量值为 0.87 千克。

要求:计算该企业 3 月份应缴纳的环境保护税税额。

2. 某纳税人直接向河流排放总铅 6 000 千克(自动监测仪读数),已知总铅污染当量值为 0.025 千克,假定其所在省公布的水污染物环保税税率为每污染当量 4 元。

要求:计算该纳税人应缴纳的环境保护税税额。

3. 甲餐饮企业通过安装水流量计测量得到 202×年 3 月的排放污水量为 60 吨,已知饮食娱乐服务业水污染当量值为 0.5 吨。假设当地水污染物适用税额为每污染当量 3.2 元。

要求:计算甲餐饮企业当月应缴纳的环境保护税税额。

4. 假设某企业 202×年 3 月产生煤矸石 1 000 吨,其中综合利用的煤矸石 250 吨(符合国家相关规定),在符合国家和地方环境保护标准的设施贮存 200 吨。已知煤矸石环保税适用税额为每吨 5 元。

要求:计算该企业当月就煤矸石应缴纳的环境保护税税额。

5. 某工业企业昼间噪声标准限值为 65 分贝,夜间噪声标准限值为 55 分贝。经监测,其 4 月份噪声超标天数为 10 天,昼间最高分贝为 71.4,夜间最高分贝为 63。

要求:计算该企业 4 月份就噪声污染应缴纳的环境保护税税额。(超标 4~6 分贝,税额为每月 700 元;超标 7~9 分贝,税额为每月 1 400 元)

第九章　城镇土地使用税和耕地占用税

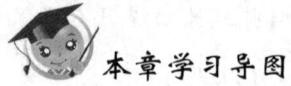本章学习导图

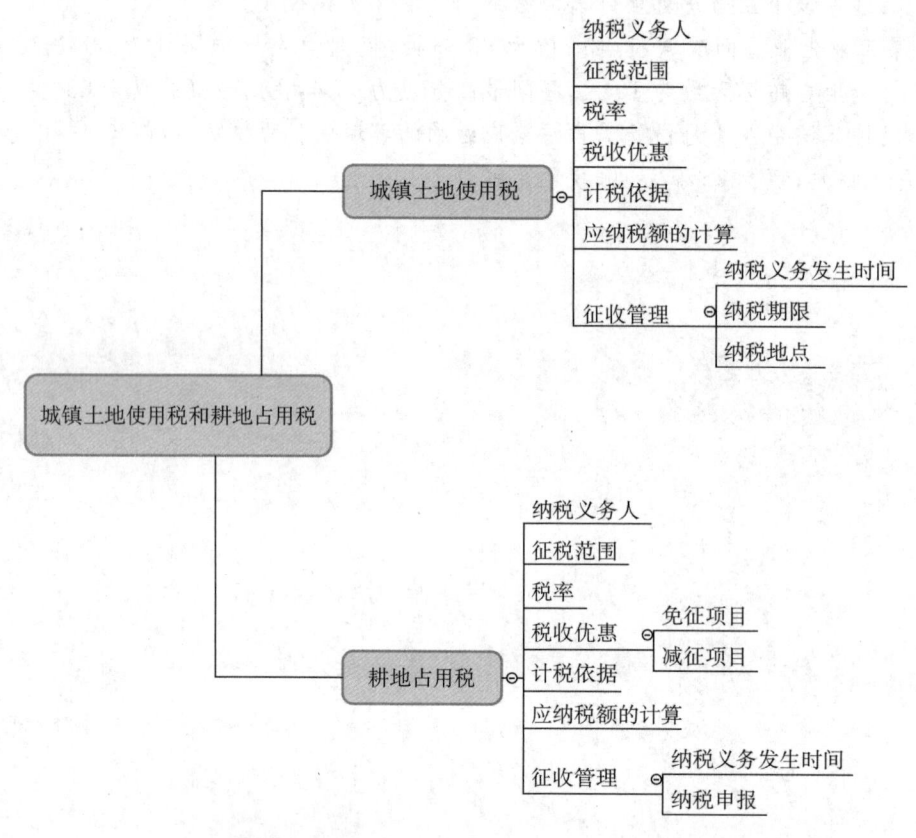

第一节　城镇土地使用税

　　城镇土地使用税是以国有土地为征税对象,对拥有土地使用权的单位和个人征收的一种税。征收城镇土地使用税有利于促进土地的合理使用,调节土地级差收入,以及筹集地方财政资金。2006年12月31日,国务院发布了修改《城镇土地使用税暂行条例》的决定,该条例主要是提高了城镇土地使用税税额标准,将征税范围扩大到外商投资企业和外国企业,自2007年1月1日起施行。此后,2011年、2013年、2019年又先后对《城镇土地使用税暂行条例》进行了第二次、第三次、第四次修订。

一、纳税义务人

在城市、县城、建制镇、工矿区范围内使用土地的单位和个人，为城镇土地使用税的纳税人。上述所称单位，包括国有企业、集体企业、私营企业、股份制企业、外商投资企业、外国企业以及其他企业和事业单位、社会团体、国家机关、军队以及其他单位。所称个人，包括个体工商户以及其他个人。

城镇土地使用税纳税义务人的具体规定如下：

（1）城镇土地使用税由拥有土地使用权的单位或个人缴纳。

（2）土地使用权未确定或权属纠纷未解决的，由实际使用人纳税。

（3）土地使用权共有的，由共有各方分别纳税。

二、征税范围

城镇土地使用税的征税范围，包括在城市、县城、建制镇和工矿区内的国家所有和集体所有的土地。上述城市、县城、建制镇和工矿区，分别按以下标准确认：

（1）城市，是指经国务院批准设立的市。

（2）县城，是指县人民政府所在地。

（3）建制镇，是指经省、自治区、直辖市人民政府批准设立的建制镇。

（4）工矿区，是指工商业比较发达、人口比较集中、符合国务院规定的建制镇标准，但尚未设立建制镇的大中型工矿企业所在地。工矿区须经省、自治区、直辖市人民政府批准。

建立在城市、县城、建制镇和工矿区以外的工矿企业，不需要缴纳城镇土地使用税。

三、税率

城镇土地使用税采用定额税率，即采用有幅度的差别税额，按大、中、小城市和县城、建制镇、工矿区分别规定每平方米城镇土地使用税年应纳税额。具体标准如下：

（1）大城市 1.5～30 元；

（2）中等城市 1.2～24 元；

（3）小城市 0.9～18 元；

（4）县城、建制镇、工矿区 0.6～12 元。

大、中、小城市以公安部门登记在册的非农业正式户口人数为依据，按照国务院颁布的《城市规划条例》中规定的标准划分。人口在 50 万人以上者为大城市；人口在 20 万～50 万人之间者为中等城市；人口在 20 万以下者为小城市。城镇土地使用税税率如表 9-1 所示。

表 9-1　城镇土地使用税税率表

级别	人口（人）	每平方米税额（元）
大城市	50 万以上	1.5～30
中等城市	20 万～50 万	1.2～24

（续表）

级别	人口（人）	每平方米税额（元）
小城市	20 万以下	0.9～18
县城、建制镇、工矿区	—	0.6～12

四、税收优惠

（一）法定减免优惠

（1）国家机关、人民团体、军队自用的土地。这部分土地是指，这些单位本身的办公用地和公务用地，不包括对外出租、经营用地。

（2）由国家财政部门拨付事业经费的单位自用的土地。这部分土地，是指这些单位本身的业务用地，如学校的教学楼、操场、食堂等占用的土地。

（3）宗教寺庙、公园、名胜古迹自用土地。以上单位的生产、经营用地和其他用地，不属于免税范围，应按规定缴纳城镇土地使用税，如公园、名胜古迹中附设的营业单位（如影剧院、饮食部、茶社、照相馆等）使用的土地。

（4）市政街道、广场、绿化地带等公共用地。

（5）直接用于农、林、牧、渔业的生产用地。

（6）经批准开山填海整治的土地和改造的废弃土地，从使用的月份起免缴城镇土地使用税 5～10 年。

（7）对非营利性医疗机构、疾病控制机构和妇幼保健机构等卫生机构自用的土地，免征城镇土地使用税。

（8）企业办的学校、医院、托儿所、幼儿园，其用地能与企业其他用地明确区分的，免征城镇土地使用税。

（9）免税单位无偿使用纳税单位的土地（如公安、海关等单位使用铁路、民航等单位的土地），免征城镇土地使用税。纳税单位无偿使用免税单位的土地，纳税单位应照章缴纳城镇土地使用税。纳税单位与免税单位共同使用、共有使用权土地上的多层建筑，对纳税单位可按其占用的建筑面积占建筑总面积的比例计征城镇土地使用税。

（10）自 2019 年 1 月 1 日至 2021 年 12 月 31 日，对专门经营农产品的农产品批发市场、农贸市场使用（包括自有和承租，下同）的房产、土地，暂免征收城镇土地使用税。

（11）自 2019 年 1 月 1 日至 2021 年 12 月 31 日，对城市公交站场、道路客运站场、城市轨道交通系统运营用地，免征城镇土地使用税。

（二）省、自治区、直辖市税务局确定的减免优惠

（1）个人所有的居住房屋及院落用地。

（2）房产管理部门在房租调整改革前经租的居民住房用地。

（3）免税单位职工家属的宿舍用地。

（4）集体和个人办的各类学校、医院、托儿所、幼儿园用地。

小试牛刀

【单选题】

免税单位职工家属的宿舍用地,可以由( )确定是否免征城镇土地使用税。

A. 省税务局 　　B. 省级人民政府 　　C. 县税务局 　　D. 县级人民政府

五、计税依据和应纳税额的计算

(一)计税依据

城镇土地使用税以纳税人实际占用的土地面积为计税依据,土地面积计量标准为每平方米。即税务机关根据纳税人实际占用的土地面积,按照规定的税额计算应纳税额,向纳税人征收城镇土地使用税。

纳税人实际占用的土地面积按下列办法确定:

(1)由省、自治区、直辖市人民政府确定的单位组织测定土地面积的,以测定的面积为准。

(2)尚未组织测量,但纳税人持有政府部门核发的土地使用证书的,以证书确认的土地面积为准。

(3)尚未核发土地使用证书的,应由纳税人申报土地面积,并以此纳税,待核发土地使用证以后再作调整。

(4)对在城镇土地使用税征税范围内单独建造的地下建筑用地,按规定征收城镇土地使用税。其中,已取得地下土地使用权证的,按土地使用权证确认的土地面积计算应征税款;未取得地下土地使用权证或地下土地使用权证上未标明土地面积的,按地下建筑垂直投影面积计算应征税款。

对上述地下建筑用地,暂按应征税款的50%征收城镇土地使用税。

(二)应纳税额的计算

城镇土地使用税的应纳税额等于纳税人实际占用的土地面积乘以该土地所在地段的适用税额。其计算公式为:

$$全年应纳税额 = 实际占用的应税土地面积(平方米) \times 适用税额$$

【例9-1】 假设某城市的一家工厂的使用土地面积为12 000平方米,经税务机关核定该土地为应税土地,每平方米年税额为5元。

要求:计算该工厂全年应缴纳的城镇土地使用税税额。

【解析】 全年应纳税额=12 000×5=60 000(元)

小试牛刀

【单选题】

某事业单位位于市区,实行自收自支自负盈亏,占地80 000平方米。其中,业务办公用地占地10 000平方米,兴办的幼儿园占地20 000平方米,厂区以外向社会开放的公园占地 40 000 平方米,其余土地对外出租。该地段年单位税额为 2 元/平方米。则当年该单位应缴纳的城镇土地使用税税额为(　　)元。

A. 80 000　　　　B. 40 000　　　　C. 100 000　　　　D. 20 000

六、征收管理

(一)纳税义务发生时间

(1)纳税人购置新建商品房,自房屋交付使用之次月起,缴纳城镇土地使用税。

(2)纳税人购置存量房,自办理房屋权属转移、变更登记手续,房地产权属登记机关签发房屋权属证书之次月起,缴纳城镇土地使用税。

(3)纳税人出租、出借房产,自交付出租、出借房产之次月起,缴纳城镇土地使用税。

(4)以出让或转让方式有偿取得土地使用权的,应由受让方从合同约定交付土地时间的次月起缴纳城镇土地使用税;合同未约定交付时间的,由受让方从合同签订的次月起缴纳城镇土地使用税。

(5)纳税人新征用的耕地,自批准征用之日起满 1 年时开始缴纳城镇土地使用税。

(6)纳税人新征用的非耕地,自批准征用次月起缴纳城镇土地使用税。

(7)自 2009 年 1 月 1 日起,纳税人因土地的权利发生变化而依法终止城镇土地使用税纳税义务的,其应纳税款的计算应截止到土地权利发生变化的当月末。

(二)纳税期限

城镇土地使用税实行按年计算、分期缴纳的征收方法,具体纳税期限由省、自治区、直辖市人民政府确定。

(三)纳税地点

城镇土地使用税在土地的所在地缴纳。纳税人使用的土地不属于同一省、自治区、直辖市管辖的,由纳税人分别向土地所在地的税务机关缴纳城镇土地使用税;在同一省、自治区、直辖市管辖范围内,纳税人跨地区使用的土地,其纳税地点由各省、自治区、直辖市税务局确定。

 课堂小测

【单选题】

1. 下列各项中,应计算缴纳城镇土地使用税的是(　　)。

A. 专门经营农产品的农产品批发市场用地

B. 公路绿化带用地

C. 寺庙自用土地

D. 公园里自设小卖部用地

2. 某市奶牛养殖企业 202× 年占地 60 000 平方米,其中办公占地 5,000 平方米,奶牛养殖基地占地 44 000 平方米,企业自办幼儿园占地 11 000 平方米。企业所在地的城镇土地使用税单位税额为每平方米 0.8 元。该企业全年应缴纳城镇土地使用税税额为(　　)元。

A. 1 680　　　　B. 4 000　　　　C. 3 900　　　　D. 4 800

3. 红十字会机构拥有 A、B 两栋办公楼，A 栋占地 3 000 平方米，B 栋占地 1 000 平方米。202×年 3 月 31 日至 12 月 31 日，该人民团体将 B 栋出租。当地城镇土地使用税的年税额为 15 元每平方米，该人民团体 202×年应缴纳城镇土地使用税（　　）元。

　　A. 3 750　　　　　　B. 11 250　　　　　　C. 12 500　　　　　　D. 15 000

4. 某公司 202×年 3 月通过挂牌取得一宗土地，土地出让合同上约定 202×年 4 月交付，土地使用证记载占地面积为 6 000 平方米。该土地的年税额 4 元/平方米，该公司应缴纳城镇土地使用税（　　）元。

　　A. 16 000　　　　　　B. 18 000　　　　　　C. 20 000　　　　　　D. 24 000

5. 某工厂 4 月购买一幢旧厂房，6 月在房地产权属管理部门办理了产权证书。该厂房所占土地开始缴纳城镇土地使用税的时间是（　　）月。

　　A. 4　　　　　　B. 5　　　　　　C. 6　　　　　　D. 7

【多选题】

1. 下列选项中，需要征收城镇土地使用税的有（　　）。

A. 免税单位无偿使用纳税单位的房产　　B. 学校租给企业的房产

C. 公园附设的照相馆　　D. 公园管理单位自用的办公楼

2. 下列关于城镇土地使用税纳税义务发生时间的说法中，正确的有（　　）。

A. 通过拍卖方式取得建设用地（不属于新征用耕地），应从合同约定的交付土地时间的次月起缴纳城镇土地使用税

B. 以出让方式取得土地使用权，应由受让方从合同约定的交付土地时间的次月起缴纳城镇土地使用税

C. 购置存量房，自房地产权属登记机关签发房屋权属证书的次月起缴纳城镇土地使用税

D. 纳税人新征用的耕地，自批准征用之日起满 1 年时，开始缴纳城镇土地使用税

第二节　耕地占用税

耕地占用税，是指对占用耕地建房或从事其他非农业建设的单位和个人，就其实际占用的耕地面积而征收的一种税，它属于对特定土地资源占用课税。现行耕地占用税法的基本规范，是 2018 年 12 月 29 日第十三届全国人民代表大会常务委员会第七次会议通过的《中华人民共和国耕地占用税法》（以下简称《耕地占用税法》）。

一、纳税义务人与征税范围

（一）纳税义务人

耕地占用税的纳税人，是指在中华人民共和国境内占用耕地建设建筑物、构筑物或者从事非农业建设的单位和个人。

（1）经批准占用耕地的，纳税人为农用地转用审批文件中标明的建设用地人。

（2）农用地转用审批文件中未标明建设用地人的，纳税人为用地申请人。其中，用地

申请人为各级人民政府的,由同级土地储备中心、自然资源主管部门或政府委托的其他部门、单位履行耕地占用税申报纳税义务。

（3）未经批准占用耕地的,纳税人为实际用地人。

（二）征税范围

耕地占用税的征税范围为中华人民共和国境内被占用的耕地。耕地,是指用于种植农作物的土地。具体包括以下内容:

（1）园地,包括果园、茶园、橡胶园、其他园地。

（2）林地,包括乔木林地、竹林地、红树林地、森林沼泽、灌木林地、灌丛沼泽、其他林地,不包括城镇村庄范围内的绿化林木用地,铁路、公路征地范围内的林木用地,以及河流、沟渠的护堤林用地。

（3）草地,包括天然牧草地、沼泽草地、人工牧草地,以及用于农业生产并已由相关行政主管部门发放使用权证的草地。

（4）农田水利用地,包括农田排灌沟渠及相应附属设施用地。

（5）养殖水面,包括人工开挖或者天然形成的用于水产养殖的河流水面、湖泊水面、水库水面、坑塘水面及相应附属设施用地。

（6）渔业水域滩涂,包括专门用于种植或者养殖水生动植物的海水潮浸地带和滩地,以及用于种植芦苇并定期进行人工养护管理的苇田。

注:建设直接为农业生产服务的生产设施占用上述农用地的,不缴纳耕地占用税。

二、税率

考虑到不同地区之间客观条件的差别以及与此相关的税收调节力度和纳税人负担能力方面的差别,耕地占用税在税率设计上采用了地区差别定额税率。税率规定如表9-2所示。

表 9-2　　　　　　　　　　　耕地占用税税率一览表

人均耕地面积（亩）	定额税率（元）
不超过 1 亩	10～50
超过 1 亩但不超过 2 亩	8～40
超过 2 亩但不超过 3 亩	6～30
超过 3 亩	5～25

注:以县、自治县、不设区的市、市辖区为单位。

各地区耕地占用税的适用税额,由省、自治区、直辖市人民政府根据人均耕地面积和经济发展等情况,在规定的税额幅度内提出,报同级人民代表大会常务委员会决定,并报全国人民代表大会常务委员会和国务院备案。

在人均耕地低于 0.5 亩的地区,省、自治区、直辖市可以根据当地经济发展情况,适当提高耕地占用税的适用税额,但提高的部分不得超过确定的适用税额的 50%。占用基本农田的,应当按照当地适用税额,加按 150% 征收。

三、税收优惠

（一）免征耕地占用税

（1）军用设施占用耕地。

（2）学校、幼儿园、社会福利机构、医疗机构占用耕地。值得注意的是学校内经营性场所和教职工的住房占用耕地，按照当地适用税额缴纳耕地占用税。

（3）农村烈士遗属、因公牺牲军人遗属、残疾军人以及符合农村最低生活保障条件的农村居民，在规定用地标准内新建自用住宅，免征耕地占用税。

（二）减征耕地占用税

（1）铁路线路、公路线路、飞机场跑道、停机坪、港口、航道、水利工程占用耕地，减按每平方米2元的税额征收耕地占用税。

（2）农村居民在规定用地标准内占用耕地新建的自用住宅，按照当地适用税额减半征收耕地占用税；其中农村居民经批准搬迁，新建自用住宅占用耕地不超过原宅基地面积的部分，免征耕地占用税。

（3）根据国民经济和社会发展的需要，国务院可以规定免征或者减征耕地占用税的其他情形，并报全国人民代表大会常务委员会备案。

四、计税依据和应纳税额的计算

（一）计税依据

耕地占用税以纳税人实际占用的、属于耕地占用税征税范围的土地（以下简称"应税土地"）面积为计税依据，按应税土地当地适用税额计税，实行一次性征收。

（二）应纳税额的计算

耕地占用税以纳税人实际占用的应税土地面积为计税依据，以每平方米土地为计税单位，按适用的定额税率计税。应纳税额为纳税人实际占用的应税土地面积（平方米）乘以适用税额。其计算公式为：

$$应纳税额 = 应税土地面积 \times 适用税额$$

加按150%征收耕地占用税的计算公式为：

$$应纳税额 = 应税土地面积适用税额 \times 150\%$$

【例9-2】 假设某市一家企业新占用30 000平方米耕地用于工业建设，所占耕地适用的定额税率为25元／平方米。

要求：计算该企业应缴纳的耕地占用税税额。

【解析】 应纳税额＝30 000×25＝750 000（元）

五、征收管理

（一）纳税义务发生时间

耕地占用税由税务机关负责征收。耕地占用税的纳税义务发生时间为纳税人收到自然资源主管部门办理占用耕地手续的书面通知的当日。耕地占用税纳税义务发生时间的具体规定如下：

（1）未经批准占用耕地的，耕地占用税纳税义务发生时间为自然资源主管部门认定的纳税人实际占用耕地的当日。

（2）因挖损、采矿塌陷、压占、污染等损毁耕地的，纳税义务发生时间为自然资源、农业农村等相关部门认定损毁耕地的当日。

（3）依照《耕地占用税法》第七条第一款、第二款规定免征或者减征耕地占用税后，纳税人改变原占地用途，需要补缴耕地占用税的，其纳税义务发生时间为改变用途当日。

（二）纳税申报

（1）纳税人占用耕地，应当在耕地所在地申报纳税。

（2）纳税人应当自纳税义务发生之日起30日内申报缴纳耕地占用税。

 课堂小测

【单选题】

1. 下列各项中，按照当地适用税额减半征收耕地占用税的是（　　）。

A. 纳税人临时占用耕地

B. 部队营房占用耕地

C. 农村居民在规定用地标准内占用耕地新建自用住宅

D. 机场跑道占用耕地

2. 根据耕地占用税的相关规定，在人均耕地低于0.5亩的地区，省、自治区、直辖市可以根据当地经济发展情况，适当提高耕地占用税的适用税额，但提高的部分不得超过确定的适用税额的（　　）。

A. 10%　　　　　　B. 30%　　　　　　C. 50%　　　　　　D. 80%

3. 下列耕地占用行为，减按每平方米2元的税额征收耕地占用税的是（　　）。

A. 农村居民在规定用地标准以内占用耕地新建自用住宅

B. 铁路线路、港口、航道占用耕地

C. 军事设施占用耕地

D. 学校占用耕地

4. 下列选项中，不属于免征耕地占用税的是（　　）。

A. 军事设施占用耕地　　　　　　　　B. 医院占用耕地

C. 学校占用耕地　　　　　　　　　　D. 飞机场跑道占用耕地

5. 某企业（增值税一般纳税人）占用园地40万平方米建造生态高尔夫球场，所占耕地适用的耕地占用税定额税率为20元/平方米。该企业应缴纳的耕地占用税税额为（　　）万元。

A. 800　　　　　　B. 1 400　　　　　　C. 2 000　　　　　　D. 2 800

6. 202×年6月农村居民陈某经批准占用150平方米耕地新建自用住宅（符合当地规定标准），当地耕地占用税税率为20元/平方米。陈某应缴纳的耕地占用税税额为（　　）元。

A. 0 　　　　　B. 1 500 　　　　　C. 3 000 　　　　　D. 4 000

7. 某农户有一处花圃,占地1 200平方米。202×年9月,该农户将其中的1 100平方米改造为果园,其余100平方米经批准新建自用住宅(符合当地规定标准)。已知,当地适用的耕地占用税的定额税率为25元/平方米。则该农户应缴纳的耕地占用税税额为(　　)元。

A. 1 250 　　　　　B. 2 500 　　　　　C. 15 000 　　　　　D. 30 000

8. 202×年10月农村居民甲占用3 000平方米耕地,其中300平方米新建自用住宅(符合当地规定标准),1 200平方米种植水稻、1 500平方米种植小麦,该地区耕地占用税适用定额税率25元/平方米,则甲应缴纳的耕地占用税税额为(　　)元。

A. 3 750 　　　　　B. 7 500 　　　　　C. 6 250 　　　　　D. 12 500

第十章 房产税、契税和土地增值税

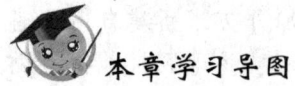 本章学习导图

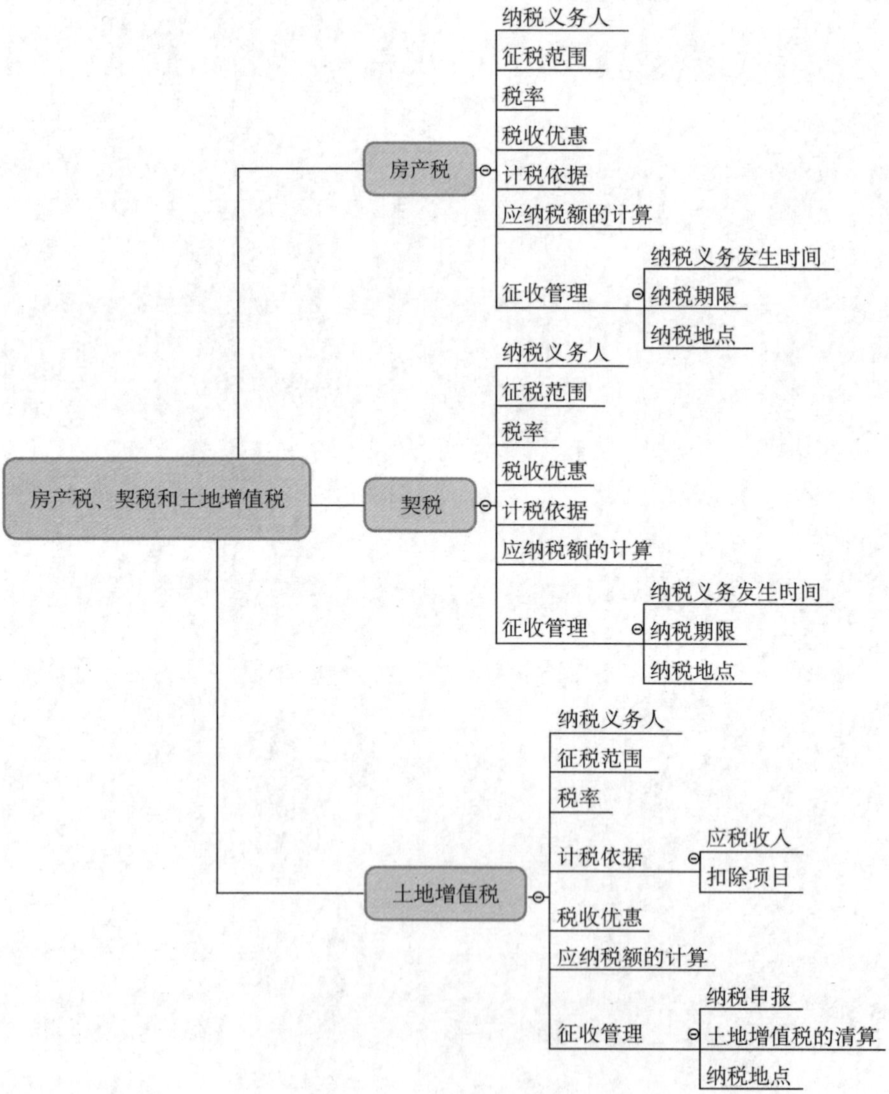

```
                                                      纳税义务人
                                                      征税范围
                                                      税率
                                                      税收优惠
                                        房产税          计税依据
                                                      应纳税额的计算
                                                                    纳税义务发生时间
                                                      征收管理     纳税期限
                                                                    纳税地点

                                                      纳税义务人
                                                      征税范围
                                                      税率
                                                      税收优惠
房产税、契税和土地增值税          契税          计税依据
                                                      应纳税额的计算
                                                                    纳税义务发生时间
                                                      征收管理     纳税期限
                                                                    纳税地点

                                                      纳税义务人
                                                      征税范围
                                                      税率
                                                                    应税收入
                                                      计税依据     扣除项目
                                        土地增值税      税收优惠
                                                      应纳税额的计算
                                                                    纳税申报
                                                      征收管理     土地增值税的清算
                                                                    纳税地点
```

第一节 房 产 税

房产税是以房屋为征税对象,以房屋的计税余值或租金收入为计税依据,向房屋产权所有人征收的一种财产税。2008年12月31日国务院发布第546号令,自2009年1月1日起废止《城市房地产税暂行条例》,外商投资企业、外国企业和组织以及外籍人士依照《房产税暂行条例》缴纳房产税。至此,在全国范围内实行内外统一的房产税。2011年1月8日,国务院令第588号对《房产税暂行条例》进行了修改。

一、纳税义务人与征税范围

(一)纳税义务人

房产税以在征税范围内的房屋产权所有人为纳税人。其中:

(1)产权属国家所有的,由经营管理单位纳税;产权属集体和个人所有的,由集体单位和个人纳税。

(2)产权出典的,由承典人纳税。所谓产权出典,是指产权所有人将房屋、生产资料等产权,在一定期限内典当给他人使用,而取得资金的一种融资业务。

(3)产权所有人、承典人不在房屋所在地的,或者产权未确定及租典纠纷未解决的由房产代管人或者使用人纳税。

(4)纳税单位和个人无租使用房产管理部门、免税单位及纳税单位的房产,应由使用人代为缴纳房产税。

房产税纳税义务人的具体内容,如表10-1所示。

表10-1 房产税纳税义务人一览表

情形	纳税义务人
产权属于国家所有的	经营管理单位
产权属于集体和个人所有的	集体单位和个人
产权出典的	承典人
产权所有人、承典人不在房屋所在地的	房产代管人或使用人
产权未确定及租典纠纷未解决的	
无租使用房产	使用人

(二)征税范围

房产税以房屋为征税对象。所谓房屋,是指有屋面和围护结构(有墙或两边有柱),能够遮风避雨,可供人们在其中生产、学习、工作、娱乐、居住或储藏物资的场所。房地产开发企业建造的商品房,在出售前,不征收房产税;但对出售前房地产开发企业已使用或出租、出借的商品房应按规定征收房产税。

房产税的征税范围为城市、县城、建制镇和工矿区,不包括农村。具体规定如下:

（1）城市，是指国务院批准设立的市。

（2）县城，是指县人民政府所在地的地区。

（3）建制镇，是指经省、自治区、直辖市人民政府批准设立的建制镇。

（4）工矿区，是指工商业比较发达、人口比较集中、符合国务院规定的建制镇标准但尚未设立建制镇的大中型工矿企业所在地。在工矿区开征房产税须经省、自治区、直辖市人民政府批准。

 **小试牛刀**

【单选题】

1. 下列房屋及建筑物中，属于房产税征税范围的是（　　）。

A. 农村的居住用房

B. 建在室外的露天游泳池

C. 个人拥有的市区经营性用房

D. 房地产开发企业尚未使用或出租而待售的商品房

2. 下列关于房产税纳税人的说法中，正确的是（　　）。

A. 产权出典的，由出典人缴纳房产税

B. 产权属于国家所有的，由经营管理单位缴纳房产税

C. 无论产权所有人是否在房屋所在地，均由产权所有人缴纳房产税

D. 产权未确定的，无须缴纳房产税

二、税率

我国现行房产税采用的是比例税率。由于房产税的计税依据分为从价计征和从租计征两种形式，所以房产税的税率也有两种：一种是按房产原值一次减除 10%～30% 后的余值计征的，税率为 1.2%；另一种是按房产出租的租金收入计征的，税率为 12%。自 2008 年 3 月 1 日起，对个人出租住房，不区分用途，按 4% 的税率征收房产税。具体内容如表 10-2 所示。

表 10-2　　　　　　　　　　　　房产税税率一览表

计税方法	比例税率
从价计征	1.2%（自有房用于生产经营）
从租计征	12%
	4%（个人出租住房、向个人出租用于居住的住房）

三、税收优惠

（一）税收优惠基本规定

（1）国家机关、人民团体、军队自用的房产，免征房产税。

（2）国家财政部门拨付事业经费单位自用的房产，免征房产税。

（3）宗教寺庙、公园、名胜古迹自用的房产，免征房产税。宗教寺庙自用的房产，是指举行宗教仪式等的房屋和宗教人员使用的生活用房屋。公园、名胜古迹自用的房产，是指供公共参观游览的房屋及其管理单位的办公用房屋。公园、名胜古迹中附设的营业单位（如影剧院、饮食部、茶社、照相馆等）所使用的房产及出租的房产，应征收房产税。

（4）个人拥有的非营业用的房产，免征房产税。对个人所有的营业用房或出租等非自用的房产，应按照规定征收房产税。

（二）税收优惠特殊规定

经财政部和国家税务总局批准，下列房产可免征房产税：

（1）企业办的各类学校、医院、托儿所、幼儿园自用的房产，免征房产税。

（2）经有关部门鉴定，毁损不堪居住的房屋和危险房屋，在停止使用后，可对其免征房产税。

（3）对非营利性医疗机构、疾病控制机构和妇幼保健机构等卫生机构自用的房产，免征房产税。

（4）老年服务机构自用的房产暂免征收房产税。

（5）从2001年1月1日起，对按政府规定价格出租的公有住房和廉租住房，包括企业和自收自支事业单位向职工出租的单位自有住房；房管部门向居民出租的公有住房；落实私房政策中带户发还产权并以政府规定租金标准向居民出租的私有住房等，暂免征收房产税。

（6）对为高校学生提供住宿服务，按照国家规定的收费标准收取住宿费的高校学生公寓免征房产税。

（7）自2019年1月1日至2021年12月31日，对农产品批发市场、农贸市场（包括自有和承租）专门用于经营农产品的房产，暂免征收房产税。

四、计税依据和应纳税额的计算

（一）计税依据

房产税的计税依据是房产计税价值或房产租金收入。按照房产计税价值征税的，称为从价计征；按照房产租金收入计征的，称为从租计征。

1. 从价计征

房产税依照房产原值一次减除10%～30%后的余值计算缴纳。各地扣除比例由当地省、自治区、直辖市人民政府确定。

（1）房产原值，是指纳税人按照会计制度规定，在会计核算账簿"固定资产"科目中记载的房屋原价；没有记载房屋原价的，按照上述原则，并参照同类房屋确定房产原值计征房产税。房产原值应包括与房屋不可分割的各种附属设备或一般不单独计算价值的配套设施。例如，暖气、卫生、通风、照明、煤气等设备。

（2）自2010年12月21日起，对按照房产原值计税的房产，无论会计上如何核算，房产原值均应包含地价，包括为取得土地使用权支付的价款、开发土地发生的成本费用等。宗地容积率低于 0.5 的，按房产建筑面积的 2 倍计算土地面积并据此确定计入房产原值的地价。

（3）纳税人对原有房屋进行改建、扩建的，要相应增加房屋的原值。

（4）凡在房产税征收范围内的、具备房屋功能的地下建筑（包括与地上房屋相连的地下建筑以及完全建在地面以下的建筑、地下人防设施等），均应当依照有关规定征收房产税。

2. 从租计征

房产出租的，以房产租金收入为房产税的计税依据。

房产的租金收入，是指房屋产权所有人出租房产使用权所得的报酬，包括货币收入和实物收入。

对以劳务或者其他形式为报酬抵付房租收入的，应根据当地同类房产的租金水平，确定一个标准租金额从租计征。

对出租房产，租赁双方签订的租赁合同约定有免收租金期限的，免收租金期间由产权所有人按照房产原值缴纳房产税。出租的地下建筑，按照出租地上房屋建筑的有关规定计算征收房产税。

（二）应纳税额的计算

1. 从价计征的计算

从价计征是按房产的原值减除一定比例（10%～30%）后的余值计征。

（1）地上建筑物房产税应纳税额的计算公式：

$$应纳税额 = 应税房产原值 \times (1 - 扣除比例) \times 1.2\%$$

【例 10-1】 某企业的经营用房原值为 5 000 万元，按照当地规定允许减除 30% 后按余值计税，适用税率为 1.2%。

要求：计算该企业应缴纳的房产税税额。

【解析】 应纳税额＝5 000×(1－30%)×1.2%＝42(万元)

（2）独立地下建筑物房产税应纳税额的计算公式：

$$应纳税额 = 应税房产原值 \times (1 - 原值减除比例) \times 1.2\%$$

工业用途房产，以房屋原价的 50%～60% 作为应税房产原值；商业和其他用途房产，以房屋原价的 70%～80% 作为应税房产原值。

 小试牛刀

【计算题】

某企业 202× 年有一处独立地下建筑物，为商业用途房产（房产原价 80 万元），10 月底将其出售。当地政府规定房产税减除比例为 30%，商业用途独立地下建筑房产以原价的 70% 作为应税房产原值。

要求:计算202×年该企业应缴纳的房产税税额。

2. 从租计征的计算

从租计征是按房产的租金收入计征,其计算公式为:

$$应纳税额 = 租金收入 \times 12\%(或 4\%)$$

【例10-2】　某公司202×年1月1日出租房屋10间,年租金收入为30万元,适用税率为12%。

要求:计算该公司应缴纳的房产税税额。

【解析】　应纳税额=300 000×12%=36 000(元)

【例10-3】　某公司202×7月1日开始出租房屋10间,月租金收入为25 000元,适用税率为12%。

要求:计算该公司应缴纳的房产税税额。

【解析】　应纳税额=25 000×6×12%=18 000(元)

 小试牛刀

【计算题】

王某拥有三套住房,一套原值为100万元的住房供自己和家人居住;另一套原值为80万元的住房于202×年7月1日出租给李某居住,每月不含税租金收入3 000元。

要求:计算202×年王某应缴纳的房产税税额。

五、征收管理

(一)纳税义务发生时间

(1)纳税人将原有房产用于生产经营,从生产经营之月起缴纳房产税。

(2)纳税人自行新建房屋用于生产经营,从建成之次月起缴纳房产税。

(3)纳税人委托施工企业建设的房屋,从办理验收手续之次月起缴纳房产税。

(4)纳税人购置新建商品房,自房屋交付使用之次月起缴纳房产税。

(5)纳税人购置存量房,自办理房屋权属转移、变更登记手续,房地产权属登记机关签发房屋权属证书之次月起,缴纳房产税。

(6)纳税人出租、出借房产,自交付出租、出借房产之次月起,缴纳房产税。

(7)房地产开发企业自用、出租、出借本企业建造的商品房,自房屋使用或交付之次月起,缴纳房产税。

(8)纳税人因房产的实物或权利状态发生变化而依法终止房产税纳税义务的,其应纳税款的计算应截止到房产的实物或权利状态发生变化的当月末。

(二)纳税期限

房产税实行按年计算、分期缴纳的征收方法,具体纳税期限由省、自治区、直辖市人民政府确定。

(三) 纳税地点

房产税在房产所在地缴纳。房产不在同一地方的纳税人,应按房产的坐落地点分别向房产所在地的税务机关纳税。

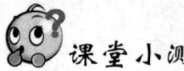 **课堂小测**

【单选题】

1. 下列各项中,属于房产税的征税范围的是( )。

A. 围墙　　　　　　　　　　　　B. 水塔

C. 室外游泳池　　　　　　　　　D. 办公楼

2. 下列出租住房的行为,不分用途一律减按4%的税率征收房产税的是( )。

A. 企业出租在农村的住房　　　　B. 个人出租在城市的住房

C. 事业单位出租在县城的住房　　D. 社会团体出租在工矿区的住房

【多选题】

1. 下列房产中,免征房产税的有( )。

A. 军队自用的房产

B. 宗教寺庙中宗教人员的生活用房

C. 公园内茶社的用房

D. 个人用于出租的住房

2. 下列各项中,经过财政部和国家税务总局批准,可以免征房产税的有( )。

A. 房地产开发企业开发的对外出租的商品房

B. 老年服务机构自用的房产

C. 铁路局自用的房产

D. 经有关部门鉴定,对毁损不堪居住的房屋和危险房屋停止使用的

【计算题】

1. 某企业202×年拥有房产原值共计9 000万元,其中该企业所属的幼儿园和子弟学校的用房原值分别为300万元、800万元,当地政府规定计算房产余值的扣除比例为25%。

要求:计算该企业202×年应缴纳的房产税税额。

2. 202×年某企业拥有房产原值共计8 000万元,其中生产经营用房原值6 500万元、内部职工医院用房原值500万元、托儿所用房原值300万元、超市用房原值700万元。当地政府规定计征房产税的扣除比例为20%。

要求:计算该企业202×年应缴纳的房产税税额。

3. 某老年公寓202×年拥有房产原值共3 000万元,其中自用的房产原值为2 500万元,剩余的房产用于对外出租,当年收取租金收入50万元(不含增值税)。房产所在地人民政府规定计算房产余值的扣除比例为20%。

要求:计算该老年公寓202×年应缴纳的房产税税额。

第二节　契　税

契税,是指以在中华人民共和国境内转移土地、房屋权属为征税对象,向产权承受人征收的财产税。征收契税有利于增加地方财政收入、保护合法产权、避免产权纠纷。现行契税的基本规范,是 1997 年 10 月 1 日开始施行的《中华人民共和国契税暂行条例》,2020 年 8 月 11 日第十三届全国人民代表大会常务委员会第二十一次会议通过了《中华人民共和国契税法》。

一、纳税义务人和征税范围

(一) 纳税义务人

在中华人民共和国境内转移土地、房屋权属,承受的单位和个人为契税的纳税义务人。

土地、房屋权属,是指土地使用权和房屋所有权。单位,是指企业单位、事业单位、国家机关、军事单位和社会团体以及其他组织。个人,是指个体经营者及其他个人,包括中国公民和外籍人员。

(二) 征税范围

契税是以在中华人民共和国境内转移土地、房屋权属为征税对象,向产权承受人征收的一种财产税。具体征税范围包括以下五项内容:

1. **国有土地使用权出让**

国有土地使用权出让,是指土地使用者向国家交付土地使用权出让费用,国家将国有土地使用权在一定年限内让与土地使用者的行为。

国有土地使用权出让,受让者应向国家缴纳出让金,以出让金为依据计算缴纳契税。不得因减免土地出让金而减免契税。

2. **土地使用权转让**

土地使用权的转让,是指土地使用者以出售、赠与、交换或者其他方式将土地使用权转移给其他单位和个人的行为。土地使用权的转让,不包括土地承包经营权和土地经营权的转移。

3. **房屋买卖**

房屋买卖,是指以货币为媒介,出卖者向购买者过渡房产所有权的交易行为。以下几种特殊情况,视同买卖房屋:

(1) 以房产抵债或实物交换房屋,均视同房屋买卖,应由产权承受人,按房屋现值缴纳契税。

(2) 以房产作投资、入股应根据国家房地产管理的有关规定,办理房屋产权交易和产权变更登记手续,视同房屋买卖,由产权承受方按契税税率计算缴纳契税。

(3) 买房拆料或翻建新房,应照章征收契税。

4. 房屋赠与

房屋的赠与,是指房屋产权所有人将房屋无偿转让给他人所有。

5. 房屋交换

房屋交换,是指房屋所有者之间互相交换房屋的行为。

除上述情形外,有些特殊方式转移土地、房屋权属的,也将视同土地使用权转让、房屋买卖或者房屋赠予。一是以土地、房屋权属作价投资、入股;二是以土地、房屋权属抵债;三是以获奖方式承受土地、房屋权属;四是以预购方式或者预付集资建房款方式承受土地、房屋权属。

土地、房屋典当、继承、分拆(分割)、抵押以及出租等行为,不属于契税的征税范围。

 小试牛刀

【单选题】

根据契税的有关规定,下列说法中,不正确的是(　　)。

A. 契税的征税对象为发生权属转移的土地和房屋

B. 转让房产的单位和个人需要缴纳契税

C. 契税属于财产转移税

D. 土地、房屋产权未发生转移的,不征收契税

二、税率

契税实行 3%~5% 的幅度税率。各省、自治区、直辖市人民政府可以在幅度税率规定范围内,按照本地区的实际情况决定,对不同主体、不同地区、不同类型的住房的权属转移确定差别税率。

三、税收优惠

(1) 国家机关、事业单位、社会团体、军事单位承受土地,房屋用于办公、教学、医疗、科研和军事设施的,免征契税。

(2) 非营利性的学校、医疗机构、社会福利机构承受土地、房屋权属用于办公、教学、医疗、科研、养老、救助。

(3) 因不可抗力丧失住房而重新购买住房的,酌情准予减征或者免征契税。

(4) 土地、房屋被县级以上人民政府征用、占用后,重新承受土地、房屋权属的,由省级人民政府确定是否减免。

(5) 承受荒山、荒沟、荒丘、荒滩土地使用权,并用于农、林、牧、渔业生产的,免征契税。

(6) 依照法律规定应当予以免税的外国驻华使馆、领事馆和国际组织驻华代表机构承受土地、房屋权属,免征契税。

(7) 公租房经营单位购买住房并以此作为公租房的,免征契税。

（8）法定继承人通过继承承受土地、房屋权属，免征契税。

（9）对个人购买家庭唯一住房（家庭成员范围包括购房人、配偶以及未成年子女，下同），面积为 90 平方米及以下的，减按 1％ 的税率征收契税；面积为 90 平方米以上的，减按 1.5％ 的税率征收契税。

（10）对个人购买家庭第二套改善性住房，面积为 90 平方米及以下的，减按 1％ 的税率征收契税；面积为 90 平方米以上的，减按 2％ 的税率征收契税。

家庭第二套改善性住房，是指已拥有一套住房的家庭购买的家庭第二套住房。有关个人购买住房的契税规定，如表 10-3 所示。

表 10-3　　　　　　　　　　个人购买住房契税规定一览表

个人购买住房	面积	税率
家庭唯一住房	小于等于 90 平方米	1％
	大于 90 平方米	1.5％
家庭第二套改善性住房(不含北上广深)	小于等于 90 平方米	1％
	大于 90 平方米	2％

（11）2019 年 6 月 1 日至 2025 年 12 月 31 日，为社区提供养老、托育、家政等服务的机构，承受房屋、土地用于提供社区养老、托育、家政服务的，免征契税。

 小试牛刀

【单选题】

下列土地使用权或房屋产权的承受者，不可免征契税的是（　　　）。

A. 购买的房屋用作教学楼的高等院校

B. 购买的房屋用作办公楼的国家机关

C. 按规定第一次购买公有住房的城镇职工

D. 购买住房的个人

四、计税依据和应纳税额的计算

（一）计税依据

契税的计税依据为不动产的不含增值税价格。由于土地、房屋权属转移方式不同，定价方法不同，因而具体计税依据将因不同情况而定。

（1）国有土地使用权出让、土地使用权出售、房屋买卖，以成交价格为计税依据。

（2）土地使用权赠与、房屋赠与，其计税依据由征收机关参照土地使用权出售、房屋买卖的市场价格核定。

（3）土地使用权交换、房屋交换，其计税依据是所交换的土地使用权、房屋的价格差额。交换价格相等时，免征契税；交换价格不等时，由多交付的货币、实物、无形资产或者其他经济利益的一方缴纳契税。

（4）以划拨方式取得土地使用权，经批准转让房地产时，由房地产转让者补交契税。计税依据为补交的土地使用权出让费用或者土地收益。

（5）房屋买卖的契税计税价格为房屋买卖合同的总价款；买卖装修的房屋，装修费用应包括在内。

（二）应纳税额的计算

契税应纳税额依照省、自治区、直辖市人民政府确定的适用税率和税法规定的计税依据计算征收。其计算公式为：

$$应纳税额 = 计税依据 \times 税率$$

应纳税额以人民币计算。转移土地、房屋权属以外汇结算的，按照纳税义务发生之日中国人民银行公布的人民币市场汇率中间价，折合成人民币计算。

【例 10-4】 某公司 202× 年 1 月以 1 200 万元（不含增值税）购入的一幢旧写字楼作为办公用房，该写字楼原值 2 000 万元，已计提折旧 800 万元。当地适用契税税率为 3%。

要求：计算该公司购入写字楼应缴纳的契税税额。

【解析】 应纳税额 = 1 200 × 3% = 36（万元）

五、征收管理

（一）纳税义务发生时间

契税的纳税义务发生时间是纳税人签订土地、房屋权属转移合同的当天，或者纳税人取得其他具有土地、房屋权属转移合同性质凭证的当天。

（二）纳税期限

纳税人应当在依法办理土地、房屋权属登记手续前，向土地、房屋所在地的契税征收机关申报缴纳契税。

（三）纳税地点

契税在土地、房屋所在地的征收机关缴纳。

 课堂小测

【单选题】

1. 某公司 202× 年 8 月以 3 500 万元购入的一幢旧写字楼作为办公用房，该写字楼原值 6 000 万元，已提折旧 2 000 万元。当地适用的契税税率为 3%，上述金额均不含增值税，该公司应缴纳的契税税额为（　　）万元。

　　A. 300　　　　　　B. 180　　　　　　C. 105　　　　　　D. 100

2. 202× 年 8 月，李某以价值 40 万元（不含增值税，下同）的字画和价值 60 万元的房屋与张某一套价值 150 万元的房产进行交换，李某另支付差价款 50 万元。已知，当地契税税率为 5%，则李某应缴纳的契税税额为（　　）万元。

　　A. 1　　　　　　　B. 3　　　　　　　C. 5　　　　　　　D. 4.5

3. 甲企业将一套价值 160 万元（不含增值税，下同）的房屋给乙企业，用以抵偿

140万元的债务,甲企业取得乙企业支付的差价款20万元。已知,当地契税适用税率为5%,则乙企业应缴纳的契税税额为( )万元。

  A. 1   B. 7   C. 8   D. 10

  4. 下列说法中,符合契税纳税义务发生时间规定的是( )。

  A. 纳税人接收土地、房屋的当天

  B. 纳税人支付土地、房屋款项的当天

  C. 纳税人签订土地、房屋权属转移合同的当天

  D. 纳税人办理土地、房屋权属证书的当天

【多选题】

  1. 下列行为,属于契税征税范围的有( )。

  A. 以抵债方式取得房屋产权   B. 为拆房取料而购买房屋

  C. 受让国有土地使用权   D. 以获奖方式取得房屋产权

  2. 下列行为中,应缴纳契税的有( )。

  A. 以获奖方式取得的土地使用权

  B. 法定继承人继承土地、房屋权属

  C. 以出让方式承受土地权属

  D. 以自有房产作价入股本人经营的独资企业

  3. 下列各项中,免征契税的有( )。

  A. 农民承受荒山用于造林   B. 银行承受非破产企业抵债的房产

  C. 科研事业单位受赠的科研用地 D. 公办学校受赠的教学大楼

  4. 根据契税法律制度的规定,下列各项中,免征契税的有( )。

  A. 军事单位承受土地用于军事设施

  B. 国家机关承受房屋用于办公

  C. 纳税人承受荒山土地使用权用于农业生产

  D. 城镇居民购买商品房用于居住

第三节   土 地 增 值 税

  土地增值税是以纳税人转让国有土地使用权、地上的建筑物及其附着物(以下简称转让房地产)所取得的增值额为征税对象,依照规定税率征收的一种税。

  现行土地增值税的基本规范,是1993年11月26日国务院颁布的《中华人民共和国土地增值税暂行条例》(以下简称《土地增值税暂行条例》)。

一、纳税义务人和征税范围

(一)纳税义务人

  土地增值税的纳税人为转让国有土地使用权、地上的建筑物及其附着物(以下简称转

让房地产)并取得收入的单位和个人,包括各类企业单位、事业单位、机关、社会团体、个体工商业户以及其他单位和个人。

(二) 征税范围

1. 征税范围的一般规定

(1) 转让国有土地使用权。土地增值税只对转让国有土地使用权及其地上建筑物和附着物的行为征税,不包括国有土地使用权出让所得的收入。

国有土地使用权,是指土地使用人根据国家法律、合同等的规定,对国家所有的土地享有的使用权利。土地增值税,是指只对企业、单位和个人等经济主体转让国有土地使用权的行为课税。转让集体所有土地使用权,按现行规定不征税。

国有土地使用权出让,是指国家以土地所有者的身份将土地使用权在一定年限内出让给土地使用者,并由土地使用者向国家支付土地使用权出让金的行为,属于土地买卖的一级市场。土地使用权出让的出让方是国家,国家凭借土地的所有权向土地使用者收取土地的租金,因此土地使用权的出让不属于土地增值税的征税范围。

(2) 地上建筑物及其附着物连同国有土地使用权一并转让。地上建筑物,是指建于土地上的一切建筑物,包括地上地下的各种附属设施。附着物,是指附着于土地上、不能移动,一经移动即遭损坏的物品。

2. 征税范围的特殊规定

(1) 合作建房。对于一方出地、一方出资金、双方合作建房、建成后分房自用的,暂免征收土地增值税;建成后转让的,应征土地增值税。

(2) 房地产交换,是指一方以房地产与另一方的房地产进行交换的行为。由于房地产交换行为发生了房产产权、土地使用权的转移,且交换双方取得了实物形态的收入,因此其属于土地增值税征收范围。但对个人之间互换自有居住用房地产的,经当地税务机关核实,可以免征土地增值税。

(3) 房地产抵押,是指以房地产的产权所有人、依法取得土地使用权的土地使用人作为债务人,或第三人向债权人提供不动产以作为清偿债务的担保而不转移权属的法律行为。这种情况下,由于房产的产权、土地使用权在抵押期间并没有发生权属的变更,房产的产权所有人、土地使用权人仍能对房地产行使占有、使用、收益等权利,因此,在抵押期间不对房地产征收土地增值税。待抵押期满后,视该房地产是否被转移占有而确定是否征收土地增值税。对于以房地产抵债而发生房地产权属转让的,应列入土地增值税的征税范围。

(4) 房地产出租,是指房产的产权所有人、依照法律规定取得土地使用权的土地使用人,将房产、土地使用权租赁给承租人使用,由承租人向出租人支付租金的行为。由于房地产的出租没有发生房产产权、土地使用权的转让。因此,不属于土地增值税的征税范围。

(5) 房地产评估增值,是指企业在清产核资时对房地产进行重新评估而使其账面价值升值。虽然房地产在评估过程中增值,但并没有发生房地产权属的转让,因此其不属于征收土地增值税的范围。

（6）房地产的代建房行为。代建房，是指房地产开发公司代客户进行房地产开发，开发完成后向客户收取代建收入的行为。虽然房地产开发公司取得了收入，但没有发生房地产权属的转移，因此其不属于土地增值税的征税范围。

（7）房地产的继承、赠与。房地产的继承、赠与行为虽然发生了房地产的权属变更，但作为房产产权、土地使用权的原所有人并没有因为权属变更而取得任何收入。因此，这种房地产的继承和赠予不属于土地增值税的征税范围。

（8）国家收回国有土地使用权、征收地上建筑物及其附着物。国家收回或征收的房地产，虽然发生了权属的变更，原房地产所有人也取得了收入，但按照《土地增值税暂行条例》的有关规定，可以免征土地增值税。

 小试牛刀

【单选题】

下列各项中，应征土地增值税的是（　　　）。

A. 房地产评估增值

B. 将房产赠与直系亲属

C. 房地产交换

D. 房地产的出租

二、税率

土地增值税采用四级超率累进税率，具体如表 10-4 所示。

表 10-4　　　　　　土地增值税四级超率累进税率表

级数	增值额与扣除项目金额的比率	税率（%）	速算扣除系数（%）
1	不超过 50% 的部分	30	0
2	超过 50% 至 100% 的部分	40	5
3	超过 100% 至 200% 的部分	50	15
4	超过 200% 的部分	60	35

三、计税依据

土地增值税的计税依据是转让房地产所取得的增值额。转让房地产的增值额，是转让房地产的收入减除税法规定的扣除项目金额后的余额。土地增值额的大小，取决于转让房地产的收入额和扣除项目金额两个因素。

（一）应税收入

纳税人转让房地产取得的应税收入，包括转让房地产的全部价款及有关的经济收益。从收入的形式来看，包括货币收入、实物收入和其他收入。

（二）扣除项目

依照《土地增值税暂行条例》的规定，准予纳税人从房地产转让收入额中减除的扣除项目金额，具体包括以下内容：

1. 取得土地使用权所支付的金额

取得土地使用权所支付的金额包括两方面的内容:①纳税人为取得土地使用权所支付的地价款。如果是以协议、招标、拍卖等出让方式取得土地使用权的,地价款为纳税人所支付的土地出让金;如果是以行政划拨方式取得土地使用权的,地价款为按照国家有关规定补交的土地出让金;如果是以转让方式取得土地使用权的,地价款为向原土地使用权人实际支付的地价款。②纳税人在取得土地使用权时按国家统一规定缴纳的有关费用,具体是指纳税人在取得土地使用权过程中为办理有关手续,按国家统一规定缴纳的有关登记、过户的手续费。

2. 房地产开发成本

房地产开发成本,是指纳税人房地产开发项目实际发生的成本,包括土地的征用及拆迁补偿费、前期工程费、建筑安装工程费、基础设施费、公共配套设施费、开发间接费用等。

3. 房地产开发费用

房地产开发费用,是指与房地产开发项目有关的销售费用、管理费用和财务费用。在计算土地增值税时,房地产开发费用并不是按照纳税人实际发生额进行扣除,而是按照以下标准进行扣除:

(1) 凡能够按转让房地产项目计算分摊利息支出并提供金融机构证明的,允许据实扣除,但最高不能超过按商业银行同类同期贷款利率计算的金额。其他房地产开发费用,以取得土地使用权所支付的金额和房地产开发成本计算的金额之和的 5% 以内计算扣除。其计算公式为:

允许扣除的房地产开发费用 = 利息 + (取得土地使用权所支付的金额 + 房地产开发成本)×5%

(2) 凡不能按转让房地产项目计算分摊利息支出或不能提供金融机构证明的,房地产开发费用在按规定计算的金额之和的 10% 以内计算扣除。其计算公式为:

允许扣除的房地产开发费用 = (取得土地使用权所支付的金额 + 房地产开发成本)×10%

4. 与转让房地产有关的税金

与转让房地产有关的税金,是指在转让房地产时缴纳的印花税(房地产开发企业除外)、城市维护建设税,教育费附加也可视同税金扣除,但不包括增值税。

5. 财政部确定的其他扣除项目

对从事房地产开发的纳税人,允许按取得土地使用权时所支付的金额和房地产开发成本之和,加计 20% 的扣除。其计算公式为:

加计扣除费用 = (取得土地使用权所支付的金额 + 房地产开发成本)×20%

6. 旧房及建筑物的评估价格

(1) 纳税人转让旧房的,应以房屋及建筑物的评估价格、取得土地使用权所支付的地价款或出让金、按国家统一规定缴纳的有关费用和转让环节缴纳的税金,作为扣除项目金额计征土地增值税。对取得土地使用权时未支付地价款或不能提供已支付的地价款凭据的,不允许扣除取得土地使用权时所支付的金额。旧房及建筑物的评估价格须经当地税务机关确认。其计算公式为:

$$旧房评估价格 = 房地产重新购建价格 \times 成新度折扣率$$

（2）纳税人转让旧房及建筑物，凡不能取得评估价格，但能提供购房发票的，经当地税务部门确认，取得土地使用权所支付的金额、旧房及建筑物的评估价格，可按发票所载金额并从购买年度起至转让年度止每年加计 5% 计算扣除。

（3）对转让旧房及建筑物，既没有评估价格，又不能提供购房发票的，税务机关可以根据《中华人民共和国税收征收管理法》第三十五条的规定，实行核定征收。

【单选题】

下列属于房地产开发成本的是(　　　)。

A. 拆迁补偿费

B. 利息支出

C. 取得土地使用权时缴纳的契税和过户手续费

D. 地价款

四、税收优惠

（一）建造普通标准住宅的税收优惠

纳税人建造普通标准住宅出售，增值额未超过扣除项目金额 20% 的，免征土地增值税。这里所说的"普通标准住宅"，是指按所在地一般民用住宅标准建造的居住用住宅。高级公寓、别墅、度假村等不属于普通标准住宅。2005 年 6 月 1 日起，普通标准住宅应同时满足：住宅小区建筑容积率在 1.0 以上；单套建筑面积在 120 平方米以下；实际成交价格低于同级别土地上住房平均交易价格 1.2 倍以下。

（二）国家征用收回的房地产税收优惠

因国家建设需要依法征用、收回的房地产，免征土地增值税。

（三）对企事业单位、社会团体以及其他组织转让旧房税收优惠

对企事业单位、社会团体以及其他组织转让旧房作为公共租赁住房房源的且增值额未超过扣除项目金额 20% 的，免征土地增值税。

（四）个人销售住房税收优惠

对个人销售住房暂免征收土地增值税。

【单选题】

因国家建设需要而被政府征收、收回的房地产(　　　)。

A. 免征土地增值税

B. 减半征收土地增值税

C. 酌情准予减征或免征土地增值税

D. 按照规定的税率和速算扣除系数征收土地增值税

五、应纳税额的计算

(一) 应纳税额的计算公式

土地增值税按照纳税人转让房地产所取得的增值额和规定的税率计算征收。土地增值税的计算公式为:

$$应纳税领 = \sum(每级距的土地增值额 \times 适用税率)$$

由于分步计算比较烦琐,一般可以采用速算扣除法计算。即计算土地增值税税额,可按增值额乘以适用的税率减去扣除项目金额乘以速算扣除系数的简便方法计算。

(二) 应纳税额的计算步骤

土地增值税应纳税额的计算可分为以下四个步骤。

第一步,计算土地增值额,计算公式如下:

$$增值额 = 不含增值税转让收入额 - 扣除项目金额$$

第二步,计算增值额与扣除项目金额比率(增值率),计算公式如下:

$$增值率 = 增值额 \div 扣除项目金额 \times 100\%$$

第三步,根据增值率确定适用税率的档次和速算扣除系数(见表 10-4)。

第四步,根据应纳税额,计算公式如下:

$$土地增值税应纳税额 = 增值额 \times 适用税率 - 扣除项目金额 \times 速算扣除系数$$

【例 10-5】 某企业转让一块土地的使用权,取得收入 1 000 万元,应扣除的购买土地的金额、开发成本的金额、开发费用的金额、相关税金的金额、其他扣除金额合计为 400 万元。

要求:计算该企业应缴纳的土地增值税税额。

【解析】 (1)计算增值额:

$$增值额 = 1\,000 - 400 = 600(万元)$$

(2)计算增值额与扣除项目金额(增值率):

$$增值率 = 600 \div 400 \times 100\% = 150\%$$

(3)查表(表 10-4)得知税率为 50%,速算扣除系数为 15%。

(4)代入计算公式计算应纳税额:

$$应纳税额 = 600 \times 50\% - 400 \times 15\% = 240(万元)$$

小试牛刀

【单选题】

1. 某房地产开发公司开发一住宅项目,取得该土地使用权所支付的金额 3 000 万元,房地产开发成本 4 000 万元,利息支出 500 万元(能提供金融机构贷款证明),所在省人民政府规定,能提供金融机构贷款证明的,其他房地产开发费用扣除比例为 4%。则该公司计算土地增值税时允许扣除的开发费用为(　　)万元。

A. 80　　　　　　B. 780　　　　　　C. 850　　　　　　D. 500

2. 某单位转让一幢 2000 年建造的公寓楼,当时的造价为 500 万元。经房地产评估机构评定,该楼的重置成本价为 2 000 万元,成新度折扣率为六成。在计算土地增值税时,其评估价格为(　　)万元。

A. 500　　　　　　B. 1 200　　　　　　C. 2 000　　　　　　D. 1 500

六、征收管理

(一) 纳税申报

土地增值税的纳税人应在转让房地产合同签订后的 7 日内,到房地产所在地主管税务机关办理纳税申报,并向税务机关提交房屋及建筑物产权、土地使用权证书,土地转让、房产买卖合同,房地产评估报告及其他与转让房地产有关的资料。

纳税人因经常发生房地产转让而难以在每次转让后申报的,经税务机关审核同意后可以定期进行纳税申报,具体期限由税务机关根据相关规定确定。

纳税人预售房地产所取得的收入,凡当地税务机关规定预征土地增值税的,纳税人应当到主管税务机关办理纳税申报,并按规定比例预交,待办理决算后,多退少补。凡当地税务机关规定不预征土地增值税的,也应在取得收入时先到税务机关登记或备案。

(二) 土地增值税清算

1. 土地增值税的清算单位

土地增值税以国家有关部门审批的房地产开发项目为单位进行清算,对于分期开发的项目,以分期项目为单位进行清算。开发项目中同时包含普通住宅和非普通住宅的,应分别计算增值额。

2. 土地增值税的清算条件

(1) 符合下列情形之一的,纳税人应进行土地增值税的清算:①房地产开发项目全部竣工、完成销售的。②整体转让未竣工决算房地产开发项目的。③直接转让土地使用权的。

(2) 符合下列情形之一的,主管税务机关可要求纳税人进行土地增值税清算:①已竣工验收的房地产开发项目,已转让的房地产建筑面积占整个项目可售建筑面积的比例在 85% 以上,或该比例虽未超过 85%,但剩余的可售建筑面积已经出租或自用的。②取得销售(预售)许可证满 3 年仍未销售完毕的。③纳税人申请注销税务登记但未办理土地增值税清算手续的。④省税务机关规定的其他情况。

3. 土地增值税清算应报送的资料

纳税人办理土地增值税清算应报送以下资料:

(1) 房地产开发企业清算土地增值税书面申请、土地增值税纳税申报表。

(2) 项目竣工决算报表、取得土地使用权所支付的地价款凭证、国有土地使用权出让合同、银行贷款利息结算通知单、项目工程合同结算单、商品房购销合同统计表等与转让房地产的收入、成本和费用有关的证明资料。

（3）主管税务机关要求报送的、其他与土地增值税清算有关的证明资料等。

纳税人委托税务中介机构审核鉴证的清算项目，还应报送中介机构出具的《土地增值税清算税款鉴证报告》。

4. 清算后再转让房地产的处理

在土地增值税清算时未转让的房地产，清算后销售或有偿转让的，纳税人应按规定进行土地增值税的纳税申报，单位建筑面积的成本费用为清算时的扣除项目的总金额乘以销售或转让面积。其计算公式为：

$$单位建筑面积成本费用 = 清算时的扣除项目总金额 \div 清算的总建筑面积$$

5. 土地增值税的核定征收

房地产开发企业有下列情形之一的，税务机关可以参照与其开发规模和收入水平相近的、当地企业的土地增值税税负情况，按不低于预征率的征收率核定征收土地增值税：

（1）依照法律、行政法规的规定应当设置但未设置账簿的。

（2）擅自销毁账簿或者拒不提供纳税资料的。

（3）虽设置账簿，但账目混乱或者成本资料、收入凭证、费用凭证残缺不全，难以确定转让收入或扣除项目金额的。

（4）符合土地增值税清算条件，未按照规定的期限办理清算手续，经税务机关责令限期清算，逾期仍不清算的。

（5）申报的计税依据明显偏低，又无正当理由的。

（三）纳税地点

土地增值税纳税人应向房地产所在地的主管税务机关办理纳税申报，并在税务机关核定的期限内缴纳土地增值税。纳税人转让的房地产坐落在两个或两个以上地区的，应按房地产所在地分别申报纳税。

（1）纳税人是法人的。当转让的房地产坐落地与其机构所在地或经营所在地一致时，在办理税务登记的原管辖税务机关申报纳税即可；当转让的房地产坐落地与其机构所在地或经营所在地不一致时，则应在房地产坐落地所管辖的税务机关申报纳税。

（2）纳税人是自然人的。当转让的房地产坐落地与其居住所在地一致时，则在住所所在地税务机关申报纳税；当转让的房地产坐落地与其居住所在地不一致时，则在房地产坐落地的税务机关申报纳税。

 课堂小测

【单选题】

1. 下列项目中，属于房地产开发成本的是（　　）。

A. 土地出让金　　　　　　　　B. 地价款

C. 公共配套设施费　　　　　　D. 借款利息费用

2. 下列各项中,应当征收土地增值税的是( )。

A. 公司与公司之间互换房产

B. 房地产开发公司为客户代建房产

C. 个人之间互换居住用房地产

D. 双方合作建房后按比例分房自用

3. 下列关于土地增值税税收优惠的表述,不正确的是( )。

A. 居民个人转让住房暂免征收土地增值税

B. 企事业单位、社会团体以及其他组织转让旧房作为公共租赁住房房源的,免征土地增值税

C. 因国家建设需要依法征用、收回的房地产,免征土地增值税

D. 纳税人建造普通标准住宅出售,增值额未超过扣除项目金额20%的,予以免税

4. 法人企业转让的房地产坐落地与其机构所在地或经营所在地不在一地的,应( )申报缴纳土地增值税。

A. 向销售方机构所在地的主管税务机关

B. 向购买方机构所在地的主管税务机关

C. 向房地产的坐落地的主管税务机关

D. 向合同签订地的主管税务机关

5. 房地产开发企业取得销售(预售)许可证满( )年仍未销售完毕的,主管税务机关可要求纳税人进行土地增值税清算。

A. 1　　　　　B. 2　　　　　C. 3　　　　　D. 5

6. 纳税人应自签订房地产转让合同之日起( )内,向房地产所在地的主管税务机关办理土地增值税的纳税申报。

A. 7 日　　　　B. 10 日　　　　C. 15 日　　　　D. 30 日

【多选题】

1. 在土地增值税清算过程中,下列房地产开发企业的情形中,可对其实行核定征收的有( )。

A. 擅自销毁账簿

B. 依照法律、行政法规的规定应当设置但未设置账簿的

C. 符合土地增值税清算条件,企业未按照规定的期限办理清算手续,经税务机关责令限期清算,且已清算的

D. 虽设置账簿,但账目混乱,难以确定转让收入或扣除项目金额的

2. 根据土地增值税的有关规定,下列各项中,纳税人应当进行土地增值税清算的有( )。

A. 直接转让土地使用权的

B. 取得销售(预售)许可证满 2 年仍未销售完毕的

C. 房地产开发项目全部竣工、完成销售的

D. 整体转让未竣工决算的房地产开发项目的

【计算题】

1. 某工业企业 202×年 8 月转让一幢新建办公楼,取得不含增值税收入 4 750 万元,该办公楼土地、建造成本和相关费用 3 700 万元,缴纳与转让办公楼相关的、除增值税外的税金 27.5 万元(其中印花税金 2.5 万元)。

要求:计算该企业应缴纳的土地增值税税额。

2. 202×年某房地产开发公司销售其新建商品房一幢,取得销售收入 1 亿 5 000 万元。已知,该公司支付与商品房相关的土地使用权费及开发成本合计为 7 000 万元;该公司没有按房地产项目计算分摊银行借款利息;该商品房所在地的省政府规定,计征土地增值税时,房地产开发费用扣除比例为最高比例;销售商品房缴纳的有关税金为 800 万元。

要求:计算该公司销售该商品房应缴纳的土地增值税税额。

第十一章　车辆购置税、车船税和印花税

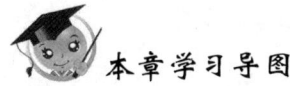 本章学习导图

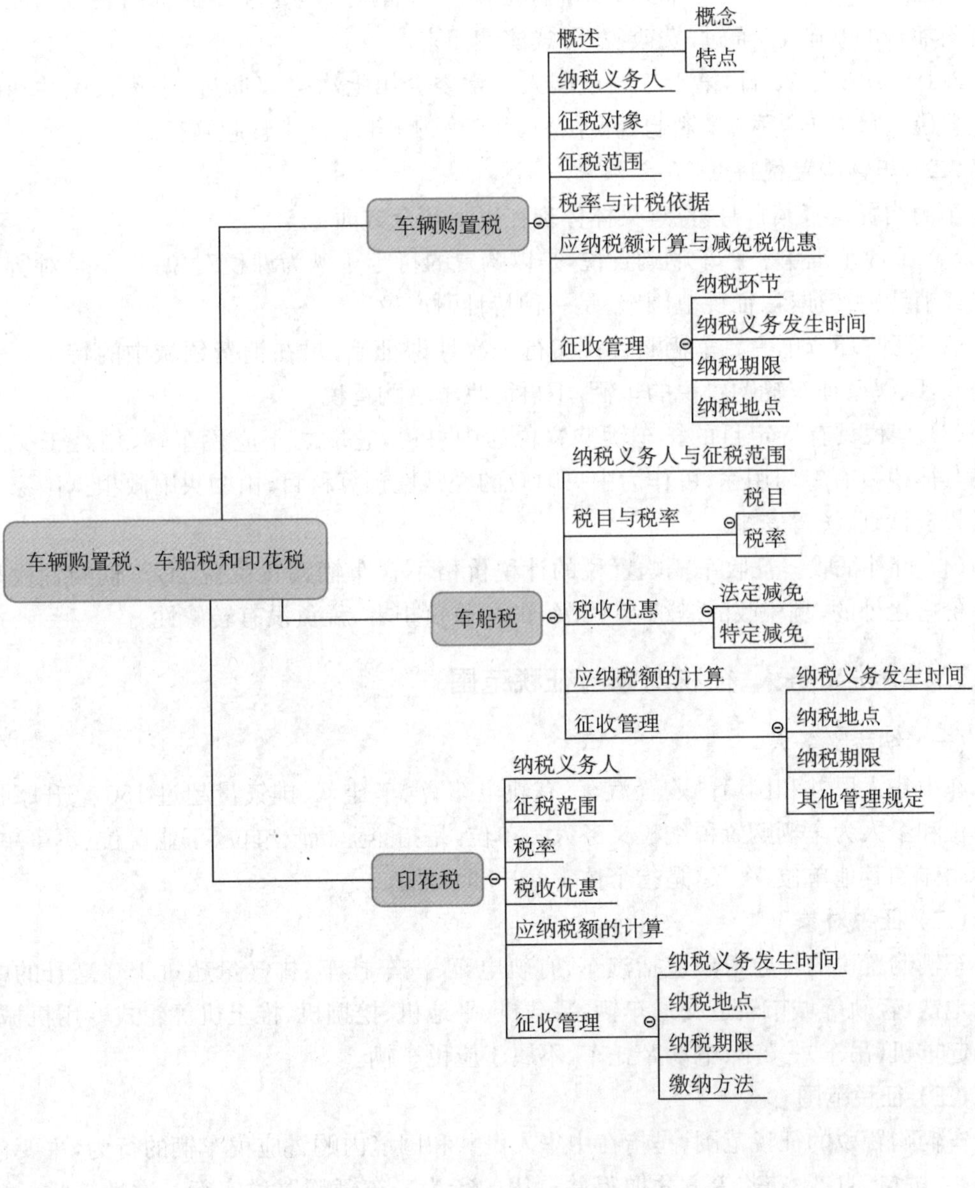

```
                                                            概念
                                              概述
                                                            特点
                                              纳税义务人
                                              征税对象
                                              征税范围
                                              税率与计税依据
                         车辆购置税            应纳税额计算与减免税优惠
                                                            纳税环节
                                                            纳税义务发生时间
                                              征收管理        纳税期限
                                                            纳税地点

                                              纳税义务人与征税范围
                                                            税目
                                              税目与税率
                                                            税率
车辆购置税、车船税和印花税                          法定减免
                                              税收优惠
                                                            特定减免
                         车船税
                                              应纳税额的计算          纳税义务发生时间
                                                                  纳税地点
                                              征收管理              纳税期限
                                                                  其他管理规定
                                              纳税义务人
                                              征税范围
                                              税率
                                              税收优惠
                         印花税
                                              应纳税额的计算
                                                            纳税义务发生时间
                                                            纳税地点
                                              征收管理        纳税期限
                                                            缴纳方法
```

第一节　车辆购置税

一、车辆购置税概述

（一）车辆购置税概念

车辆购置税是以在中国境内购置的规定车辆为课税对象、在特定的环节向车辆购置者征收的一种税。就其性质而言,属于直接税。车辆购置税是在交通部门收取的原车辆购置附加费的基础上,通过"费改税"方式演变而来。

2018年12月29日,第十三届全国人大常委会第七次会议通过《中华人民共和国车辆购置税法》(以下简称《车辆购置税法》),并于2019年7月1日起施行。

（二）车辆购置税特点

车辆购置税有其自身特点,具体体现在以下几个方面:

（1）征收范围单一。车辆购置税,是以购置的特定车辆为课税对象,而不是对所有的财产或消费财产征税、征税范围窄,是一种特种财产税。

（2）征收环节单一。车辆购置税实行一次性课征制,只在消费领域中的特定环节一次征收,购置已征车辆购置税的车辆,不再征收车辆购置税。

（3）征税具有特定目的。车辆购置税为中央税,它取之于应税车辆,用之于交通建设。其征税具有专门用途,可作为中央财政的经常性预算科目,由中央财政根据国家交通建设投资计划,统筹安排。

（4）价外征收。征收车辆购置税的计税价格不含车辆购置税税额,车辆购置税是附加在价格之外的,且税收的缴纳者为最终的税收负担者,税负没有转嫁性。

二、纳税义务人、征税对象与征税范围

（一）纳税义务人

在中华人民共和国境内购置汽车、有轨电车、汽车挂车、排气量超过150毫升摩托车的单位和个人为车辆购置税纳税义务人。单位,是指企业行政单位、事业单位、军事单位、社会团体和其他单位;个人,是指个体工商户和自然人。

（二）征税对象

车辆购置税的征收对象包括汽车、有轨电车、汽车挂车、排气量超过150毫升的摩托车。地铁、轻轨等城市轨道交通车辆,装载机、平地机、挖掘机、推土机等轮式专用机械车,以及起重机(吊车)、叉车、电动摩托车,不属于应税车辆。

（三）征税范围

车辆购置税的征税范围,是指在中华人民共和国境内购置应税车辆的行为,主要包括以购买、进口、自产、获奖等方式取得并自用的行为。车辆购置税实行一次性征收。购置已征车辆购置税的车辆,不再征收车辆购置税。

小试牛刀

【单选题】

1. 下列车辆中,属于车辆购置税征税对象的是( )。

A. 电动摩托车   B. 起重机   C. 挂车   D. 挖掘机

2. 下列行为中,属于车辆购置税征税范围的是( )。

A. 外商投资企业购买一辆小轿车自用

B. 车辆经销商待出售的小汽车

C. 企业购进用于奖励职工的小汽车

D. 外贸企业进口的一辆用于销售的小汽车

三、税率与计税依据

(一)税率

我国车辆购置税实行统一比例税率,税率为10%。

(二)计税依据的确定

1. 计税依据的一般规定

(1)购买自用应税车辆的计税依据。纳税人购买自用的应税车辆,计税价格为纳税人购买应税车辆而实际支付给销售者的全部价款,不包含增值税税款。其计算公式为:

$$计税价格 = 全部价款 ÷ (1 + 增值税税率或征收率)$$

(2)进口自用应税车辆的计税依据。纳税人进口自用的应税车辆,以组成计税价格为计税依据。组成计税价格的计算公式为:

$$组成计税价格 = 关税完税价格 + 关税 + 消费税$$

或

$$组成计税价格 = (关税完税价格 + 关税) ÷ (1 - 消费税税率)$$

(3)自产自用应税车辆的计税依据。纳税人自产自用应税车辆的计税价格,按照纳税人生产的同类应税车辆的销售价格确定,不包括增值税税款;没有同类应税车辆销售价格的,按照组成计税价格确定。组成计税价格的计算公式如下:

$$组成计税价格 = 成本 × (1 + 成本利润率)$$

属于应征消费税的应税车辆,其组成计税价格中应加计消费税税额。

(4)受赠、获奖或者其他方式取得自用应税车辆的计税依据。纳税人以受赠、获奖或者其他方式取得自用应税车辆的计税价格,按照购置应税车辆时相关凭证载明的价格确定,不包括增值税税款。

2. 计税依据的特殊规定

免税、减税车辆因转让、改变用途等不再属于免税、减税范围的,计税价格以免税、减

税车辆初次办理纳税申报时确定的计税价格为基准,每满1年扣减10%。

四、应纳税额的计算与减免税优惠

(一)应纳税额的计算

车辆购置税以从价定率的办法计算应纳税额,应纳税额的计算公式为:

$$应纳税额 = 计税价格 \times 税率$$

由于应税车辆购置来源、应税行为发生以及计税价格组成的不同,车辆购置税应纳税额的计算方法也有区别。

1. 购买自用应税车辆应纳税额的计算

纳税人购买自用的应税车辆,计税价格为纳税人实际支付给销售者的全部价款,不包括增值税税款。支付的车辆装饰费、零部件价款等应作为价外费用并入计税依据。其计算公式为:

$$应纳税额 = 不含增值税价款 \times 税率$$

【例11-1】 周某于202×年12月8日从4S店(增值税一般纳税人)购买一辆轿车供自己使用,取得"机动车销售统一发票",注明含增值税车价款113 000元。另支付车辆装饰费226元,取得增值税普通发票。

要求:计算车辆购置税的应纳税额。

【解析】 计税依据=(113 000+226)÷(1+13%)=100 200(元)

应纳税额=100 200×10%=10 020(元)

2. 进口自用应税车辆应纳税额的计算

纳税人进口自用的应税车辆应纳税额的计算公式为:

$$应纳税额 = (关税完税价格 + 关税 + 消费税) \times 税率$$

或

$$应纳税额 = [(关税完税价格 + 关税) \div (1 - 消费税税率)] \times 税率$$

【例11-2】 某外贸进出口公司202×年6月,从国外进口10辆某公司生产的某型号小轿车。该公司报关进口这批小轿车时,经报关地海关对有关报关资料的审查,确定关税完税价格为每辆185 000元人民币,海关按关税政策规定每辆征收关税46 200元,并按消费税、增值税有关规定分别代征了每辆小轿车的进口消费税40 800元和增值税8 530元。由于联系业务的需要,该公司将一辆小轿车留在本单位使用。

要求:计算该公司应缴纳的车辆购置税税额。

【解析】 计税依据=185 000+46 200+40 800=272 000(元)

应纳税额=272 000×10%=27 200(元)

3. 自产自用应税车辆应纳税额的计算

纳税人自产自用应税车辆应纳税额的计算公式如下:

$$应纳税额 = 同类应税车辆销售价格(或组成计税价格) \times 税率$$

4. 以受赠、获奖或者其他方式取得的自用应税车辆应纳税额的计算

以受赠、获奖或者其他方式取得的自用应税车辆应纳税额的计算公式如下：

$$应纳税额 = 购置应税车辆时相关凭证载明的价格 × 税率$$

5. 应纳税额的特殊规定

（1）纳税人申报的应税车辆计税价格明显偏低，又无正当理由的，由税务机关依照《税收征收管理法》的规定核定其应纳税额。

（2）免税、减税车辆因转让、改变用途等不再属于免税、减税范围的，纳税人应当在办理车辆转移登记或者变更登记前缴纳车辆购置税，应纳税额的计算公式如下：

$$应纳税额 = 初次办理纳税申报时确定的计税价格 × (1 - 使用年限 × 10\%) - 已纳税额$$

（3）纳税人将已征车辆购置税的车辆退回车辆生产或销售企业的，可以申请退还车辆购置税，退税额以已交税款为基准，自缴纳税款之日至申请退税之日，每满 1 年扣减 10%。应退税额的计算公式如下：

$$应退税额 = 已纳税额 × (1 - 使用年限 × 10\%)$$

应退税额不得为负数。使用年限的计算方法是，自纳税人缴纳税款之日起，至申请退税之日止。

（二）减免税优惠

我国车辆购置税实行法定减免，减免税范围的具体规定是：

（1）外国驻华使馆、领事馆和国际组织驻华机构及其外交人员自用车辆免税。

（2）中国人民解放军和中国人民武装警察部队中列入军队武器装备订货计划的车辆免税。

（3）悬挂应急救援专用号牌的国家综合性消防救援车辆免税。

（4）设有固定装置的非运输车辆免税。

（5）城市公交企业购置的公共汽、电车辆免税。

（6）回国服务的在外留学人员，用现汇购买 1 辆个人自用国产小汽车和长期来华定居专家进口 1 辆自用小汽车免征车辆购置税。

（7）自 2021 年 1 月 1 日至 2022 年 12 月 31 日，对购置的新能源汽车免征车辆购置税。新能源汽车，是指纯电动汽车、插电式混合动力（含增程式）汽车、燃料电池汽车。

五、征收管理

（一）纳税环节

车辆购置税由税务机关负责征收。车辆购置税实行一车一申报制度，购置已征车辆购置税的车辆，不再征收车辆购置税。但减免税条件消失的车辆，应按规定缴纳车辆购置税。车辆购置税的纳税环节是使用环节（即最终消费环节），具体而言，纳税人应当在向公安机关交通管理部门办理车辆注册登记前缴纳车辆购置税。

（二）纳税义务发生时间

车辆购置税的纳税义务发生时间为纳税人购置应税车辆的当日。

（三）纳税期限

纳税人应当自纳税义务发生之日起60日内申报缴纳车辆购置税。

（四）纳税地点

纳税人购置需要办理车辆登记的应税车辆的，应当向车辆登记地的主管税务机关申报缴纳车辆购置税。纳税人购置不需要办理车辆登记的应税车辆的，应当向纳税人所在地的主管税务机关申报缴纳车辆购置税。

 **课堂小测**

【单选题】

1. 甲企业的下列行为，需要计算缴纳车辆购置税的是（　　）。

A. 销售自产的小汽车

B. 将自产的小汽车赠送给王某

C. 在拍卖会上通过拍卖取得一辆小汽车以自用

D. 进口小汽车用于对外销售

2. 下列关于车辆购置税申报与缴纳的说法中，正确的是（　　）。

A. 车辆购置税的征税环节是最终消费环节

B. 购买已缴纳车辆购置税的旧机动车即使自用，也要缴纳车辆购置税

C. 车辆购置税的纳税地点是销售应税车辆的4S店所在地的税务机关

D. 免税车辆不需要办理车辆购置税申报手续

3. 车辆购置税的有关规定，下列说法中正确的是（　　）。

A. 车辆购置税实行统一比例税率

B. 车辆购置税的纳税地点一律为纳税人所在地

C. 车辆购置税是对购置所有车辆的使用行为征税

D. 车辆购置税的征税环节为车辆的出厂环节

4. 甲公司202×年7月接受捐赠的10辆小汽车并自用，取得载明价格的相关凭证上注明不含增值税的价格为10 000元/辆，小汽车的成本为8 000元/辆，成本利润率为8%，小汽车的消费税税率是9%，则该公司应纳的车辆购置税税额为（　　）元。

A. 86 400　　　　B. 10 000　　　　C. 20 000　　　　D. 80 000

5. 202×年4月张某从某汽车销售公司（增值税一般纳税人）购买一辆排气量为2.0升的小汽车以自用。小汽车不含增值税的售价为240 000元，另张某支付手续费4 000元，支付的各项价款均由汽车销售公司开具"机动车销售统一发票"，则张某应缴纳的车辆购置税税额为（　　）元。

A. 24 400　　　　B. 24 000　　　　C. 24 353.98　　　　D. 21 592.92

6. 202×年5月，甲汽车生产企业将一辆自产的小汽车移送至本企业办公部门使用。已知生产该车的成本为50 000元/辆，成本利润率为8%，则甲企业移送小汽车应当缴纳的车辆购置税为（　　）元。（消费税税率为12%）

A. 0　　　　B. 5 000　　　　C. 5 400　　　　D. 6 136.36

7. 某汽车公司 202×年 3 月接受关联方捐赠的、排气量为 2.0 升的小汽车 8 辆以自用。已知,该小汽车的成本为 100 000 元/辆,成本利润率为 8%,消费税税率为 9%;关联方购置小汽车时相关凭证载明的价格为 150 000 元/辆(不含增值税)。则该汽车公司应缴纳的车辆购置税税额为(　　)元。

A. 80 000　　　　　B. 94 900　　　　　C. 0　　　　　D. 120 000

第二节　车　船　税

车船税,是指对在中华人民共和国境内属于《中华人民共和国车船税法》中《车船税税目税额表》所规定的车辆、船舶(以下简称车船)的所有人或者管理人征收的一种税。

现行车船税的基本规范,是 2011 年 2 月 25 日,由中华人民共和国第十一届全国人民代表大会常务委员会第十九次会议通过的《中华人民共和国车船税法》(以下简称《车船税法》),其自 2012 年 1 月 1 日起施行。

一、纳税义务人与征税范围

(一) 纳税义务人

车船税的纳税义务人,是指在中华人民共和国境内属于《车船税法》所附《车船税税目税额表》规定的车辆、船舶(以下简称车船)的所有人或者管理人。管理人,是指对车船具有管理权或者使用权,却不具有所有权的单位和个人。

(二) 征税范围

车船税的征税范围,是在中华人民共和国境内属于车船税法所附《车船税税目税额表》规定的车辆、船舶。车辆、船舶是指:①依法当在车船管理部门登记的机动车辆和船舶;②依法不需要在车船管理部门登记、在单位内部场所行驶或者作业的机动车辆和船舶。

二、税目与税率

(一) 税目

车船税税目有车辆和船舶两大类,具体内容如下:

1. 车辆

车辆包括乘用车、商用车、挂车、专用作业车、轮式专用机械车和摩托车。

(1) 乘用车,是指在设计和技术特性上主要用于载运乘客及随身行李,核定载客人数包括驾驶员在内不超过 9 人的汽车。

(2) 商用车,是指除乘用车外,在设计和技术特性上用于载运乘客、货物的汽车,划分为客车和货车。客车是指核定载客人数 9 人以上的汽车,包括电车。货车包括半挂牵引车、三轮汽车和低速载货汽车。半挂牵引车,是指装备有特殊装置、用于牵引半挂车的商用车。三轮汽车,是指最高设计车速不超过每小时 50 公里,具有 3 个车轮的货车。低速载货汽车,是指以柴油机为动力,最高设计车速不超过每小时 70 公里,具有 4 个车轮的货车。

（3）挂车，是指就其设计和技术特性须由汽车或者拖拉机牵引，才能正常使用的一种无动力的道路车辆。

（4）专用作业车，是指在其设计和技术特性上用于特殊工作的车辆，如消防车、洒水车、混凝土泵车、清障车、汽车起重机（车）、扫路车等专用车辆。

（5）轮式专用机械车，是指有特殊结构和专门功能，装有橡胶车轮可以自行行驶，最高设计车速大于每小时 20 公里的轮式工程机械车。

（6）摩托车，是指无论采用何种驱动方式，最高设计车速大于每小时 50 公里，或者使用内燃机，其排量大于 50 毫升的两轮或者三轮车辆。

2. 船舶

船舶，是指各类机动、非机动船舶以及其他水上移动装置，但船舶上装备的救生艇筏和长度小于 5 米的艇筏除外。其具体包括各类机动船、非机动驳船和游艇。

（1）机动船舶，是指用机器推进的船舶，包括客船、货船、气垫船、拖船等。

（2）非机动驳船，是指在船舶登记管理部门登记为驳船的非机动船舶。

（3）游艇，是指具备内置机械推进动力装置，长度在 90 米以下，主要用于游览观光、休闲娱乐、水上体育运动等活动，并应当具有船舶检验证书和适航证书的船舶。

（二）税率

车船税实行定额幅度税率。车船税的适用税额，依照车船税法所附的《车船税税目税额表》执行。车辆的具体适用税额，由省、自治区、直辖市人民政府依照车船税法所附《车船税税目税额表》规定的税额幅度和国务院的规定确定。船舶的具体适用税额由国务院在车船税法所附《车船税税目税额表》规定的税额幅度内确定。车船的具体税目税率，如表 11-1 所示。

表 11-1　　　　　　　　　　　　车船税税目税额表

税目		计税单位	年基准税额（元）	备注
乘用车按发动机气缸容量（排气量分档）	1.0 升（含）以下的	每辆	60～360	核定载客人数 9 人（含）以下
	1.0 升以上至 1.6 升（含）的		300～540	
	1.6 升以上至 2.0 升（含）的		360～660	
	2.0 升以上至 2.5 升（含）的		660～1 200	
	2.5 升以上至 3.0 升（含）的		1 200～2 400	
	3.0 升以上至 4.0 升（含）的		2 400～3 600	
	4.0 升以上的		3 600～5 400	
商用车	客车	每辆	480～1 440	核定载客人数 9 人以上，包括电车
	货车	整备质量每吨	16～120	包括半挂牵引车、三轮汽车和低速载货汽车等

(续表)

税目		计税单位	年基准税额(元)		备注
挂车	—	整备质量每吨	按照货车税额的50%计算		—
其他车辆	专用作业车	整备质量每吨	16~120		不包括拖拉机
	轮式专用机械车	整备质量每吨	16~120		
摩托车	—	每辆	36~180		—
船舶	机动船舶	净吨位每吨艇	小于或等于200吨	3	—
			201吨至2 000吨(含)	4	
			2 001吨至10 000吨(含)	5	
			10 000吨以上	6	
	游艇	艇身长度(游艇的总长)	不超过10米	600	—
			超过10米但不超过18米	900	
			超过18米但不超过30米	1 300	
			超过30米	2 000	
			辅助动力帆艇	600	

注:拖船、非机动驳船分别按照机动船舶税额的50%计算;游艇的税额另行规定。

 小试牛刀

【单选题】

某企业拥有的下列车辆中,不属于车船税征税范围中专用作业车的是( )。

A. 消防车   B. 救护车   C. 洒水车   D. 汽车起重机

【多选题】

下列各项中,符合车船税有关规定的有( )。

A. 半挂牵引车,以"辆"为计税依据   B. 载货汽车,以"整备质量"为计税依据

C. 机动船舶,以"艘"为计税依据   D. 游艇,以"艇身长度"为计税依据

三、税收优惠

(一) 法定减免

(1) 捕捞、养殖渔船,是指在渔业船舶登记管理部门登记为捕捞船或者养殖船的船舶。

（2）军队、武装警察部队专用的车船，是指按照规定在军队、武装警察部队车船管理部门登记，并领取军队、武警牌照的车船。

（3）警用车船，是指公安机关、国家安全机关、监狱、劳动教养管理机关和人民法院、人民检察院领取警用牌照的车辆和执行警务的专用船舶。

（4）依照法律规定，应当予以免税的外国驻华使领馆、国际组织驻华代表机构及其有关人员的车船。

（5）节能、新能源车船减免。①对节能汽车，减半征收车船税；②对新能源车船，免征车船税。

免征车船税的新能源汽车，是指纯电动商用车、插电式（含增程式）混合动力汽车、燃料电池商用车。纯电动乘用车和燃料电池乘用车不属于车船税征税范围，不征车船税。

（6）国家综合性消防救援车辆，由部队号牌改挂应急救援专用号牌的，一次性免征改挂当年车船税。

（二）特定减免

（1）经批准临时入境的外国车船和香港特别行政区、澳门特别行政区、台湾地区的车船，不征收车船税。

（2）按照规定缴纳船舶吨税的机动船舶，自《车船税法》实施之日起 5 年内免征车船税。

（3）依法不需要在车船登记管理部门登记的机场、港口、铁路站场内部行驶或作业的车船，自《车船税法》实施之日起 5 年内免征车船税。

【单选题】

1. 下列车辆中，可免征车船税的是（　　　）。

A. 纯电动乘用车　　B. 客货两用车　　C. 半挂牵引车　　　D. 纯电动商用车

2. 下列车船中，应计算缴纳车船税的是（　　　）。

A. 军队专用车辆　　　　　　　　B. 企业接送职工的班车

C. 公安机关的专用车船　　　　　D. 电动自行车

四、应纳税额的计算

（1）购置的新车船，购置当年的应纳税额自纳税义务发生的当月起按月计算，其计算公式如下：

$$应纳税额 =（年应纳税额 \div 12）\times 应纳税月份数$$
$$应纳税月份数 = 12 - 纳税义务发生时间（取月份）+ 1$$

【例 11-3】 某物流公司 202× 年年初拥有小轿车 5 辆，202× 年 3 月外购货车 12 辆（整备质量为 10 吨/辆）并于当月办理登记手续。假设货车年税额为整备质量每吨 50 元，小轿车年税额为每辆 500 元。

要求:计算该企业202×年应缴纳的车船税税额。

【解析】　小轿车应纳车船税税额＝500×5＝2 500(元)

货车应纳车船税税额＝50×12×10÷12×10＝5 000(元)

该企业202×年应缴纳的车船税税额＝5 000＋2 500＝7 500(元)

(2)退税规定。

在一个纳税年度内,已完税的车船被盗抢、报废、灭失的,纳税人可以凭有关管理机关出具的证明和完税证明,向纳税所在地的主管税务机关申请退还自被盗抢、报废、灭失月份起至该纳税年度终了期间的税款。

【例11-4】　大通公司202×年1月缴纳4辆货车的车船税,每辆货车年应纳税额为1 200元。当年5月一辆货车被盗,已办理车船税退税手续。

要求:计算大通公司可申请退还的车船税税额,以及202×年实际缴纳的车船税税额。

【解析】　可申请退还的车船税税额＝1 200÷12×8＝800(元)

202×年实际缴纳的车船税税额＝3×1 200＋1 200÷12×4＝4 000(元)

(3)已办理退税的被盗抢车船,失而复得的,纳税人应当从公安机关出具相关证明的当月起计算缴纳车船税。

【例11-5】　某物流公司202×年年初拥有小轿车5辆,每辆车船税税额为500元。其中一辆小轿车5月份被盗,已办理车船税退还手续。10月由公安机关找回失车并出具证明。

要求:计算该企业202×年应补缴的车船税税额。

【解析】　应补缴的车船税税额＝500÷12×3＝125(元)

(4)在一个纳税年度内,纳税人在非车辆登记地由保险机构代收代缴机动车车船税,且能够提供合法有效完税证明的,纳税人不再向车辆登记地的地方税务机关缴纳车辆车船税。

(5)已缴纳车船税的车船在同一纳税年度内办理转让过户的,不另行纳税,也不退税。

(6)保险机构代收代缴。

从事"机动车第三者责任强制保险"业务的保险机构为机动车车船税的扣缴义务人,其应当在收取保险费时依法代收车船税,并出具代收税款凭证。①代收凭证。保险机构在代收车船税时,应当在"机动车交通事故责任强制保险"(交强险)的保险单以及保费发票上注明已收税款的信息和减免税信息,并以此作为代收税款凭证。②拒收处理。不能提供完税凭证或者减免税证明,且拒绝扣缴义务人代收代缴车船税的纳税人,扣缴义务人不得出具保单、保险标志和保费发票等,同时报告主管税务机关处理。③发票开具。保险机构作为车船税扣缴义务人,在代收车船税并开具增值税发票时,应在增值税发票备注栏中注明代收车船税税款的信息。

五、征收管理

(一)纳税义务发生时间

车船税纳税义务发生时间为取得车船所有权或者管理权的当月。以购买车船的发票或其他证明文件所载日期的当月为准。

（二）纳税地点

车船税的纳税地点为车船的登记地或者车船税扣缴义务人所在地。依法不需要办理登记的车船，车船税的纳税地点为车船的所有人或者管理人所在地。

（三）纳税期限

车船税按年申报、分月计算、一次性缴纳。纳税年度为公历1月1日至12月31日。具体申报纳税期限由省、自治区、直辖市人民政府规定。

（四）其他管理规定

（1）税务机关可在车船管理部门、车船检验机构的办公场所集中办理车船税征收事宜。

（2）公安机关交通管理部门在办理车辆相关登记和定期检验手续时，对未提交自上次检验后各年度依法纳税或者免税证明的，不予登记、不予发放检验合格标志。

（3）海事部门、船舶检验机构在办理船舶登记和定期检验手续时，对未提交依法纳税或者免税证明，且拒绝扣缴义务人代收代缴的车船税的纳税人，不予登记、不予发放检验合格标志。

（4）纳税人在首次购买机动车交通事故责任强制保险时，缴纳车船税或者自行申报缴纳车船税的，应当提供购车发票及反映排气量、整备质量、核定载客人数等与纳税相关的信息及其相应凭证。

 课堂小测

【单选题】

1. 下列说法中，不符合车船税相关规定的是（　　　）。

A. 捕捞渔船免征车船税

B. 警用车船免征车船税

C. 插电式混合动力汽车减半征收车船税

D. 国际组织驻华代表机构车辆免征车船税

2. 某交通运输企业202×年年初拥有整备质量为5吨的载货汽车20辆，整备质量为4吨的挂车10辆，整备质量为2.5吨的货车5辆，该企业所在地载货汽车车船税的年税额为整备质量每吨20元。该企业当年应缴纳的车船税税额为（　　　）元。

A. 2 650　　　　　B. 3 460　　　　　C. 3 550　　　　　D. 3 700

3. 某企业202×年年初拥有小轿车4辆，当年11月，1辆小轿车被盗，取得公安机关开具的相关证明，并能够提供该被盗小轿车当年的车船税完税证明。已知，当地小轿车车船税年税额为360元/辆，该企业202×年实际应缴纳的车船税税额是（　　　）元。

A. 1 380　　　　　B. 1 348　　　　　C. 5 040　　　　　D. 5 010

4. 某船舶公司202×年9月购买机动船舶2艘，一艘净吨位2 001.6吨，另一艘净吨位0.3吨。上述购买的船舶，购置当月均取得船舶所有权。已知，车船税计税标准如下：机动船舶净吨位小于或者等于200吨的，每吨3元；净吨位201吨～2 000吨的，每吨4元；净吨位

2 001 吨~10 000 吨的,每吨 5 元。则该船舶公司当年应缴纳的车船税税额为(　　)元。

A. 2 669.1　　　　B. 0.3　　　　C. 10 008　　　　D. 3 336.3

5. 某运输企业 202×年年初拥有小轿车 5 辆,202×年 3 月外购货车 12 辆(整备质量为 10 吨/辆)并于当月办理登记手续。假设货车年税额为整备质量每吨 50 元,小轿车年税额为每辆 500 元,该企业 202×年应缴纳车船税(　　)元。

A. 2 500　　　　B. 7 000　　　　C. 8 500　　　　D. 7 500

【多选题】

1. 下列车辆中,以"每辆"作为计税单位的有(　　)。

A. 小轿车　　　B. 摩托车　　　C. 微型客车　　　D. 半挂牵引车

2. 下列车船中,属于法定免税的有(　　)。

A. 学校的专用校车　　　　　　　B. 军用车船

C. 非插电式混合动力汽车　　　　D. 养殖渔船

第三节　印　花　税

印花税是以经济活动和经济交往中,书立应税凭证和进行证券交易的行为为征税对象征收的一种税。印花税因其采用在应税凭证上粘贴印花税票的方法缴纳税款而得名。1988 年 8 月,国务院令第 11 号公布了《中华人民共和国印花税暂行条例》(以下简称《印花税暂行条例》);同年 9 月,财政部发布了《中华人民共和国印花税暂行条例施行细则》,于同年 10 月 1 日起恢复征收印花税。2011 年 1 月 8 日,中华人民共和国国务院令第 588 号对《印花税暂行条例》进行了修改。2021 年 6 月 10 日,十三届全国人大常委会第二十九次会议表决通过《中华人民共和国印花税法》(以下简称《印花税法》),自 2022 年 7 月 1 日起施行。1988 年 8 月 6 日国务院发布的《中华人民共和国印花税暂行条例》将同时废止。

一、纳税义务人

印花税的纳税义务人,是指在中华人民共和国境内书立应税凭证、进行证券交易的单位和个人,以及在中华人民共和国境外书立,在境内使用的应税凭证的单位和个人。

上述所指单位和个人包括国内各类企业、事业、机关、团体、部队以及中外合资企业合作企业、外资企业、外国公司和其他经济组织及其在华机构等单位和个人。根据书立、使用应税凭证的不同以及证券交易行为的交易方向,纳税人可分为以下五类:

(一) 立合同人

立合同人是指书立各类合同的当事人。所谓当事人,是指对凭证有直接权利义务关系的单位和个人,但不包括合同的担保人、证人、鉴定人。

(二) 立书据人

立据人是指在土地、房屋、股权、商标专用权、著作权、专利权、专有技术使用权等权属转移过程中买卖双方的当事人。

（三）立账簿人

立账簿人是指设立并使用记载资金的营业账簿的单位和个人。

（四）使用人

使用人是指在境外书立在境内使用的应税凭证的单位和个人。

（五）证券出让人

证券出让人是指转让符合规定的股票和以股票为基础的存托凭证的卖出方。

 小试牛刀

【单选题】

根据我国《印花税法》的规定，下列各项中，属于印花税纳税人的是（　　）。

A. 合同的保证人　　　　　　　　　B. 合同的担保人

C. 合同的鉴定人　　　　　　　　　D. 合同的当事人

【多选题】

下列单位中，属于印花税纳税人的有（　　）。

A. 签订运输合同的承运企业　　　　B. 专利权转让书据的定立方

C. 贷款合同的担保单位　　　　　　D. 证券交易中的买入方

二、征税范围

现行印花税征税范围包括书立《印花税税目税率表》中所列明的合同、产权转移书据和营业账簿等三类应税凭证，以及符合规定的证券交易行为。

（一）合同

合同是指当事人之间为实现一定目的，经协商一致，明确当事人各方权利、义务关系的协议。现行《印花税税目税率表》中列举了11处合同。

（1）借款合同。借款合同，是指借款人向贷款人借款，到期返还借款并支付利息的合同。印花税法中所指的借款合同仅包括银行业金融机构、经国务院银行业监督管理机构批准设立的其他金融机构与借款人（不包括同业拆借）所订立的借款合同。

（2）融资租赁合同。融资租赁合同，是指出租人根据承租人对出卖人、租赁物的选择，向出卖人购买租赁物，提供给承租人使用，承租人支付租金的合同。

（3）买卖合同。买卖合同，是指出卖人转移标的物的所有权于买受人，买受人支付价款的合同。《印花税法》中所指的买卖合同是指动产买卖合同，不包括个人书立的动产买卖合同。

（4）承揽合同。承揽合同，是指承揽人按照定作人的要求完成工作，交付工作成果，定作人给付报酬的合同。承揽包括加工、定作、修理、复制、测试、检验等工作。

（5）建设工程合同。建设工程合同，是指承包人进行工程建设，发包人支付价款的合同。通常包括建设工程勘察、设计、施工合同。

（6）运输合同。运输合同，是指承运人将旅客或者货物从起运地点运输到约定地点，

旅客、托运人或者收货人支付票款或者运输费用的合同，包括客运合同、货运合同、多式联运合同。《印花税法》中所指的运输合同是指货运合同和多式联运合同，不包括管道运输合同。

（7）技术合同。技术合同，是指当事人就技术开发、转让、咨询或者服务订立的确立相互之间权利和义务的合同。《印花税法》中所指技术合同不包括专利权、专有技术使用权转移书据。

（8）租赁合同。租赁合同，是指出租人将租赁物交付给承租人使用、收益，承租人支付租金的合同。

（9）保管合同。保管合同，是指保管人保管寄存人交付的保管物，并返还保管物的合同。

（10）仓储合同。仓储合同，是指保管人储存存货人交付的仓储物，存货人支付仓储费的合同。

（11）财产保险合同。财产保险合同，是指投保人与保险人约定的以财产及其有关利益为保险标的的协议。印花税法中所指的财产保险合同不包括再保险合同。

（二）产权转移书据

产权转移书据，是指单位和个人产权的买卖、继承、赠与、交换、分割等所立的书据，包括财产所有权、版权、商标专用权、专利权、专有技术使用权等转移时所书立的转移书据。

《印花税法》中所指的产权转移书据包括土地使用权出让书据；土地使用权、房屋等建筑物和构筑物所有权转让书据（不包括土地承包经营权和土地经营权转移）；股权转让书据（不包括应缴纳证券交易印花税的）；商标专用权、著作权、专利权、专有技术使用权转让书据等四大类。

（三）营业账簿

印花税税目中的营业账簿归属于财务会计账簿，是按照财务会计制度的要求设置的，反映生产经营活动的账册。《印花税法》只对记载资金的账簿（简称，资金账簿）进行征收。资金账簿，是反映生产经营单位"实收资本"和"资本公积"金额增减变化的账簿。

（四）证券交易

证券交易，是指转让在依法设立的证券交易所、国务院批准的其他全国性证券交易场所交易的股票和以股票为基础的存托凭证。需要注意的是证券交易印花税对证券交易的出让方征收，不对受让方征收。

 小试牛刀

【单选题】

1. 下列合同中，应当征收印花税的是（　　）。

A. 会计咨询合同　　　　　　　　　B. 设备买卖合同

C. 法律咨询合同　　　　　　　　　D. 管道运输合同

2. 下列合同或凭证中，应缴纳印花税的是（　　）。

A. 某企业和律师事务所签订的法律咨询合同

B. 企业门市部设置的产品登记簿

C. 卫生许可证

D. 土地使用权转让书据

三、税率

《印花税法》对不同类别的应税凭证和证券交易分别规定了不同的比例税率。具体如表 11-2 所示。

表 11-2   印花税税目税率表

税目		税率
合同(指书面合同)	借款合同、融资租赁合同	0.05‰
	买卖合同、承揽合同、建设工程合同、运输合同、技术合同	0.3‰
	租赁合同、保管合同、仓储合同、财产保险合同	1‰
产权转移书据	土地使用权出让书据,土地使用权、房屋等建筑物和构筑物所有权转让书据(不包括土地承包经营权和土地经营权转移),股权转让书据(不包括应缴纳证券交易印花税的)	0.5‰
	商标专用权、著作权、专利权、专有技术使用权转让书据	0.3‰
营业账簿		0.25‰
证券交易		1‰

四、税收优惠

(一) 法定免税优惠

根据《印花税暂行条例》及其实施细则和其他有关规定,下列凭证可免征印花税:

(1) 已缴纳印花税的凭证副本或抄本。

(2) 依照法律规定应当予以免税的外国驻华使馆、领事馆和国际组织驻华代表机构为获得馆舍书立的应税凭证。

(3) 中国人民解放军、中国人民武装警察部队书立的应税凭证。

(4) 农民、家庭农场、农民专业合作社、农村集体经济组织、村民委员会购买农业生产资料或者销售农产品书立的买卖合同和农业保险合同。

(5) 无息或者贴息借款合同、国际金融组织向中国提供优惠贷款书立的借款合同。

(6) 财产所有权人将财产赠与政府、学校、社会福利机构、慈善组织书立的产权转移书据。

(7) 非营利性医疗卫生机构采购药品或者卫生材料书立的买卖合同。

(8) 个人与电子商务经营者订立的电子订单。

根据国民经济和社会发展的需要,国务院对居民住房需求保障、企业改制重组、破产、支持小型微型企业发展等情形可以规定减征或者免征印花税,报全国人民代表大会常务委员会备案。

（二）其他减免优惠

（1）房地产管理部门与个人订立的租房合同，凡房屋用作生活居住的，暂免贴花。

（2）军事货物运输、抢险救灾物资运输，以及新建铁路临管线运输等的特殊货运凭证免征印花税。

（3）对经国务院和省级人民政府决定或批准，进行的国有（含国有控股）企业改组改制而发生的上市公司国有股权无偿转让的行为，暂不征收证券（股票）交易印花税。对不属于上述情况的上市公司，国有股权无偿转让的行为，仍应征收证券（股票）交易印花税。

（4）经县级以上人民政府及企业主管部门批准改制的企业，改制前签订但尚未履行完的各类应税合同，改制后需要变更执行主体的，对仅改变执行主体，其余条款未作变动且改制前已贴花的，不再贴花。

（5）经县级以上人民政府及企业主管部门批准改制的企业，因改制签订的产权转移书据免予贴花。

（6）对投资者（包括个人和机构）买卖封闭式证券投资基金免征印花税。

（7）证券投资者保护基金有限责任公司发生的下列凭证和产权转移书据，享受印花税的优惠政策：①新设立的资金账簿免征印花税。②与中国人民银行签订的再贷款合同、与证券公司行政清算机构签订的借款合同，免征印花税。③接收被处置证券公司财产签订的产权转移书据，免征印花税。④以保护基金自有财产和接收的受偿资产与保险公司签订的财产保险合同，免征印花税。

（8）对商品储备管理公司及其直属库资金账簿免征印花税；对其承担商品储备业务过程中书立的购销合同免征印花税，对合同其他各方当事人应缴纳的印花税照章征收。

（9）对改造安置住房经营管理单位、开发商与改造安置住房相关的印花税以及购买安置住房的个人涉及的印花税予以免征。

（10）自2019年1月1日至2021年12月31日，对与高校学生签订的高校学生公寓租赁合同，免征印花税。

五、应纳税额的计算

（一）计税依据

根据不同征税项目，依照不同的比例税率适用从价计征的征收办法。具体规定如表11-3所示。

表11-3　　　　　　　　　　　印花税计税依据

税目		计税依据	税率
合同 （指书面 合同）	借款合同	借款金额	0.05‰
	融资租赁合同	租金收入	0.05‰
	买卖合同	合同价款	0.3‰
	承揽合同	承揽报酬	0.3‰

(续表)

税目		计税依据	税率
合同 (指书面 合同)	建设工程合同	合同价款	0.3‰
	运输合同	运输费用	0.3‰
	技术合同	合同价款、报酬或者使用费	0.3‰
	租赁合同	租金收入	1‰
	保管合同	保管费	1‰
	仓储合同	仓储费	1‰
	财产保险合同	保险费	1‰
产权转 移书据	土地使用权出让书据	出让价款	0.5‰
	土地使用权、房屋等建筑物和构筑物 所有权转让书据(不包括土地承包 经营权和土地经营权转移)	转让价款	0.5‰
	股权转让书据(不包括应缴纳证券 交易印花税的)	转让价款	0.5‰
	商标专用权、著作权、专利权、 专有技术使用权转让书据	转让价款	0.3‰
营业账簿		实收资本(股本)、 资本公积合计金额	0.25‰
证券交易		成交金额	1‰

注:(1) 应税合同与应税产权转移书据的计税依据均不包括列明的增值税税款。

(2) 证券交易无转让价格的,按照办理过户登记手续时该证券前一个交易日收盘价计算确定计税依据;无收盘价的,按照证券面值计算确定计税依据。

(3) 应税合同、产权转移书据未列明金额的,计税依据按照实际结算的金额确定。

(4) 计税依据按照前款规定仍不能确定的,按照书立合同、产权转移书据时的市场价格确定;依法应当执行政府定价或者政府指导价的,按照国家有关规定确定。

(二) 应纳税额的计算

根据应纳税凭证的性质,纳税人的应纳税额可依照适用的比例税率计算,其计算公式为:

$$应纳税额 = 应税凭证计税金额 \times 适用税率$$

【例 11-6】 某企业 202× 年 2 月开业,当年发生以下有关业务事项:与其他企业订立转移专用技术使用权书据 1 份,所载金额为 100 万元;订立商品买卖合同 1 份,所载金额为 200 万元;订立借款合同 1 份,所载金额为 400 万元。

要求:计算该企业上述内容应缴纳的印花税税额。

【解析】 (1) 订立产权转移书据应纳税额 $= 100 \times 10\ 000 \times 0.3‰ = 300$(元)

(2) 订立商品买卖合同应纳税额 $= 200 \times 10\ 000 \times 0.3‰ = 600$(元)

(3) 订立借款合同应纳税额 $= 400 \times 10\ 000 \times 0.05‰ = 200$(元)

（4）企业应缴纳的印花税税额＝300＋600＋200＝1 100(元)

同一份应税凭证载有两个以上税目事项并分别列明金额的,按照各自适用的税目税率分别计算应纳税额;未分别列明金额的,从高适用税率。同一份应税凭证由两方以上当事人书立的,按照各自涉及的金额分别计算应纳税额。

【例11-7】　甲公司与乙公司签订货物买卖仓储合同,合同未分别注明货物买卖价款和仓储服务价款,只注明不含税总价款114.06万元。

要求:计算甲公司和乙公司分别应当缴纳的印花税税额。

【解析】　同一份合同中记载了买卖事项和仓储保管事项,且未分别列明金额,因此合同计税依据为114.06万元,且从高适用仓储合同千分之一的税率。

甲公司和乙公司分别应缴纳的印花税税额＝114.06×10 000×1‰＝1 140.6(元)

已缴纳印花税的营业账簿,以后年度记载的实收资本(股本)、资本公积合计金额比已缴纳印花税的实收资本(股本)、资本公积合计金额增加的,按照增加部分计算应纳税额。

【例11-8】　某企业202×年的营业账簿上记载的实收资本、资本公积合计金额为1 500万元,当年按照规定缴纳了印花税3 750元,次年实收资本、资本公积合计金额为1 600万元。

要求:计算该企业次年营业账簿应缴纳的印花税税额。

【解析】　该企业次年应缴纳的印花税税额＝(1 600－1 500)×10 000×0.25‰＝250(元)

六、征收管理

(一)纳税义务发生时间

（1）印花税的纳税义务发生时间为纳税人书立应税凭证或者完成证券交易的当日。

（2）扣缴义务发生时间:①书立应税凭证纳税人为境外单位或者个人,在境内有代理人的,扣缴义务发生时间为书立应税凭证或者当日;②证券交易印花税扣缴义务发生时间证券交易完成的当日。

(二)纳税地点

（1）纳税人为单位的,应当向其机构所在地的主管税务机关申报缴纳印花税。

（2）纳税人为个人的,应当向应税凭证书立地或者纳税人居住地的主管税务机关申报缴纳印花税。

（3）不动产产权发生转移的,纳税人应当向不动产所在地的主管税务机关申报缴纳印花税。

（4）纳税人为境外单位或者个人,在境内有代理人的,以其境内代理人为扣缴义务人;在境内没有代理人的,由纳税人自行申报缴纳印花税,具体办法由国务院税务主管部门规定。

（5）证券登记结算机构为证券交易印花税的扣缴义务人的,应当向其机构所在地的主管税务机关申报解缴税款以及银行结算的利息。

(三)纳税期限

（1）纳税期限。①印花税按季、按年或者按次计征;②证券交易印花税按周解缴。

（2）申报缴纳税款期限。①实行按季、按年计征的,纳税人应当自季度、年度终了之日起十五日内申报缴纳税款;②实行按次计征的,纳税人应当自纳税义务发生之日起十五日内申报缴纳税款;③证券交易印花税扣缴义务人应当自每周终了之日起五日内申报解缴税款以及银行结算的利息。

（四）缴纳方法

根据税额大小、贴花次数以及税收征收管理的需要,印花税采取以下两种纳税办法。

（1）自行贴花办法。自行贴花一般适用于应税凭证较少或者贴花次数较少的纳税人。纳税人书立印花税法列举的应税凭证的同时,纳税义务即已产生,应当根据应纳税凭证的性质和适用的税目税率自行计算应纳税额,自行购买印花税票,自行一次贴足印花税票并在每枚税票的骑缝处盖戳注销或者画销。

（2）税务机关依法开具其他完税凭证的方式。除了纳税人自行贴花的纳税方法外,纳税人还可以向税务机关申请,由税务机关开具其他完税凭证。

 **课堂小测**

【单选题】

1. 下列单位或个人,属于印花税纳税人的是（　　）。

A. 商品买卖合同的担保人　　　　　　B. 在国外领受专利证,在国内使用的单位

C. 发放土地证的土地管理局　　　　　D. 与银行签订借款合同的企业

2. 下列合同中,应当缴纳印花税的是（　　）。

A. 在证券交易所买入股票　　　　　　B. 管道运输合同

C. 融资租赁合同　　　　　　　　　　D. 个人书立的动产买卖合同

3. 下列选项中,印花税税率为0.5‰的经济凭证是（　　）。

A. 财产保险合同　　　　　　　　　　B. 土地使用权出让书据

C. 借款合同　　　　　　　　　　　　D. 技术合同

4. 甲公司购买一批货物,由乙公司负责承运。双方签订的运输合同注明所运输货物价值1 000万元、运输费用25万元和保险费5 000元。下列关于印花税的税务处理,正确的是（　　）。

A. 甲公司应缴纳印花税125元　　　　B. 乙公司应缴纳印花税125元

C. 甲公司应缴纳印花税75元　　　　　D. 甲公司和乙公司免征印花税

5. 关于印花税的计税依据,下列说法正确的是（　　）。

A. 财产保险合同以所保财产的金额为计税依据

B. 租赁合同以合同所载租金总额为计税依据

C. 借款合同以合同所载的本金加利息总和为计税依据

D. 仓储合同以所保管财产的金额为计税依据

6. 202×年6月,甲公司新增实收资本1 500万元、资本公积500万元;启用其他账簿8本。甲公司应缴纳印花税（　　）元。

A. 5 000　　　　　B. 5 040　　　　　C. 10 000　　　　　D. 10 040

7. 甲公司 3 月份与乙公司签订买卖合同,甲公司向乙公司销售货物 100 万元;5 月份与丙公司签订技术开发合同记载金额 100 万元。当年甲公司应缴纳印花税(　　)元。

A. 600　　　　　　B. 900　　　　　　C. 1 200　　　　　　D. 1 400

8. 下列选项中,应税凭证征收印花税的是(　　)。

A. 应税凭证的副本

B. 无息借款合同

C. 非营利性医疗机构采购药品的买卖合同

D. 土地使用权转让书据

9. 下列关于印花税纳税义务发生时间的说法,错误的是(　　)。

A. 借款合同为订立合同的当日

B. 买卖合同为订立合同的当日

C. 证券交易印花税扣缴义务发生时间在完成交易的次日

D. 产权转移书据在国内立据的当日

【多选题】

1. 采用自行贴花方法缴纳印花税的,纳税人应(　　)。

A. 自行申报应税行为　　　　　　B. 自行计算应纳税额

C. 自行购买印花税票　　　　　　D. 自行一次贴足印花税票并注销

2. 印花税的缴纳方法包括(　　)。

A. 自行贴花　　　　　　　　　　B. 汇总缴纳

C. 核定征收　　　　　　　　　　D. 税务机关依法开具其他完税凭证

第十二章　税收征收管理

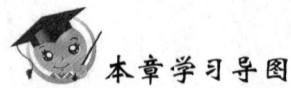 本章学习导图

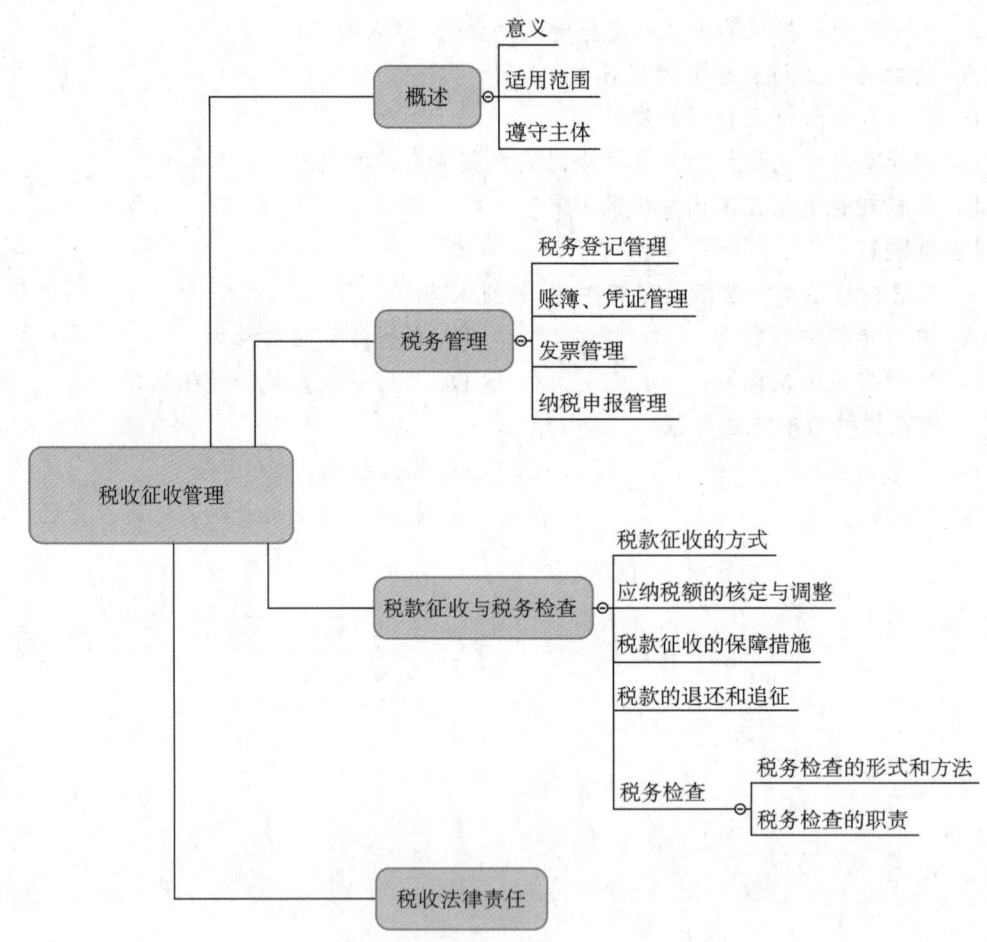

第一节　税收征收管理概述

　　税收征收管理法是有关税收征收管理法律规范的总称,包括税收征收管理法及税收征收管理的有关法律、法规和规章。

　　《中华人民共和国税收征收管理法》于 1992 年 9 月 4 日第七届全国人民代表大会常务委员会第二十七次会议通过,1993 年 1 月 1 日起施行,1995 年 2 月 28 日第八届全国人

民代表大会常务委员会第十二次会议修正。2001 年 4 月 28 日,第九届全国人民代表大会常务委员会第二十一次会议通过了修订后的《中华人民共和国税收征收管理法》(以下简称《征管法》),并于 2001 年 5 月 1 日起施行。2013 年和 2015 年全国人民代表大会常务委员会对《征管法》又进行过两次修订。

一、税收征收管理法的意义

(1) 有利于加强税收征收管理。《征管法》是税收征收管理工作的法律依据,使征收工作有法可依,有利于税收职能的发挥。

(2) 有利于规范税收征收和缴纳行为。《征管法》既要为税务机关、税务人员依法行政提供标准和规范,税务机关、税务人员必须依照该法的规定进行税收征收,其一切行为都要依法进行,违者要承担法律责任。它又为纳税人缴纳税款提供标准和规范,纳税人只有按照法律规定的程序和办法缴纳税款,才能更好地保障自身的权益。

(3) 保护纳税人的合法权益。《征管法》要求征纳双方都依法行事,一方面可以维护国家的利益,另一方面可以保护纳税人的合法权益不受侵犯。纳税人只须按照国家税收法律、行政法规的规定缴纳税款,此外的其他任何款项都不需要缴纳,保护了纳税人的合法权益。

(4) 保障国家税收收入。《征管法》是税收征收管理的标准和规范,依据其从事税收征管,可以保证税收收入及时、足额入库。

(5) 促进经济发展和社会进步。《征管法》要求税收政策、征管措施等以促进经济发展和社会进步为目标,方便纳税人,保护纳税人,更有利于促进经济和社会发展。

二、税收征收管理法的适用范围

我国税收的征收机关有税务和海关部门,税务机关征收各种税收、海关征收关税。《征管法》只适用于由税务机关征收的各种税收的征收管理。海关征收的关税及代征的增值税、消费税,适用其他法律、法规的规定。另外,教育费附加也由税务机关征收,但不适用《征管法》,其具体管理办法由相关条例规定。

三、税收征收管理法的遵守主体

(一) 税务行政主体

国务院税务主管部门主管全国税收征收管理工作。各地国家税务局应当按照国务院规定的税收征收管理范围分别进行征收管理。

(二) 税务行政管理相对人

(1) 纳税人。法律、行政法规规定负有纳税义务的单位和个人为纳税人。纳税人必须依照法律、行政法规的规定缴纳税款。

(2) 扣缴义务人。扣缴义务人有代扣代缴义务人和代收代缴义务人两种。代扣代缴义务人,是指法律、行政法规规定负有代扣代缴义务的单位和个人;代收代缴义务人,是指法律、行政法规规定负有代收代缴义务的单位和个人。扣缴义务人必须依照法律、行政法规的规定代扣代缴、代收代缴税款。

（三）其他有关单位和部门

地方各级人民政府、各有关单位和部门，也必须遵守《征管法》的有关规定。

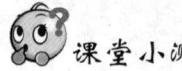 **课堂小测**

【单选题】

1. 下列税费的征收管理中，适用《征管法》的是（　　）。

A. 房产税　　　　　　B. 地方教育附加　　C. 关税　　　　　　　　D. 海关代征消费税

2. 根据《征管法》的规定，下列表述正确的是（　　）。

A. 税务机关征收的各种税收的征收管理只能依据《证管法》

B. 海关征收关税，必须遵循《证管法》

C. 由税务机关代征的费用，要参照《证管法》

D. 海关代征的进口增值税，只能遵循《证管法》

第二节　税务管理

一、税务登记管理

（一）税务登记概念

税务登记是税务机关对纳税人的生产、经营活动进行登记，并据此对纳税人实施税务管理的一种法定制度。税务登记又称纳税登记，是整个税收征收管理的起点，其主要作用在于掌握纳税人的基本情况和税源分布情况。从税务登记开始，纳税人的身份及征纳双方的法律关系即得到确认。

（二）税务登记种类

税务登记包括设立税务登记，变更、注销税务登记，停业、复业登记，外出经营报验登记。

1. 设立税务登记

设立税务登记也叫开业税务登记，是指在我国境内从事生产、经营，并经主管部门批准开业，或依照法律、行政法规负有纳税义务的单位和个人，在从事正式生产、经营之前依法向税务机关办理的登记。企业只有办理了开业税务登记手续，才算真正取得合法的经营资格，也才算拥有合法纳税人的权利。

1）设立税务登记的对象

依据有关规定，设立税务登记的纳税人有以下两类。

一类是领取营业执照从事生产、经营的纳税人。包括：①企业，即从事生产、经营的单位或组织。②企业在外地设立的分支机构和从事生产、经营的场所。③个体工商户。④从事生产、经营的事业单位。

另一类是其他纳税人,即上述规定以外的纳税人,除国家机关、个人和无固定生产、经营场所的流动性农村小商贩外,也应按规定向税务机关办理税务登记。此外,负有扣缴义务的扣缴义务人(国家机关除外),也应当依法办理税务登记。

2)"五证合一"登记制度改革

自 2015 年 10 月 1 日起,新设企业、农民专业合作社在领取由工商行政管理部门(现市场监督管理部门)核发加载法人和其他组织社会统一社会信用代码的营业执照后,无须再次进行税务登记,不再领取税务登记证。企业办理涉税事宜时,在完成补充信息采集后,凭加载统一代码的营业执照可代替税务登记证。工商登记"一个窗口"统一受理申请后,申请材料和登记信息在部门间共享,各部门数据互换、档案互认。除企业、农民专业合作社外,其他税务登记按照原有法律制度执行,即个体工商户、其他机关(编办、民政、司法等)批准设立的主体,仍按照现行有关规定执行。

2016 年 6 月 30 日,国务院办公厅发布《关于加快推进"五证合照一码"登记制度改革的通知》,在全面实施工商营业执照、组织机构代码证、税务登记证"三证合一"登记制度改革的基础上,再整合社会保险登记证和统计登记证,实现"五证合一照一码"。

2. 变更、注销税务登记

变更税务登记,是纳税人税务登记内容发生变化时向税务机关申报办理的税务登记手续;注销税务登记,是指纳税人税务登记内容发生了根本性变化,依法需终止履行纳税义务时向税务机关申报办理的税务登记手续。

1)已办理工商变更登记

纳税人已在市场监督管理部门办理变更登记的,应当自市场监督管理部门变更登记之日起 30 日内,向原税务登记机关如实提供下列证件、资料,申报办理变更税务登记:①工商登记变更表。②纳税人变更登记内容的有关证明文件。③税务机关发放的原税务登记证件(登记证正、副本和登记表等)。④其他有关资料。

2)无需办理工商变更登记的或变更内容与工商登记无关

纳税人按照规定,不需要在市场监督管理部门办理变更登记,或者其变更登记的内容与工商登记内容无关的,应当自税务登记内容实际发生变化之日起 30 日内,或者自有关机关批准或者宣布变更之日起 30 日内,持下列证件到原税务登记机关申报办理变更税务登记:①纳税人变更登记内容的有关证明文件。②税务机关发放的原税务登记证件(登记证正、副本和税务登记表等)。③其他有关资料。

3. 停业、复业登记

实行定期定额征收方式的个体工商户需要停业的,应当在停业前向税务机关申报办理停业登记。纳税人的停业期限不得超过一年。

纳税人在停业期间发生纳税义务的,应当按照税收法律、行政法规的规定申报缴纳税款。纳税人应当于恢复生产经营之前,向税务机关申报办理复业登记,如实填写《停业复业报告书》,领回并启用税务登记证件、发票领购簿及其停业前领购的发票。纳税人停业期满不能及时恢复生产经营的,应当在停业期满前到税务机关办理延长停业登记,并如实填写《停业复业报告书》。

4. 外出经营报验登记

纳税人跨省税务机关管辖区域(以下简称跨省)经营的,应当在外出生产经营以前,持税务登记证向主管税务机关申请开具《外出经营活动税收管理证明》(以下简称《外管证》)。纳税人在省税务机关管辖区域内跨县(市)经营的,是否开具《外管证》由省税务机关自行确定。

税务机关按照"一地一证"的原则,发放《外管证》。《外管证》的有效期限一般为30日,最长不得超过180日,但建筑安装行业纳税人项目合同期限超过180日的,按照合同期限确定有效期限。

纳税人外出经营活动结束,应当向经营地税务机关填报《外出经营活动情况申报表》,并结清税款、缴销发票。纳税人应当在《外管证》有效期届满后10日内,持《外管证》回原税务登记地税务机关办理《外管证》缴销手续。

 小试牛刀

【多选题】

根据《征管法》和《税务登记管理办法》的有关规定,下列各项中应当进行税务登记的有(　　)。

A. 从事生产、经营的事业单位

B. 企业在境内其他城市设立的分支机构

C. 国家机关

D. 无固定生产、经营场所的流动性农村小商贩

二、账簿、凭证管理

账簿是纳税人、扣缴义务人连续地记录其各种经济业务的账册或簿籍。凭证是纳税人用来记录经济业务、明确经济责任,并据以登记账簿的书面证明。账簿、凭证管理是税收管理的基础性工作。

(一)账簿的设置

所有的纳税人和扣缴义务人,都必须按照有关法律、行政法规和国务院财政、税务主管部门的规定设置账簿。账簿是指总账、明细账、日记账以及其他辅助性账簿。总账、日记账应当采用订本式。

(1)从事生产、经营的纳税人,应当自领取营业执照或者发生纳税义务之日起15日内设置账簿。

(2)扣缴义务人,应当自税收法律、行政法规规定的扣缴义务发生之日起10日内,按照所代扣、代收的税种,分别设置代扣代缴、代收代缴税款账簿。

(3)生产、经营规模小又确无建账能力的纳税人,可以聘请经批准从事会计代理记账业务的专业机构或者经税务机关认可的财会人员代为建账和办理账务;聘请上述机构或者人员有实际困难的,经县以上税务机关批准,可以按照税务机关的规定,建立收支凭证

粘贴簿、进货销货登记簿或者使用税控装置。

(4) 纳税人、扣缴义务人会计制度健全,能够通过计算机正确、完整计算其收入和所得或者代扣代缴、代收代缴税款情况的,其计算机输出的完整的书面会计记录,可视为会计账簿。

(5) 纳税人、扣缴义务人会计制度不健全,不能通过计算机正确、完整计算其收入、所得、代扣代缴和代收代缴税款情况的,应当建立总账及与纳税、代扣代缴、代收代缴税款有关的其他账簿。

(6) 账簿、会计凭证和报表应当使用中文。民族自治地方可以同时使用当地通用的一种民族文字。外商投资企业和外国企业可以同时使用一种外国文字。

(二) 财务会计制度的管理

(1) 凡从事生产、经营的纳税人必须将所采用的财务、会计制度和具体的财务、会计处理办法,按税务机关的规定,自领取税务登记证件之日起 15 日内,及时报送主管税务机关备案。

(2) 当从事生产经营的纳税人、扣缴义务人所使用的财务会计制度和具体的财务、会计处理办法,与国务院、财政部和国家税务总局有关税收方面的规定相抵触时,纳税人、扣缴义务人必须按照国务院制定的税收法规的规定或者财政部、国家税务总局制定的有关税收的规定计缴税款。

(三) 账簿、凭证等涉税资料的保存

从事生产经营的纳税人、扣缴义务人,必须按照国务院财政、税务主管部门规定的保管期限保管账簿、记账凭证、完税凭证及其他有关资料。账簿、记账凭证、报表、完税凭证、发票、出口凭证以及其他有关涉税资料不得伪造、变造或者擅自损毁。

除另有规定外,账簿、记账凭证、报表、完税凭证、发票、出口凭证以及其他有关涉税资料应当保存 10 年。

 小试牛刀

【单选题】

账簿、记账凭证、报表、完税凭证、发票、出口凭证以及其他有关涉税资料的保管期限,除另有规定外,应当保存( )年。

A. 5   B. 10   C. 15   D. 20

【多选题】

根据《征管法》及其实施细则规定,生产、经营规模小又确无建账能力的纳税人,聘请代理记账机构或人员有困难的,经县以上税务机关批准,可按照税务机关规定( )。

A. 免于建账并免纳税款   B. 建立进货销货登记簿

C. 建立收支凭证粘贴簿   D. 使用税控装置

三、发票管理

发票,是指在购销商品、提供或者接受服务以及从事其他经营活动中,开具、收取的收付款凭证。它是确定经济收支行为的法定凭证,是会计核算的原始凭证。

(一) 管理机关

税务机关是发票的主管机关,负责发票的印制、领购、开具、取得、保管、缴销的管理和监督。增值税专用发票由国务院税务主管部门指定的企业印制;其他发票,按照国务院税务主管部门的规定,分别由省、自治区、直辖市国家税务总局指定企业印制。未经规定的税务机关指定,不得印制发票。

(二) 发票领购管理

1. 办理税务登记的单位和个人领购管理

依法办理税务登记的单位和个人,在领取税务登记证后,向主管税务机关申请领购发票。申请领购发票的单位和个人应当提出购票申请,提供经办人身份证明、税务登记证件或者其他有关证明,以及财务印章或者发票专用章的印模,经主管税务机关审核后,发放发票领购簿。领购发票的单位和个人应当凭发票领购簿核准的种类、数量以及购票方式,向主管税务机关领购发票。

2. 临时使用发票的单位和个人领购管理

临时到本省、自治区、直辖市行政区域以外从事经营活动的单位或者个人,应当凭所在地税务机关的证明,向经营地税务机关申请领购经营地的发票。

(三) 发票开具、使用和保管

1. 发票开具管理

销售商品、提供服务以及从事其他经营活动的单位和个人,对外发生经营业务收取款项,收款方应当向付款方开具发票;特殊情况下,由付款方向收款方开具发票,如增值税一般纳税人向农民收购免税农产品,企业应当向农民开具专用收购凭证。

2. 发票使用管理

(1) 发票不得跨省、直辖市、自治区使用。

(2) 不得转借、转让、代开发票;未经税务机关批准,不得拆本使用发票;不得自行扩大专业发票使用范围。

(3) 开具发票后,如发生销货退回需开红字发票的,必须收回原发票并注明"作废"字样或取得对方有效证明;发生销售折让的,在收回原发票并证明"作废"后,重新开具发票。

(4) 应当建立发票使用登记制度,设置发票登记簿,并定期向主管税务机关报告发票使用情况。

(5) 应当在办理变更或者注销税务登记的同时,办理发票和发票领购簿的变更、缴销手续。

3. 发票保管管理

(1) 开具发票的单位和个人应当按照规定存放和保管发票。已开具的发票存根联和发票登记簿,应当保存 5 年。保存期满,报经税务机关查验后销毁。

（2）使用发票的单位和个人应当妥善保管发票。发生发票丢失情形时，应当于发现丢失当日书面报告税务机关。

（四）增值税电子发票

1. 增值税电子普通发票

2015 年 11 月 26 日，国家税务总局发布了《关于推行通过增值税电子发票系统开具的增值税电子普通发票有关问题的公告》，对增值税电子发票的开具和使用提出具体规定。

除北京市、上海市、浙江省、深圳市外，其他地区已使用电子发票的增值税纳税人，应于 2015 年 12 月 31 日前完成相关系统对接技术改造，2016 年 1 月 1 日起使用增值税电子发票系统开具增值税电子普通发票，其他开具电子发票的系统同时停止使用。

2. 增值税电子专用发票

自 2020 年 12 月 21 日起，在天津、河北、上海、江苏、浙江、安徽、广东、重庆、四川、宁波和深圳等 11 个地区的新办纳税人中实行专票电子化，这些地区开出的增值税电子专用发票，全国范围内皆可接收使用。2021 年 1 月 21 日起，在其余地区的新办纳税人中实行专票电子化。电子专票采用电子签名代替发票专用章，其法律效力、基本用途、基本使用规定等与纸质专票相同。

实行专票电子化后，新办纳税人既可以开具电子专票，也可以开具纸质专票。如果受票方索取纸质专票，开票方应当开具纸质专票。

 小试牛刀

【多选题】

下列关于发票管理的规定表述中，正确的有（　　）。

A. 税务机关是发票的主管机关，负责发票的印制、领购、开具、取得、保管、缴销的管理和监督

B. 纳税人申请领购发票，主管税务机关一律有权要求其提供保证人或者要求其缴纳保证金，并限期缴销发票

C. 增值税专用发票由省、自治区、直辖市税务局确定的企业印制

D. 发票不得跨省、直辖市、自治区使用

四、纳税申报管理

纳税申报是纳税人按照税法规定的期限和内容，向税务机关提交有关纳税事项书面报告的法律行为，是纳税人履行纳税义务、界定纳税人法律责任的主要依据，是税务机关税收管理信息的主要来源和税务管理的重要制度。

（一）纳税申报的对象

纳税申报的对象为纳税人和扣缴义务人。纳税人在纳税期内没有应纳税款的，也应当按照规定办理纳税申报。纳税人享受减税、免税待遇的，在减税、免税期间应当按照规定办理纳税申报。

（二）纳税申报的内容

纳税人和扣缴义务人的纳税申报或代扣代缴、代收代缴税款报告的主要内容包括：①税种、税目；②应纳税项目或者应代扣代缴、代收代缴税款项目；③计税依据；④扣除项目及标准；⑤适用税率或者单位税额；⑥应退税项目及税额、应减免项目及税额；⑦应纳税额或者应代扣代缴、代收代缴税额；⑧税款所属期限、延期缴纳税款、欠税、滞纳金等。

（三）纳税申报的方式

纳税申报方式是指纳税人和扣缴义务人在纳税申报期限内，依照规定到指定税务机关申报纳税的形式。纳税申报的方式主要有以下几种。

（1）直接申报。直接申报，是指纳税人自行到税务机关办理纳税申报的方式。这是一种传统的申报方式。

（2）邮寄申报。邮寄申报，是指经税务机关批准的纳税人使用统一规定的纳税申报特快专递专用信封，通过邮政部门办理交寄手续，并向邮政部门索取收据以作为申报凭据的方式。邮寄申报以寄出的邮戳日期为实际申报日期。

（3）数据电文。数据电文，是指经税务机关确定的电话语音、电子数据交换和网络传输等电子申报方式。例如，目前纳税人的网上申报，就是数据电文申报方式的一种形式。纳税人、扣缴义务人采取数据电文方式办理纳税申报的，其申报日期以税务机关计算机网络系统收到该数据电文的时间为准。

（4）其他方式。实行定期定额缴纳税款的纳税人，可以实行的简易申报、简并征期等其他申报纳税方式。

 课堂小测

【单选题】

1. 从事生产、经营的纳税人应当自领取营业执照或者发生纳税义务之日起（　　）日内按照国家有关规定设置账簿。

A. 10　　　　　　　B. 15　　　　　　　C. 20　　　　　　　D. 30

2. 根据《征管法》及其实施细则的规定，从事生产、经营的纳税人应当自领取税务登记证件之日起（　　）日内，将其采用的财务、会计制度和具体的财务、会计处理办法报送主管税务机关备案。

A. 15　　　　　　　B. 10　　　　　　　C. 7　　　　　　　D. 5

【多选题】

1. 下列各项中，属于纳税申报方式的有（　　）。

A. 直接申报　　　B. 简并征期　　　C. 邮寄申报　　　D. 数据电文

2. 下列申报方式中，属于数据电文申报方式的有（　　）。

A. 电话语音　　　B. 电子数据交换　　　C. 上门申报　　　D. 网络传输

3. 根据《征管法》的规定，下列应当办理纳税申报的有（　　）。

A. 负有纳税义务的单位和个人　　　　　B. 纳税期内没有应纳税款的纳税人

C. 扣缴义务人　　　　　　　　　　　D. 享受减税、免税待遇的纳税人

第三节　税款征收与税务检查

税款征收是税收征收管理工作中的中心环节,是全部税收征管工作的目的和归宿,在整个税收工作中占据着极其重要的地位。

一、税款征收的方式

(一) 查账征收

查账征收,是指税务机关按照纳税人提供的账表所反映的经营情况,依照适用税率计算缴纳税款的方式。这种方式一般适用于财务会计制度较为健全,能够认真履行纳税义务的纳税单位。

(二) 查定征收

查定征收,是指税务机关根据纳税人的从业人员、生产设备、采用原材料等因素,对其产制的应税产品查实核定产量、销售额并据以征收税款的方式。这种方式一般适用于账册不够健全,但是能够控制原材料或进销货的纳税单位。

(三) 查验征收

查验征收,是指税务机关对纳税人应税商品,通过查验数量,按市场一般销售单价计算其销售收入并据以征税的方式。这种方式一般适用于经营品种比较单一,经营地点、时间和商品来源不固定的纳税单位。

(四) 定期定额征收

定期定额征收,是指税务机关通过典型调查,逐户确定营业额和所得额并据以征税的方式。这种方式一般适用于无完整考核依据的小型纳税单位。

(五) 委托代征税款

委托代征税款,是指税务机关委托代征人以税务机关的名义征收税款,并将税款缴入国库的方式。这种方式一般适用于小额、零散税源的征收。

(六) 邮寄纳税

邮寄纳税是一种新的纳税方式。这种方式主要适用于那些有能力按期纳税,但采用其他方式纳税又不方便的纳税人。

二、应纳税额的核定与调整

(一) 核定应纳税额的情形

纳税人有下列情形之一的,税务机关有权核定其应纳税额:

(1) 依照法律、行政法规的规定可以不设置账簿的。

(2) 依照法律、行政法规的规定应当设置但未设置账簿的。

(3) 擅自销毁账簿或者拒不提供纳税资料的。

(4) 虽设置账簿,但账目混乱或者成本资料、收入凭证、费用凭证残缺不全,难以查账的。

（5）发生纳税义务，未按照规定的期限办理纳税申报，经税务机关责令限期申报，逾期仍不申报的。

（6）纳税人申报的计税依据明显偏低，又无正当理由的。

（二）核定应纳税额的方法

目前，税务机关核定税额的方法主要有以下四种：

（1）参照当地同类行业或者类似行业中，经营规模和收入水平相近的纳税人的收入额和利润率核定。

（2）按照营业收入或成本加合理费用和利润的方法核定。

（3）按照耗用的原材料、燃料、动力等推算或者测算核定。

（4）按照其他合理的方法核定。

采用以上一种方法不足以正确核定应纳税额时，可以同时采用两种以上的方法核定。纳税人对税务机关采取规定的方法核定的应纳税额有异议的，应当提供相关证据，经税务机关认定后，调整应纳税额。

小试牛刀

【单选题】

税款征收方式中的查验征收方式一般适用于（　　）。

A. 账册不健全，但是能够控制原材料或进销货的纳税单位

B. 经营品种比较单一，经营地点、时间和商品来源不固定的纳税单位

C. 无完整考核依据的小型纳税单位

D. 小额、零散税源的征收

三、税款征收的保障措施

（一）责令缴纳

（1）纳税人未按照规定期限缴纳税款的，扣缴义务人未按照规定期限解缴税款的，税务机关可责令限期缴纳，并从滞纳税款之日起，按日加收滞纳税款万分之五的滞纳金。逾期仍未缴纳的，税务机关可以采取税收强制执行措施。

（2）对未按照规定办理税务登记的从事生产、经营的纳税人，以及临时从事经营的纳税人，税务机关核定其应纳税额，责令其缴纳应纳税款。

（3）税务机关有根据认为从事生产、经营的纳税人有逃避纳税义务行为的，可在规定的纳税期之前责令其限期缴纳应纳税款。逾期仍未缴纳的，税务机关有权采取其他税款征收措施。

（4）纳税担保人未按照规定的期限缴纳所担保的税款，税务机关可责令其限期缴纳应纳税款。逾期仍未缴纳的，税务机关有权采取其他税款征收措施。

（二）责令提供纳税担保

纳税担保，是指经税务机关同意或确认，纳税人或其他自然人、法人、经济组织以保证、抵押、质押的方式，为纳税人应当缴纳的税款及滞纳金提供担保的行为。其包括经税

务机关认可的有纳税担保能力的保证人为纳税人提供的纳税保证,以及纳税人或者第三人以其未设置或者未全部设置担保物权的财产提供的担保。

1. 适用纳税担保的情形

(1) 税务机关有根据认为从事生产、经营的纳税人有逃避纳税义务行为,在规定的纳税期之前经责令其在限期内缴纳应纳税款;在限期内发现纳税人有明显的转移、隐匿其应纳税的商品、货物,以及其他财产或者应纳税收入的迹象,责成纳税人提供纳税担保的。

(2) 欠缴税款、滞纳金的纳税人或者其法定代表人需要出境的。

(3) 纳税人同税务机关在纳税上发生争议而未缴清税款,需要申请行政复议的。

(4) 税收法律、行政法规规定可以提供纳税担保的其他情形。

2. 纳税担保的范围

纳税担保范围包括税款、滞纳金和实现税款、滞纳金的费用。费用包括抵押、质押登记费用,质押保管费用,以及保管、拍卖、变卖担保财产等相关费用支出。

(三) 税收保全措施

1. 税收保全措施适用情形

税务机关有根据认为从事生产、经营的纳税人有逃避纳税义务行为的,可以在规定的纳税期之前,责令其在限期内缴纳税款;在限期内发现纳税人有明显的转移、隐匿其应纳税的商品、货物以及其他财产迹象的,税务机关应责令其提供纳税担保。如果纳税人不能提供纳税担保,经县以上税务局(分局)局长批准,税务机关可以采取下列税收保全措施:

(1) 书面通知纳税人开户银行或者其他金融机构冻结纳税人的金额相当于应纳税款的存款。

(2) 扣押、查封纳税人的价值相当于应纳税款的商品、货物或者其他财产。其他财产包括纳税人的房地产、现金、有价证券等不动产和动产。

纳税人在限期内缴纳税款的,税务机关必须立即解除税收保全措施;限期期满仍未缴纳税款的,经县以上税务局(分局)局长批准,税务机关可以书面通知纳税人开户银行或者其他金融机构,从其冻结的存款中扣缴税款,依法拍卖、变卖所扣押、查封的商品、货物或者其他财产,以拍卖或者变卖所得抵缴税款。

2. 不适用税收保全的财产

个人及其所扶养家属维持生活必需的住房和用品,不在税收保全措施的范围之内。

个人所扶养家属,是指与纳税人共同居住生活的配偶、直系亲属以及无生活来源并由纳税人扶养的其他亲属。生活必需的住房和用品不包括机动车辆、金银饰品、古玩字画、豪华住宅或者一处以外的住房。税务机关对单价 5 000 元以下的其他生活用品,不采取税收保全措施和强制执行措施。

(四) 税收强制执行措施

从事生产、经营的纳税人、扣缴义务人未按照规定的期限缴纳或者解缴税款,纳税担保人未按照规定的期限缴纳所担保的税款,由税务机关责令限期缴纳,逾期仍未缴纳的,经县以上税务局(分局)局长批准,税务机关可以采取下列强制执行措施:

(1) 书面通知其开户银行或者其他金融机构从其存款中扣缴税款。

（2）扣押、查封、依法拍卖或者变卖其价值相当于应纳税款的商品、货物或者其他财产，以拍卖或者变卖所得抵缴税款。

税务机关采取强制执行措施时，对上款所列纳税人、扣缴义务人、纳税担保人未缴纳的滞纳金同时强制执行。

税务机关将拍卖或者变卖所得抵缴税款、滞纳金、罚款，以及扣押、查封、保管、拍卖、变卖等费用后，剩余部分应当在 3 日内退还被执行人。

四、税款的退还和追征

（一）税款的退还

纳税人缴纳的超过应纳税额的税款，税务机关发行后应当立即退还；纳税人自结算缴纳税款之日起 3 年内发现的，可以向税务机关要求退还多缴的税款并加算银行同期存款利息，税务机关查实后应当立即退还；涉及从国库中退库的，依照法律、行政法规中有关国库管理的规定退还。

税务机关发现纳税人多缴税款的，应当自发现之日起 10 日内办理退还手续；纳税人发现多缴税款的，要求退还的，税务机关应当自接到纳税人退还申请之日起 30 日内查实并办理退还手续。

（二）税款的追征

因税务机关责任，致使纳税人、扣缴义务人未缴或者少缴税款的，税务机关在 3 年内可要求纳税人、扣缴义务人补缴税款，但是不得加收滞纳金。因纳税人、扣缴义务人计算等失误，未缴或者少缴税款的，税务机关在 3 年内可以追征税款、滞纳金；有特殊情况的，追征期可以延长到 5 年。纳税人、扣缴义务人未缴或者少缴税款的，其补缴和追征税款的期限，应自纳税人、扣缴义务人应缴未缴或少缴税款之日起计算。对于纳税人、扣缴义务人和其他当事人偷税、抗税和骗取税款的，应无限期追征。

 小试牛刀

【单选题】

1. 税务机关采取税收保全措施，需经（　　）批准。

A. 国家税务总局局长
B. 省级、自治区、直辖市税务局局长
C. 县以上税务局（分局）局长
D. 税务所所长

2. 税务机关实施税收强制执行措施，拍卖或者变卖所得抵缴税款、滞纳金、罚款，以及扣押、查封、保管、拍卖、变卖等费用后，剩余部分应当在（　　）日内退还被执行人。

A. 1　　　　　　B. 3　　　　　　C. 7　　　　　　D. 10

五、税务检查

（一）税务检查的形式和方法

1. 税务检查的形式

（1）重点检查，是指对公民举报、上级机关交办或有关部门转来的有偷税行为或偷税嫌

疑的,纳税申报与实际生产经营情况有明显不符的纳税人及有普遍逃税行为的行业的检查。

（2）分类计划检查,是指根据纳税人历来纳税情况、纳税人的纳税规模、税务检查间隔时间的长短等综合因素,按事先确定的纳税人分类、计划检查时间及检查频率而进行的检查。

（3）集中性检查,是指税务机关在一定时间、一定范围内,统一安排、统组织的税务检查,这种检查一般规模比较大。例如,全国范围内的税收、财务大检查就属于这类检查。

（4）临时性检查,是指由各级税务机关根据不同的经济形势、偷逃税情况、税收任务完成情况等综合因素,在正常的检查计划之外安排的检查。例如,行业性解剖、典型调查性的检查等。

（5）专项检查,是指税务机关根据税收工作的实际情况,对某一税种或税收征收管理某一环节进行的检查。例如,增值税一般纳税专项检查、漏征漏管户专项检查等。

2. 税务检查的方法

（1）全查法,是对被查纳税人一定时期内所有会计凭证、账簿、报表及各种存货进行全面、系统检查的一种方法。

（2）抽查法,是对被查纳税人一定时期内的会计凭证、账簿、报表及各种存货,抽取一部分进行检查的一种方法。

（3）顺查法,是对被查纳税人按照其会计核算的顺序,依次检查会计凭证、账簿、报表,并将其相互核对的一种检查方法。

（4）逆查法,是逆会计核算的顺序,依次检查会计报表、账簿及凭证,并将其相互核对的一种稽查方法。

（5）现场检查法,是税务机关派人员到被查纳税人的机构办公地点对其账务资料进行检查的一种方法。

（6）调账检查法,是将被查纳税人的账务资料调到税务机关进行检查的一种方法。

（7）比较分析法,是将被查纳税人检查期内的有关财务指标的实际完成数进行纵向或横向比较,分析其异常变化情况,从中发现纳税问题线索的一种方法。

（8）控制计算法,也称逻辑推算法,是根据被查纳税人财务数据的相互关系,用可靠或科学测定的数据,验证其检查期账面记录或申报的资料是否正确的一种检查方法。

（9）审阅法,是对被查纳税人的会计账簿、凭证等账务资料,通过直观地审查阅览,发现其在纳税方面存在问题的一种检查方法。

（10）核对法,是通过对被查纳税人的各种相关联的会计凭证、账簿、报表及实物进行相互核对,验证其在纳税方面存在问题的一种检查方法。

（11）观察法,是通过实地观察被查纳税人的生产经营场所、仓库、工地等现场,了解其生产经营及存货等情况,以发现其纳税问题或验证账中可疑问题的一种检查方法。

（12）外调法,是对被查纳税人有怀疑或已掌握一定线索的经济事项,通过向与其有经济联系的单位或个人进行调查,予以查证核实的一种方法。

（13）盘存法,是通过对被查纳税人的货币资金、存货及固定资产等实物进行盘点清查,核实其账实是否相符,进而发现其纳税问题的一种检查方法。

(14) 交叉稽核法,是国家为加强增值税专用发票管理,应用计算机将开出的增值税专用发票抵扣联与存根联进行交叉稽核,以查出虚开及假开发票的行为,避免国家税款流失的一种方法。

(二) 税务检查的职责

1. 税务机关的检查权限

(1) 检查纳税人的账簿、记账凭证、报表和有关资料,检查扣缴义务人代扣代缴、代收代缴税款账簿、记账凭证和有关资料。

(2) 到纳税人的生产、经营场所和货物存放地检查纳税人应纳税的商品、货物或者其他财产,检查扣缴义务人的与代扣代缴、代收代缴税款有关的经营情况。

(3) 责成纳税人、扣缴义务人提供与纳税或者代扣代缴、代收代缴税款有关的文件、证明材料和有关资料。

(4) 询问纳税人、扣缴义务人与纳税或者代扣代缴、代收代缴税款有关的问题和情况。

(5) 到车站、码头、机场、邮政企业及其分支机构,检查纳税人托运、邮寄、应税商品、货物或者其他财产的有关单据凭证和资料。

(6) 经县以上税务局(分局)局长批准,指定专人负责,凭全国统一格式的检查存款账户许可证明,查询从事生产、经营的纳税人、扣缴义务人在银行或者其他金融机构的存款账户,并有责任为被检查人保守秘密。税务机关在调查税收违法案件时,经设区的市、自治州以上税务局(分局)局长批准,可以查询案件涉嫌人员的储蓄存款。税务机关查询所获得的资料,不得用于税收以外的用途。

税务机关对纳税人以前纳税期的纳税情况依法进行税务检查时,发现纳税人有逃避纳税义务的行为,并有明显的转移、隐匿其应纳税的商品、货物以及其他财产或者应纳税收入的迹象,税务机关可以按照批准权限采取税收保全措施或者强制执行措施。这里的批准权限是指县级以上税务局(分局)局长批准。

税务机关依法进行税务检查时,有权向有关单位和个人调查纳税人、扣缴义务人和其他当事人与纳税或者代扣代缴、代收代缴税款有关的情况,有关单位和个人有义务向税务机关如实提供有关资料及证明材料。税务机关调查税务违法案件时,对与案件有关的情况和资料,可以记录、录音、录像、照相和复制。

2. 纳税人、扣缴义务人的权责

纳税人、扣缴义务人必须接受税务机关依法进行的税务检查,如实反映情况,提供有关资料,不得拒绝、隐瞒。

 课堂小测

【单选题】

1. 适用于小额、零散税源的税款征收方式是(　　)。

A. 查定征收　　　B. 查验征收　　　C. 委托代征税款　　D. 定期定额征收

2. 因纳税人、扣缴义务人计算等失误,未缴或者少缴税款的,税务机关在 3 年内可以

追征税款、滞纳金；有特殊情况的，(　　)。

A. 只追征税款不加收滞纳金
B. 将追征期延长到 10 年
C. 将追征期延长到 5 年
D. 处以 2 000 元以上 1 万元以下的罚款

3. 通过实地观察被查纳税人的生产经营场所、仓库、工地等现场，了解其生产经营及存货等情况，以发现纳税人的纳税问题或验证账中的可疑问题，这种检查方法称为(　　)。

A. 核对法
B. 观察法
C. 比较分析法
D. 现场检查法

【多选题】

1. 下列关于税务机关行使税务检查权的表述中，符合税法规定的有(　　)。

A. 到纳税人的住所检查应纳税的商品、货物和其他财产
B. 责成纳税人提供与纳税有关的文件、证明材料和有关资料
C. 到车站检查纳税人托运货物或者其他财产的有关单据凭证和资料
D. 经县税务局局长批准，凭统一格式的检查存款账户许可证明，可以查询案件涉嫌人员的储蓄存款

2. 下列纳税人中，税务机关有权核定其应纳税额的有(　　)。

A. 虽设置账簿，但账目混乱、难以查账的纳税人
B. 虽设置账簿，但会计报表编制格式有问题的纳税人
C. 依照法律、行政法规的规定可以不设置账簿的纳税人
D. 依照法律、行政法规的规定应当设置但未设置账簿的纳税人

3.《征管法》规定税务机关可以采取的税收保全措施有(　　)。

A. 书面通知纳税人开户银行冻结纳税人的金额相当于应纳税款的存款
B. 书面通知纳税人开户银行从其存款中扣缴税款
C. 扣押、查封纳税人的价值相当于应纳税款的商品、货物或者其他财产
D. 扣押、查封、拍卖、变卖其价值相当于应纳税款的商品、货物或者其他财产，并以拍卖或变卖所得抵缴税款

第四节　税收法律责任

一、税务管理相对人实施税收违法行为的法律责任

(一) 违反税务管理规定的法律责任

(1) 纳税人有下列行为之一的，由税务机关责令限期改正，可以处 2 000 元以下的罚款；情节严重的，处 2 000 元以上 1 万元以下的罚款：①未按照规定的期限申报办理税务登记、变更或者注销登记的。②未按照规定设置、保管账簿或者保管记账凭证和有关资料的。③未按照规定将财务、会计制度或者财务、会计处理办法和会计核算软件报送税务机关备查的。④未按照规定将其全部银行账号向税务机关报告的。⑤未按照规定安装、使用税控装置，或者损毁或擅自改动税控装置的。⑥纳税人未按照规定办理税务登记证件

验证或者换证手续的。

（2）纳税人不办理税务登记的，由税务机关责令限期改正；逾期不改正的，由市场监督管理机构吊销其营业执照。

（3）纳税人通过提供虚假的证明资料等手段，骗取税务登记证的，处 2 000 元以下的罚款；情节严重的，处 2 000 元以上 10 000 元以下的罚款。纳税人涉嫌其他违法行为的，按有关法律、行政法规的规定处理。

（4）扣缴义务人未按照规定办理扣缴税款登记的，税务机关应当自发现之日起 3 日内责令其限期改正，并可处以 1 000 元以下的罚款。

（5）纳税人未按照规定使用税务登记证件，或者转借、涂改、损毁、买卖、伪造税务登记证件的，处 2 000 元以上 10 000 元以下的罚款；情节严重的，处 10 000 元以上 50 000 元以下的罚款。

（二）扣缴义务人违反账簿、凭证管理的处罚

扣缴义务人未按照规定设置、保管代扣代缴、代收代缴税款账簿或者保管代扣代缴、代收代缴税款记账凭证及有关资料的，由税务机关责令限期改正，可处 2 000 元以下的罚款；情节严重的，处 2 000 元以上 5 000 元以下的罚款。

（三）纳税人、扣缴义务人未按规定进行纳税申报的法律责任

纳税人未按照规定的期限办理纳税申报和报送纳税资料的，或者扣缴义务人未按照规定的期限向税务机关报送代扣代缴、代收代缴税款报告表和有关资料的，由税务机关责令限期改正，可处 2 000 元以下的罚款；情节严重的，处 2 000 元以上 10 000 元以下的罚款。

（四）偷税行为的法律责任

偷税，是指纳税人伪造、变造、隐匿、擅自销毁账簿、记账凭证，或者在账簿上多列支出或者不列、少列收入，或者经税务机关通知申报而拒不申报或者进行虚假的纳税申报，或者不缴或者少缴应纳税款的行为。

对纳税人有偷税行为的，由税务机关追缴其不缴或者少缴的税款、滞纳金，并处不缴或者少缴的税款 50% 以上 5 倍以下的罚款；构成犯罪的，依法追究刑事责任。

扣缴义务人采取前款所列手段，不缴或者少缴已扣、已收税款，数额较大的，依照前款的规定处罚。

（五）虚假申报或不进行申报行为的法律责任

纳税人、扣缴义务人编造虚假计税依据的，由税务机关责令限期改正，并处 5 万元以下的罚款。

纳税人不进行纳税申报，不缴或者少缴应纳税款的，由税务机关追缴其不缴或者少缴的税款、滞纳金，并处不缴或者少缴税款 50% 以上 5 倍以下的罚款。

（六）逃避追缴欠税的法律责任

纳税人欠缴应纳税款，采取转移或者隐匿财产的手段，妨碍税务机关追缴欠缴的税款的，由税务机关追缴欠缴的税款、滞纳金，并处欠缴税款 50% 以上 5 倍以下的罚款；构成犯罪的，依法追究刑事责任。

（七）抗税的法律责任

抗税，是指以暴力、威胁方法拒不缴纳税款的行为。

对于抗税行为，除由税务机关追缴其拒缴的税款、滞纳金外，依法追究刑事责任。情节轻微、未构成犯罪的，由税务机关追缴其拒缴的税款、滞纳金，并处拒缴税款1倍以上5倍以下的罚款。

（八）不配合税务机关依法检查的法律责任

（1）纳税人、扣缴义务人逃避、拒绝或者以其他方式阻挠税务机关检查的，由税务机关责令改正，可处1万元以下的罚款；情节严重的，处1万元以上5万元以下的罚款。

逃避、拒绝或者以其他方式阻挠税务机关检查的情形：①提供虚假资料，不如实反映情况，或者拒绝提供有关资料的。②拒绝或者阻止税务机关记录、录音、录像、照相和复制与案件有关的情况和资料的。③在检查期间，纳税人、扣缴义务人转移、隐匿、销毁有关资料的。④有不依法接受税务检查的其他情形的。

（2）税务机关到车站、码头、机场、邮政企业及其分支机构检查纳税人有关情况时，有关单位拒绝的，由税务机关责令改正，可处1万元以下的罚款；情节严重的，处1万元以上5万元以下的罚款。

二、税务行政主体实施税收违法行为的法律责任

（一）渎职行为的法律责任

（1）税务人员利用职务上的便利，收受或者索取纳税人、扣缴义务人财物或者谋取其他不正当利益，构成犯罪的，依法追究刑事责任；尚不构成犯罪的，依法给予行政处分。

（2）税务人员徇私舞弊或者玩忽职守，不征收或者少征收应征税款，致使国家税收遭受重大损失，构成犯罪的，依法追究刑事责任；尚不构成犯罪的，依法给予行政处分。

（3）税务人员滥用职权，故意刁难纳税人、扣缴义务人的，调离税收工作岗位，并依法给予行政处分。

（4）税务人员对控告、检举税收违法违纪行为的纳税人、扣缴义务人以及其他检举人进行打击报复，依法给予行政处分；构成犯罪的，依法追究刑事责任。

（二）其他违法行为的法律责任

（1）税务机关违反规定，擅自改变税收征收管理范围和税款入库预算级次的，责令限期改正，对直接负责的主管人员和其他直接责任人员依法给予降级或者撤职的行政处分。

（2）税务人员私分扣押、查封的商品、货物或者其他财产，情节严重，构成犯罪的，依法追究刑事责任；尚不构成犯罪的，依法给予行政处分。

（3）违反法律、行政法规的规定，提前征收、延缓征收或者摊派税款的，由其上级机关或者行政监察机关责令改正，对直接负责的主管人员和其他直接责任人员依法给予行政处分。

（4）违反法律、行政法规的规定，擅自作出税收的开征、停征，减税、免税、退税、补税或者其他同税收法律、行政法规相抵触的决定的，除依照本法规定撤销其擅自作出的决定外，补征应征未征税款，退还不用征收而征收的税款，并由上级机关追究直接负责的主管人员和其他直接责任人员的行政责任；构成犯罪的，依法追究刑事责任。

 课堂小测

【单选题】

扣缴义务人应扣未扣、应收而不收税款的,由税务机关向纳税人追缴税款,对扣缴义务人( )。

A. 以偷税论罪

B. 处应扣未扣、应收未收税款 50% 以上 3 倍以下的罚款

C. 处应扣未扣、应收未收税款 50% 以上 5 倍以下的罚款

D. 处应扣未扣、应收未收税款 1 倍以上 5 倍以下的罚款

【多选题】

纳税人的下列行为中,属于由税务机关责令限期改正,并可处 2 000 元以下的罚款;情节严重的,处 2 000 元以上 10 000 元以下罚款的有( )。

A. 未按规定的期限申报办理税务登记、变更或者注销登记的

B. 未按规定设置、保管账簿或者保管记账凭证和有关资料的

C. 未按规定将财务、会计制度或者财务、会计处理办法和会计核算软件报送税务机关备查的

D. 未按规定安装、使用税控装置或擅自改动税控装置的